GOLDMANN
Lesen erleben

Buch

Täglich werden wir mit Lügen und Halbwahrheiten konfrontiert, die wir nur allzu gerne glauben. Denn unser Gehirn ist bequem und geht immer dieselben Wege. Aber wir können die Scheuklappen ablegen und anfangen, klar zu denken. Das bringt uns garantiert weiter – und macht richtig Spaß! Der Biologe und Philosoph Ruben Mersch zeigt, warum wir alle Idioten sind und wie wir es schaffen, uns nicht länger für dumm verkaufen zu lassen.

Autor

Ruben Mersch, Jahrgang 1976, hat in Gent Biologie und Philosophie studiert. Nach seinem Abschluss verschlug es ihn in die Pharmaindustrie, wo er es, zu seinem eigenen Erstaunen, fast zehn Jahre aushielt. Als er irgendwann die Nase voll davon hatte, aus Krankheiten Profit zu schlagen und Ausschusssitzungen zu leiten, beschloss er zu kündigen und etwas Sinnvolles mit seinem Leben anzufangen: die Menschen das Denken zu lehren.

Ruben Mersch

Warum wir alle Idioten sind

Typische Denkfehler und
wie man sie vermeidet

Aus dem Flämischen
von Gaby van Dam

GOLDMANN

Alle Ratschläge in diesem Buch wurden vom Autor und vom Verlag sorgfältig erwogen und geprüft. Eine Garantie kann dennoch nicht übernommen werden. Eine Haftung des Autors beziehungsweise des Verlags und seiner Beauftragten für Personen-, Sach- und Vermögensschäden ist daher ausgeschlossen.

Dieses Buch ist auch als E-Book erhältlich.

Verlagsgruppe Random House FSC® N001967
Das für dieses Buch verwendete FSC®-zertifizierte Papier *Classic 95*
liefert Stora Enso, Finnland.

1. Auflage
Deutsche Erstausgabe November 2014
Wilhelm Goldmann Verlag, München,
in der Verlagsgruppe Random House GmbH
© 2014 der deutschsprachigen Ausgabe
Wilhelm Goldmann Verlag, München,
in der Verlagsgruppe Random House GmbH
© 2012 De Bezige Bij Antwerpen und Ruben Mersch
Originaltitel: *Oogklepdenken. Waarom we allemaal idioten zijn*
Originalverlag: Uitgeverij De Bezige Bij
Umschlaggestaltung: Uno Werbeagentur, München
Umschlagillustration: FinePic®, München
Redaktion: Leena Flegler
Satz: Buch-Werkstatt GmbH, Bad Aibling
Druck und Bindung: GGP Media GmbH, Pößneck
CH · Herstellung: IH
Printed in Germany
ISBN 978-3-442-17502-4
www.goldmann-verlag.de

Besuchen Sie den Goldmann Verlag im Netz

Inhalt

Die Simpsons. In Homers Heimatstadt Springfield ist ein Bär aufgetaucht, und die Einwohner Springfields beschließen, eine Bärenpatrouille mit Sirenen und Hubschraubern aufzustellen, um sicherzugehen, dass sich kein weiterer Bär in die Stadt wagt.

Homer: »Ahhh ... Kein Bär in Sicht. Die Bärenpatrouille scheint sehr effektiv zu sein.«

Lisa: »Ich weiß nicht, der Schein kann trügen, Dad.«

Homer: »Vielen Dank, mein Schatz.«

Lisa (hebt einen Stein auf): »Moment, wenn ich deiner Logik folge, kann dieser Stein auch Tiger vertreiben.«

Homer: »Ooooh, und wie funktioniert das?«

Lisa: »Überhaupt nicht, es ist nur ein dummer Stein. Aber ich sehe hier keinen einzigen Tiger rumlaufen. Du etwa?«

Homer: »Lisa, ich möchte dir den Stein abkaufen!«

Vorwort

Ich lese keine Vorwörter oder Einleitungen. So wie andere behaupten, das Leben sei zu kurz, um schlechten Wein zu trinken, finde ich das Leben zu kurz für Vorwörter und Einleitungen. Bestenfalls lese ich sie im Nachhinein, wenn mich ein Buch wirklich begeistert hat. Und dies alles schreibe ich nur, um Ihnen zu signalisieren: Ich werde mich kurzfassen. Falls Sie dieses Vorwort überblättern sollten: Auch kein Problem. (Himmel, jetzt habe ich ausgerechnet die Menschen angesprochen, die diesen Satz doch überhaupt nicht lesen. Könnte das ein Denkfehler sein? Da muss ich mal Ruben fragen.)

Wie auch immer: Überblättern Sie dieses Vorwort ruhig – aber überlesen Sie bitte keinen einzigen Satz des restlichen Buches! So wie das Leben zu kurz ist, um Vorwörter und Einleitungen zu lesen, ist es ebenfalls zu kurz, um sich dieses Buch über Denkfehler, die wir alle begehen, entgehen zu lassen.

Als Ruben mir vor einiger Zeit von einem gemeinsamen Freund – dem Komiker und Kabarettisten Wouter Deprez – vorgestellt wurde und er mir seine Buchidee erläuterte, wusste ich sofort: Das will ich lesen.

Optische Illusionen sind uns allen bekannt. Wir haben uns alle schon mal an Bildern und Fotos ergötzt, auf denen wir etwas anderes sehen als das tatsächlich darauf Abgebildete. Wir hatten alle schon mal eine 3-D-Brille auf, die uns durch ein flaches Bild in die Tiefe blicken ließ. Dieses Buch deckt allerdings keine optischen, sondern logische Illusionen auf. Diesmal werden Sie nicht von Ihren Augen, sondern von Ihrem Urteilsvermögen in die Irre geleitet. Und glauben Sie mir: Logische Illusionen sind mindestens so überraschend und amüsant wie ihre optischen Gegenstücke. Dieses Buch hilft Ihnen dabei, die 3-D-Brille vor Ihrem Gehirn abzusetzen und stattdessen gewissermaßen die Leinwand und den Projektor zu sehen, die in Wahrheit dahinterstecken. Sie werden ab und zu einen kleinen Schreck bekommen. Reagieren Sie einfach ähnlich wie bei einer optischen Illusion: mit amüsierter Verwunderung.

Einige der hier aufgeführten logischen Illusionen sind unschuldige Spielereien. Doch ebenso oft basieren auf diesen Denkfehlern ganze Zeitungsartikel oder sogar weitreichende politische Entscheidungen. Sobald Sie dieses Buch gelesen haben, werden Sie bei der Lektüre einer Zeitung wesentlich kritischer sein und bestimmt auch mit Ihren eigenen Schlussfolgerungen bewusster umgehen.

Gehen Sie der Frage auf den Grund, warum wir alle Idioten sind. Ärgern Sie sich nicht über Ihren eigenen inneren Idioten – er ist oftmals wirklich unterhaltsam, und es ist gut, ihn zu kennen. Sobald Sie aber wissen, was er wann tut, wissen Sie auch, wie Sie ihn überlisten können. Die Denkfehler, die in diesem Buch beschrieben werden, sind fest in unserem Gehirn verankert. Manche sind kultureller, andere eher genetischer Natur. Es geht also nicht darum, wer sie begeht und wer nicht. Es geht darum, wer weiß, dass er sie begeht, und wer es schafft, seine intuitiven

Schlussfolgerungen selbst zu korrigieren. Nach 352 Buch-
seiten werden auch Sie zu dieser letztgenannten Gruppe
gehören. Herzlich willkommen!

Lieven Scheire,
belgischer Comedian und Naturwissenschaftler

Einleitung

»Der eigentliche Zweck der wissenschaftlichen Methode ist es, sich zu vergewissern, ob die Natur einen nicht zu der falschen Annahme verleitet hat, man wüsste etwas, was man in Wirklichkeit nicht weiß.«

Robert Pirsig, *Zen und die Kunst, ein Motorrad zu warten*

Ich habe heute ein kleines Freudentänzchen aufgeführt – auf einem Parkplatz zwischen Bürogebäuden in Nord-Mechelen. Kurz davor hatte ich gerade zum letzten Mal meine Bürotür hinter mir zugezogen. Zehn Jahre Pharmaindustrie waren mehr als genug. Ich war froh, dass es vorbei war.

Anfang 2001 hatte ich bei Tibotec angefangen: einer kleinen Firma, die AIDS-Medikamente entwickelte. Studiert hatte ich Philosophie und Biologie – zu einer Zeit, da großer Informatikermangel herrschte: Jedem, der ohne fremde Hilfe einen Computer einschalten konnte und ungefähr wusste, was eine Database war, wurde damals ein lukrativer Vertrag vorgelegt. Ich machte Karriere, erst als Analyst, dann als Projektleiter und schließlich als eine Art Bindeglied zwischen der Informatikabteilung und den Forschern. In den ersten Jahren machte mir die Arbeit wirklich Spaß. Tibotec war damals noch klein und voller guter Absichten. Wir wollten Leben retten, die Welt verbessern. Wir würden unsere Medikamente, wenn sie erst auf dem Markt wären, kostenlos in der Dritten Welt verteilen. Bis uns das Management wissen ließ, dass gerade noch genügend Geld für unser nächstes Monatsgehalt vorhanden sei. Es kam, wie es kommen musste: Wir wurden von Johnson & Johnson übernommen, einem Produzenten von Babyshampoo, der zugleich ein *Big Player* in der Pharmabranche war.

Was der Übernahme als Erstes zum Opfer fiel, waren unsere aus heutiger Sicht vielleicht tatsächlich etwas naiven Absichten. Unsere bessere Welt wurde ersetzt durch *Double Digit Growth*, die Ideale durch Gewinnmargen. Es ging nur noch um *»turning disease into profit«* – also darum, aus Krankheit Profit zu schlagen. Mit den Amerikanern kamen auch die politischen Spielchen: Man musste nach oben buckeln und nach unten treten, um auf der Karriereleiter nur ein klein wenig voranzukommen. Die schönen Zeiten waren vorbei. Ein paar Jahre später kam irgendein Amerikaner auf die glorreiche Idee, »durch eine geografische Vereinigung die *leveraging opportunities* zu optimieren«. Mit anderen Worten: Wir mussten umziehen, und zwar auf den Campus der Janssen Pharmaceutica irgendwo in die hinterste Ecke von Belgien, weit weg von meiner Heimatstadt Gent. Ich ging nicht mit. Ich hatte keine Ahnung, was ich tun wollte, aber eines wusste ich: Mit mir und *Big Pharma* funktionierte es nicht.

Einige Wochen später warteten meine Freundin und ich gespannt auf das Ergebnis eines Schwangerschaftstests. Zwei Linien. Keinen Job, dafür eine schwangere Frau und keinen blassen Schimmer, was ich mit dem Rest meines Lebens anfangen wollte.

16

Ich hatte mich nie besonders für Babys interessiert. Ich fand sie niedlich, zog aber Personen vor, mit denen man ein gutes Gespräch führen konnte. Das änderte sich, als ich selbst plötzlich in der Situation war, Vater zu werden. Auf einmal war ich ganz Ohr, wenn über Vorwehen gesprochen wurde, darüber, wie lange es dauert, bis die lieben Kleinen durchschlafen, oder über die Frage, ob man besser Stoffwindeln oder Pampers verwenden sollte. Während eines dieser Gespräche entstand die Idee für dieses Buch.

Unsere Freundin Barbara war auf eine Tasse Kaffee vorbeigekommen. Nachdem sie uns ausführlich die Einzelheiten ihrer Geburt geschildert hatte (Notkaiserschnitt nach 28 Stunden Wehen – immer bekommt man die Horrorgeschichten zu hören), kamen wir auf das Thema Impfungen zu sprechen. Sie war zu 100 Prozent dagegen. Impfstoffe seien unnatürlicher, chemischer Mist. Ebenso gut könne man seinem Kind eine Mischung aus Abflussfrei und Ammoniak in die Pobacke injizieren. Außerdem war es ihrer Meinung nach ohnehin besser, wenn Kinder ihre Abwehrkräfte auf natürliche Weise entwickelten. Nun bin ich selbst kein großer Fan der Pharmaindustrie, aber Impfungen haben zweifellos Millionen Menschenleben gerettet – ein Argument, das Barbara jedoch nicht umstimmen konnte. Auch die wissenschaftlichen Studien, die ich anschleppte, überzeugten sie nicht, denn »diese Wissenschaftler werden doch alle von der Pharmaindustrie bezahlt. Wes Brot man isst ...«

Ob Impfungen ein Risiko darstellen, ist eine interessante Frage, aber noch viel interessanter fand ich, dass Barbara steif und fest daran glaubte, das Zeug sei lebensgefährlich. Warum glauben Menschen, was sie glauben? Und noch wichtiger: Woher wissen wir, dass das, was wir glauben, auch stimmt? Ist meine Überzeugung besser oder korrekter als die von Barbara? Und falls ja, warum?

Diese Fragen bildeten den Auftakt zu einer faszinierenden Entdeckungsreise – einer Entdeckungsreise, bei der ich abtauchte in die düstersten Winkel des Gehirns, wo ich – tief in unseren Denkmustern vergraben – einen Idioten antraf. Einen Idioten, der glaubt, ohne zu denken. Einen Idioten, der uns Ansichten einflüstert, ohne dass wir uns dessen bewusst sind.

»Welch ein Meisterwerk ist der Mensch! Wie edel durch Vernunft! Wie unbegrenzt an Fähigkeiten!« Diese Worte legte Shakespeare Hamlet in den Mund. Hamlet hat natürlich größtenteils recht. Menschen sind unglaublich talentierte Wesen. Es ist uns gelungen, zum Mond zu fliegen. Wir haben Autos, Computer und den Käsehobel erfunden. Wir können fremde Sprachen lernen und problemlos Tausende Gesichter voneinander unterscheiden. Wir erschaffen Kunst, Literatur, Musik. Doch eines gibt es, was wir nicht allzu gut können. Oder zumindest weniger gut, als wir selbst meinen: das Nachdenken.

Aristoteles definierte den Menschen als ein Tier mit Ratio. Es sei unsere Intelligenz, die uns von all den anderen Wesen, die die Erdkugel bevölkern, unterscheidet. Die meisten Menschen werden Aristoteles zustimmen. Unser Denkvermögen ist unser ganzer Stolz. Auch wenn unsere Nachbarn und Kollegen selbstredend etwas weniger davon besitzen, so sind doch die meisten Menschen, davon sind wir überzeugt, rationale Geschöpfe. Natürlich machen wir, wenn wir mal zu tief ins Glas geschaut haben oder vor Leidenschaft blind sind, auch Dummheiten. Aber das sind Ausnahmen und nicht die Regel.

Doch genau dies ist ein Irrtum. Irgendwann in den Siebzigerjahren fingen die Wissenschaftler an, unsere Denkmechanismen zu untersuchen: die Art, wie wir Hypothesen auf ihren Wahrheitsgehalt überprüfen, wie wir Informationen einholen oder Wahrscheinlichkeiten einschätzen. Heute, vierzig Jahre später, gibt es ganze Bibliotheken zu diesem Thema. Und was dort nachzulesen steht, klingt ernüchternd: Wir sind viel weniger rational, als wir meinen. Dies rührt nicht so sehr daher, dass wir uns von Emotionen fehlleiten ließen. Das Problem liegt tiefer – viel tiefer. Unsere Dummheit ist fest mit der Arbeitsweise unseres Gehirns verankert. In jedem von uns steckt ein Idiot.

Unser Gehirn ist das Resultat von Jahrmillionen der Evolution. Doch die Evolution ist nicht daran interessiert, den Fermat'schen Satz zu beweisen oder die Quantenmechanik zu ergründen. Die Evolution interessiert sich nicht einmal sehr für Wahrscheinlichkeiten. Das Einzige, was die Evolution interessiert, ist das Überleben. Und für das Überleben ist Geschwindigkeit von ausschlaggebender Bedeutung. Stellen Sie sich nur vor, Sie kauten als Urmensch gerade gemächlich auf einem Grashalm herum und bemerkten plötzlich, wie sich etwas im hohen Gras bewegt. Angenommen, Sie hätten nun die Möglichkeit, in Ruhe nachzudenken, und würden tatsächlich die Möglichkeit, es sei der Wind, gegen die Möglichkeit abwägen, es sei ein Säbelzahntiger. Kein guter Plan. Wenn Sie nicht als Mittagsmahl enden wollen, wäre es am besten, sich so schnell wie möglich aus dem

Staub zu machen. Millionen Jahre der Evolution haben weniger ein rationales Gehirn hervorgebracht als vielmehr ein effizientes. Ein Gehirn, das auf der Basis von geringsten Gegebenheiten im Nu Entscheidungen fällen kann. Unser Gehirn ist voller Nebenstraßen und Abkürzungen, um möglichst schnell zu einem Urteil zu gelangen. Aber gerade weil es so schnell gehen muss, ist unser Urteil selten das beste. Was wir an Schnelligkeit gewinnen, büßen wir an Qualität ein.

Die Säbelzahntiger sind inzwischen ausgestorben. Unser Gehirn hingegen hat sich nicht wesentlich verändert. Wir glauben gerne, dass wir, bevor wir uns ein Urteil erlauben, erst einmal sämtliche relevanten Fakten in Betracht ziehen, um dann nach sorgfältiger Abwägung aller Hypothesen den bestmöglichen Schluss zu ziehen. Doch so geschieht es eher selten. Wir ziehen immer noch die Schnelligkeit der Genauigkeit vor. Meist glauben wir, ohne weiter darüber nachzudenken, an das Erstbeste, was uns in den Sinn kommt, und glauben folglich dem, was unser innerer Idiot uns einflüstert.

Ein Beispiel. Bitte beantworten Sie möglichst schnell die folgende Frage:

Fünf Maschinen benötigen fünf Minuten, um fünf Laptops zu produzieren. Wie viele Minuten benötigen dann hundert Maschinen für hundert Laptops?

Ihr Idiot hatte die Antwort im Bruchteil einer Sekunde parat, nicht wahr? Schade nur, dass die Antwort nicht stimmt. Und selbst wenn Sie richtig gerechnet haben sollten, ist es

20

durchaus wahrscheinlich, dass Ihnen zunächst die falsche Antwort in den Sinn kam. (Falls Sie es noch nicht herausgefunden haben – die richtige Antwort lautet: fünf Minuten.)

Nun wird Sie – außer Sie planen, eine Laptopfabrik zu bauen – die Zeit, die hundert Maschinen für die Produktion von hundert Laptops brauchen, nicht die Bohne interessieren. Doch auch bei der Beantwortung wichtigerer Fragen lassen wir uns oft von unserem inneren Idioten leiten. Es gibt in unserem Denken eine Tendenz, uns systematisch vom richtigen Weg abzubringen. Einen Idioten, der uns Mal für Mal die falsche Antwort einflüstert. Die Folgen hieraus sind immens. Wir wählen Politiker nicht, weil wir mit ihren Standpunkten übereinstimmen, sondern weil sie George Clooney ähnlich sehen oder weil sie eingängige Parolen zum Besten geben. Wir blicken zu erfolgreichen Menschen auf und zahlen ihnen exorbitante Gehälter, berücksichtigen dabei aber nicht, dass Erfolg mitunter purer Zufall ist. Wir glauben, dass ein Medikament wirkt, nicht etwa weil wir uns relevante Untersuchungen dazu angesehen haben, sondern weil wir jemanden kennen, der sich nach der Einnahme besser fühlte. Wir fürchten einen terroristischen Anschlag mehr als einen Kurztrip mit dem Auto, obwohl das Risiko, gegen eine Leitplanke zu krachen, um ein Vielfaches höher ist als das Risiko, dass sich neben uns ein Selbstmordattentäter in die Luft sprengt. Es ist bemerkenswert, wie schlecht wir Wahrscheinlichkeiten einschätzen können. Das führt unter anderem zu allerlei Formen des Aberglaubens, aber auch zu einer Schnellschusspolitik, zu Ehekrisen und zu einer spanischen Salatgurkenhysterie. Wir denken in Schubladen: Wallonen sind faul, Italiener sind temperamentvolle Liebhaber, Griechen korrupt und Moslems potenzielle Terroristen. Und die wahrscheinlich größte Fallgrube für unser Denken: Wenn wir einmal von etwas überzeugt sind, dann sehen wir nur noch diejenigen Ereignisse, die uns bestätigen, dass wir im Recht sind.

Menschen sind außerordentlich gut darin zu glauben. Manche Menschen glauben, dass die ägyptischen Pyramiden von Aliens erbaut wurden, andere wiederum an die Wirkung von Ohrkerzen oder Opferziegen. Das ist zwar nicht besonders klug, aber es beschert mir auch keine schlaflosen Nächte. Sollen sie doch, wenn es sie glücklich macht. Allerdings ärgere ich mich sehr wohl darüber, wenn Marketingfritzen und PR-Agenturen überaus geschickt die Schwächen unseres Denkens ausnutzen und damit eine Unmenge Geld verdienen. Damals in der Savanne, als wir alle noch versuchten, möglichst nicht im Magen eines Säbelzahntigers zu landen, gab es noch keine PR-Büros. Es gab keine Politiker, die versuchten, unsere Meinung zu beeinflussen, keine Verkäufer, die uns nutzloses Zeug andrehen wollten. Heute ist das anders. Tagtäglich werden wir bombardiert mit Meinungen, Ansichten, Fakten, Anekdoten und Statistiken. Das Karussell dreht sich immer schneller. Der Grat zwischen Journalismus und Werbung ist beängstigend schmal geworden. Politiker versuchen, mit ein paar packenden Anekdoten ganze Weltkriege zu rechtfertigen. Hersteller von Nahrungsergänzungsmitteln überschütten uns mit Untersuchungen, die auf den ersten Blick überzeugend aussehen mögen, bei genauerer Betrachtung jedoch wie ein Kartenhaus in sich zusammenfallen. Die Pharmaindustrie möchte uns davon überzeugen, dass komplexe Erkrankungen wie eine Depression oder ADHS allein auf ein paar destruktive Substanzen in unserem Kopf zurückzuführen sind und sie selbstredend die rettende Pille im Angebot haben. Sie führen uns an der Nase herum. Und wir? Wir lassen uns an der Nase herumführen. Wir denken nicht nach, wir glauben.

Dieses Buch hat das Ziel, unseren inneren Idioten greifbarer zu machen in der Hoffnung, dass wir – sobald wir wissen, wo sich die Fallstricke in unserem Denken befinden – imstande seien, sicherer an ihnen vorbeizulavieren. Die Selbsterkenntnis steht immer noch am Anfang aller Weisheit. Aber dieses Buch beschreibt noch eine andere Methode, wie Sie Ihren Idioten überlisten können. Noch ein kleiner Test:

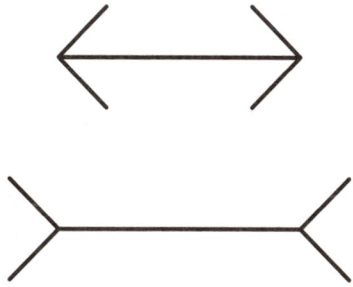

Welche der abgebildeten horizontalen Linien ist länger? Die untere? Mit einfachen Mitteln können wir herausfinden, dass sie beide gleich lang sind – indem wir ein Lineal anlegen. Aber selbst danach erscheint uns die zweite Linie länger als die erste. Allerdings wissen wir nun, dass dies nur eine Illusion ist.

Das Gleiche gilt für die Denkillusionen unseres inneren Idioten. Sie lassen sich schlichtweg nicht abschalten. Der Idiot in unserem Kopf bleibt uns erhalten, was auch immer wir gegen ihn unternehmen. Doch wir können sehr wohl seine Einflüsterungen überprüfen, indem wir ein Lineal danebenlegen. Solch ein Lineal gibt es tatsächlich: die Wissenschaft.

Als ich die weiterführende Schule besuchte und sogar später noch an der Universität wurde die Wissenschaft als eine Sammlung von Fakten und Theorien verstanden, die man auswendig lernen möge. Fotosynthese, die Fallgesetze von Newton, das Bohr'sche Atommodell. Alles hochinteressant. Aber auf die interessanteste Frage von allen wurde nicht eine einzige Stunde verwendet: Uns wurde nie gelehrt, woher die Wissenschaftler überhaupt wissen konnten, dass ihre Theorien stimmten. Uns wurde nie erklärt, warum wissenschaftliche Erkenntnisse besser sein sollten als, sagen wir mal, die Erkenntnisse, die man aus der Bibel oder aus einem Stapel Tarotkarten gewinnt. Ganz im Gegensatz zu all dem, was wir an der weiterführenden Schule gelernt haben, ist Wissenschaft keine Sammlung von Fakten, sondern zuallererst einmal eine *Methode*. Diese Methode ist keine magische Maschine, in die man Fakten stopft und die dann – Hokuspokus – die Wahrheit ausspuckt. Man kann mit ihrer Hilfe auf einfache und systematische Weise der Frage nachgehen, welches die beste Erklärung darstellt. Sie ist eine Form des langsamen Denkens, die versucht, nach bestem Wissen und Gewissen den Fallstricken unseres Idioten zu entgehen. Diese Methode ist gewiss nicht perfekt, und sie als die allein selig machende und unantastbare

Wahrheit zu bezeichnen ginge zu weit, aber es ist die beste Art herauszufinden, was wahr ist und was nicht.

Barbara glaubt nicht an die Wissenschaft. Wissenschaft und Industrie sind ihrer Meinung nach »dasselbe in Grün«. Wissenschaftler werden von der Industrie bezahlt und verteidigen daher auch deren Belange. Leider hat sie weitestgehend recht. Wenn Gelder fließen, ist die Wahrheit oftmals das erste Opfer. Wir müssen jedoch unterscheiden zwischen der wissenschaftlichen Praxis, die in der Tat zu oft von kommerziellen Faktoren beeinflusst wird, und der wissenschaftlichen Methode. Und von Letzterer brauchen wir nicht weniger, sondern mehr.

Die einzige Möglichkeit, die Lügen der Pharmaindustrie oder welcher Industrie auch immer zu durchblicken, ist: selbst nachzudenken. Wir müssen prüfen, ob der augenscheinliche Beweis tatsächlich die Theorie stützt, ob das Ergebnis wirklich aus den vorliegenden Daten hervorgeht, ob die Argumentation stimmig ist. Man braucht dafür kein Einstein zu sein. Wissenschaft ist im Grunde ziemlich simpel, sie wird allein mit dem gesunden Menschenverstand begreifbar. Man muss sich dabei nur ein wenig Mühe geben und darf nicht blindlings seinem Idioten nachgeben. Es muss eine Argumentation aufgebaut werden, für die man manchmal – und ich kann nur hoffen, dass ich damit nicht zu viele Leser abschrecke – auch ein bisschen Statistik und Wahrscheinlichkeitsrechnung braucht. Denken ist nun mal ein Tätigkeitswort, und der Weg zur gesicherten Erkenntnis ist lang und steinig.

Sind Impfungen ungefährlich? Wird die Klimaerwärmung vom menschlichen CO_2-Ausstoß verursacht? Hat die Angeklagte ihre beiden Kinder ermordet? Ist Homöopathie wirksam? Werden irgendwelche Vorkehrungen einmal ein Resultat hervorbringen? Zu erkennen, was wahr ist und was nicht, kann den Unterschied zwischen Leben und Tod, zwischen Recht und Unrecht, zwischen Erfolg und Scheitern oder zwischen Reichtum und Armut ausmachen. Wissen ist zu wichtig, als dass wir es unserem Idioten überlassen sollten. Wissen ist keine Frage der persönlichen Vorlieben. Über Wissen kann man, im Gegensatz zu Geschmack und Farben, sehr wohl diskutieren.

1. Nichts gegen Unsinn

Hier erfahren wir, was postmoderne Philosophen, Manager und Verkäufer von Power-Balance-Armbändern gemeinsam haben. Eine Autopanne erklärt uns exemplarisch die wissenschaftliche Methodik, und wir unterscheiden – mit ein wenig Hilfe von Sir Karl Popper – zwischen falschen Theorien und solchen, die so falsch sind, dass sie nicht einmal mehr falsch sind. Schließlich lernen wir, wie man die eigene Lieblingstheorie immer vor dem Untergang bewahren kann, und besprechen die Vorteile des Vagen.

Postmodernes Geschwätz

»Der Kernpunkt ist, dass diese Invariantengruppe ›transitiv agiert‹: dies bedeutet, dass jeder Raum-Zeit-Kontinuumspunkt, wenn er überhaupt existiert, in jeden anderen transformiert werden kann. Auf diese Weise untergräbt die infinit-dimensionale Invariantengruppe den Unterschied zwischen Beobachter und Beobachtetem; das p des Euklid und das g des Newton, früher als universelle Konstanten angesehen, werden jetzt in ihrer unvermeidlichen Geschichtlichkeit verstanden; und der vermeintliche Beobachter wird fatalerweise aus dem Zentrum gerückt, abgeschnitten von jeglicher epistemischen Verbindung zu einem Raum-Zeit-Kontinuumspunkt, der nicht länger allein geometrisch definiert werden kann.«

Hand aufs Herz. Sie haben kein Wort verstanden. Falls es Sie ein wenig tröstet: ich auch nicht. Das Zitat stammt aus einem Artikel mit dem beeindruckenden Titel »Grenzüberschreitung: Auf dem Weg zu einer transformativen Hermeneutik der Quantengravitation«, geschrieben 1996 von Alan Sokal, einem Mathematiker und Physiker von der Universität Princeton. Sokal schickte den Artikel an *Social Text,* ein vierteljährlich erscheinendes Magazin, das sich der Postmoderne verschrieben hat. Die Redakteure der Zeitschrift begriffen den Text anscheinend sehr wohl. Sie beschlossen, ihn in einer Science-Wars-Spezialausgabe zu veröffentlichen.

Bei dem Artikel handelt es sich – falls Sie daran noch irgendwelche Zweifel hegen – um blanken Unsinn. Die Postmodernisten (ein Club französischer Intellektueller, deren Lebenswerk aus einem hermetischen, völlig unverständlichen Wortbrei bestand) waren schier vernarrt in die Wissenschaft. Ich vermute, dass ihnen einer abging, wenn sie einen Satz schrieben, der mindestens eine halbe Seite lang war und mindestens zwanzig Fachtermini enthielt, die mit dem Gegenstand ihres Texts nicht das Geringste zu tun hatten. Nach Sokals Ansicht verwendeten sie diese Begriffe ausschließlich, um zur Schau zu stellen, wie intelligent sie alle waren, hatten jedoch keinen blassen Schimmer, was sie wirklich bedeuteten. Sokals Absicht war, genau dies zu kritisieren. Und so amüsierte er sich einen Abend lang, indem er willkürlich ein paar wissenschaftliche Begriffe und

Zitate aneinanderreihte, und um daraus einen zusammenhängenden Text zu machen, fügte er noch ein wenig pseudointellektuelles Geschwätz hinzu. Der Artikel war völlig sinnentleert und strotzte nur so vor Absurditäten und offenkundig logisch fehlerhaften Argumentationsketten. Dennoch wurde er angenommen und publiziert. Niemand hatte ihn durchschaut.

Erst Tage nach der Veröffentlichung enthüllte Sokal, dass es sich bei seinem Artikel um einen Narrenstreich handelte. Die Medienwelt geriet prompt in Aufruhr. Wahrscheinlich zum allerersten Mal schaffte es der Postmodernismus auf die Titelseite der *New York Times.* Ich fand es immer schade, dass die Sokal-Affäre, wie sie später genannt wurde, erst explodierte, als ich mein Philosophiestudium bereits abgeschlossen hatte. Zu gern hätte ich meine Professoren damit konfrontiert, um dann grinsend zuzusehen, wie sie sich wanden, um sich aus der Angelegenheit herauszureden.

Der Soziologe Robb Willer wiederholte Sokals Experiment. Er versuchte allerdings nicht, einen sinnfreien Text zu publizieren, sondern ließ zwei verschiedene Gruppen von Versuchspersonen denselben Text lesen. Der einen Gruppe erzählte er, der Text sei von einem Medizinstudenten verfasst worden, der anderen Gruppe, dass er aus der Feder eines prominenten Physikprofessors stamme. Die Leser der zweiten Gruppe fanden den Artikel deutlich interessanter und verständlicher als diejenigen, die meinten, ein Medizinstudent habe ihn verfasst. Man bezeichnet dies als Halo-Effekt.

Ein kleiner Test: Welche der unten stehenden Personen scheint Ihnen am sympathischsten?

Frank: *intelligent, ehrgeizig, impulsiv, kritisch, starrköpfig, eifersüchtig*

Karl: *eifersüchtig, starrköpfig, kritisch, impulsiv, ehrgeizig, intelligent*

Natürlich Frank. Dabei ist die Beschreibung beider Personen exakt die gleiche. Einzig die Reihenfolge unterscheidet sich. Hier haben wir es mit einer Manifestation unseres Idioten zu tun. Der Idiot hat es gern simpel und schlüssig. Wenn er an irgendeiner Sache oder Person eine gute Eigenschaft erkennt, geht er der Einfachheit halber davon aus, dass auch der Rest gut sein wird. Im assoziativen Gehirn des Idioten bilden alle positiven Eigenschaften – Intelligenz, Schönheit, Humor und so weiter – ein Ganzes. Obendrein ist unser Idiot stur. Wenn er – aus welchen Gründen auch immer – einmal davon überzeugt ist, etwas oder jemand sei gut, weigert er sich, seine Meinung zu ändern. Jede weitere Information, die er dazubekommt, wird er in einer Weise zu interpretieren suchen, die seine anfängliche Meinung untermauert. Genau dies nennt man den Halo-Effekt: Das Positive an einer einzelnen Eigenschaft überstrahlt die anderen Eigenschaften.

Schöne Menschen werden oftmals als klüger und humorvoller eingestuft. Sie haben es leichter, einen Job zu finden, verdienen mehr und werden milder für das gleiche Fehlverhalten bestraft als ihre weniger schönen Mitmenschen.

Ist jemand schön, geht unser Idiot der Einfachheit halber davon aus, dass er auch einen guten Charakter und kein Schweißfußproblem hat. Auch Eigenschaften, die nicht das Äußere betreffen, können also einen Halo-Effekt hervorrufen.

Bart De Wever, der amtierende Bürgermeister von Antwerpen, ist kein besonders schöner Mann, hat aber einen umwerfenden Humor. Dieser Humor hat zwar nichts zu tun mit seinen Fähigkeiten als Politiker, dennoch ist er einer der Gründe für seine Beliebtheit in der flämischen Bevölkerung. Seinem Idioten blindlings nachzugeben kann also dazu führen, dass inkompetente Politiker gewählt, unfähige Mitarbeiter eingestellt werden oder dass Beziehungen in die Brüche gehen. So haben bereits ein paar meiner Freunde auf schmerzliche Weise erfahren müssen, dass ein hübsches Gesicht keine Garantie für einen guten Charakter ist.

Auch für Werbefachleute ist der Halo-Effekt ein Segen. Nicht umsonst werden in Anzeigen und Fernsehspots nie hässliche Menschen gezeigt. Im Autosalon rekelt sich auf der Kühlerhaube eine hübsche Blondine, und Nespresso lässt George Clooney für seinen Kaffee werben.

Ich gebe zu, dass auch ich mich des Halo-Effekts bediene. Mein Vorwortgeber Lieven Scheire, der populäre TV-Naturwissenschaftler, ist sozusagen mein George Clooney, meine Blondine. Sein Vorwort ändert natürlich nichts am Inhalt dieses Werks, und doch bin ich mir sicher, dass ich zumindest in Belgien aufgrund von Lievens Halo mehr Bücher verkaufen werde.

Die Redakteure von *Social Text* ließen sich ebenfalls vom Halo-Effekt in die Irre leiten. Für gewöhnlich war die Zeitschrift angefüllt mit den Ergüssen postmoderner Philosophen. Als der Artikel eines waschechten Physikers bei ihnen eintraf, waren sie hellauf begeistert. Sie verstanden zwar nicht alles, aber wenn ein Physiker den Text geschrieben hatte, musste es wohl irgendeinen Sinn ergeben.

Dass sich Herausgeber von einem Namen oder einer Position blenden lassen, passiert öfter. Das Experiment wurde mittlerweile unzählige Male wiederholt. Man nehme ein Manuskript und kopiere es zwanzigmal. Auf die Hälfte der Kopien schreibe man den Namen eines völlig unbekannten Schriftstellers, von der anderen Hälfte behaupte man, ein bekannter Autor habe sie verfasst. Nun schicke man die Kopien an verschiedene Verlage. Das Ergebnis fällt immer gleich aus: Dasjenige Manuskript, das angeblich aus der Feder des bekannten Autors stammt, wollen alle nur zu gerne veröffentlichen. Die anderen völlig identischen Exemplare bekommen den Standardabsagebrief.

Doch nicht nur Position und Popularität eines Autors vermögen einen Halo-Effekt zu erzeugen: Auch Worte können es. Bei Johnson & Johnson war jeder Mitarbeiter ein Manager. Es gab *Quality Manager, Legal Manager* und *Data Manager.* Nur die Kellnerin in der Cafeteria blieb die Kellnerin in der Cafeteria. Es hätte mich allerdings nicht gewundert, wenn man sie zum *Hot Beverages Manager* befördert hätte. Einfache Lösungen hießen im *Management Speak* – also in der Sprache des Managements – *»low hanging fruit«,* und es wurde nicht zusammengearbeitet, sondern »ge*leveraged*« und »proaktiv nach *value added* Synergien« gesucht. Es wurde »gebenchmarkt«, *»empowered«* und *»out of the box* gedacht«, dass es eine wahre Freude war – und es war ansteckend. Nur kurze Zeit später ertappte ich mich dabei, wie ich während einer Versammlung (sorry, während eines *Meetings*, natürlich) nachfragte, wie wir »*asap* das *go-live* implementieren« wollten. In regelmäßigen Abständen wurde der eine oder andere Amerikaner eingeflogen, der uns dann eine Powerpoint-Präsentation auftischte, die aus einer offenkundig willkürlichen Aneinanderreihung von derlei Unsinn bestand. Aber es klang fantastisch. Es war eine regelrechte Kunstform. Das einzig Traurige war nur, dass hinterher niemand mehr wirklich wusste, was uns der Kerl eigentlich hatte beibringen wollen. Die Kollegen murmelten höchstens, dass sein Vortrag interessant und dass darin eine »klare Vision für die Zukunft« erkennbar gewesen sei. *Management Speak* wurde wie das Blackberry, das dicke Firmenauto und der übervolle Terminkalender zum Statussymbol. Man konnte damit unter Beweis stellen, wie toll man war, und vor allem wunderbar seine eigene Inkompetenz kaschieren.

Wenn Postmodernisten wissenschaftliche Terminologien verwenden, hat dies die gleiche Funktion wie der *Management Speak* bei Johnson & Johnson. Terminologien wie »nicht-lineare Symmetrie« oder »Hyperraum mit variabler Brechung« umgeben einen Text mit einem Halo der Intelligenz und Tiefsinnigkeit. Niemand fragt sich, was eine »epistemische Verbindung zu einem Raum-Zeit-Kontinuumspunkt« eigentlich bedeutet oder woher Sokal wissen will, dass die »Invariantengruppe infinit-dimensional« ist. Wir lesen es und können uns doch kaum etwas darunter vorstellen. Aber wenn ein Text gespickt ist mit komplizierten Begriffen, denken wir automatisch, dass dieser Text auch inhaltlich stark sein muss. Er klingt intelligent, also wird er es auch sein.

Glücklicherweise wird das Geschreibsel der Postmodernisten selten gelesen. Sie richten daher wenig Schaden an. Wenn sie einander tiefsinnig philosophisch in den Ohren liegen wollen: Bitte sehr, ich habe nichts dagegen. Solange ich keine Prüfungen mehr darüber abzulegen brauche, bereitet es mir keine schlaflosen Nächte. Jedoch beschränkt sich der Missbrauch wissenschaftlicher Begrifflichkeit mit der Absicht, eine Aura von Intelligenz zu verbreiten, nicht nur auf Postmodernisten. Allzu oft wird damit versucht, uns schamlos nutzloses Zeug anzudrehen.

Der Geschmack eines Vierecks

Der niederländische Fußballnationalspieler Wesley Snejder war der Erste, der eines hatte. »Ich dachte zuerst, es wäre Unsinn, aber ganz ehrlich: Sie wirken. Ich fühle mich dadurch viel besser, viel mehr im Gleichgewicht.« Schnell zog der Rest der niederländischen Mannschaft nach, und während der Fußballweltmeisterschaft in Südafrika lief beinahe jeder Oranje-Spieler damit herum. Die spanischen Spieler trugen sie ebenfalls, und sogar Baldassi, einer der Schiedsrichter, hatte eines an. Die Rede ist von Armbändern. Natürlich nicht von irgendwelchen Armbändern, sondern von Power-Balance-Armbändern.

Laut Hersteller können sie die Kraft und Flexibilität um 500 Prozent steigern. Nicht übel. Für gerade mal 40 Euro kann man sich so was im Internet bestellen. Dort findet man auch Filmchen, die die Wirksamkeit demonstrieren: Man sieht dort eine Testperson, die mit seitlich ausgestreckten Armen auf einem Bein steht. Ein Schubser gegen den Arm, und sie ringt erst um ihr Gleichgewicht und fällt schließlich um. Dann wird ihr ein Power-Balance-Armband angelegt. Wieder nimmt sie die gleiche Pose ein und wird erneut gegen den Arm geschubst. Diesmal schwankt sie nicht einmal.

Von der Wirkung dieser Armbänder sind zahlreiche Träger felsenfest überzeugt. Woher die Wirkung tatsächlich kommen soll, ist allerdings schon schwerer zu beantworten. Dem Hersteller zufolge befindet sich darin ein Hologramm, das mit energetischen Wellen bestimmter Frequenzen behandelt wurde. Diese Frequenzen treten in Wechselwirkung mit dem natürlichen Energiestrom des Körpers. Laut Power Balance hat alles in der Natur seine eigene Frequenz. Wir reagieren auf Frequenzen, weil wir selbst Frequenzen sind. Die Forscher von Power Balance sind nach eigener Aussage dazu in der Lage, die optimale Frequenz zu eruieren, welche sich unmittelbar positiv auf den Körper auswirkt. Wie sie zu diesem Wissen gekommen sind, ist zwar unklar, aber die optimale Frequenz beträgt laut Power Balance 7,83 Hertz.

Klingt gut. Aber was in aller Welt bedeutet das? Wenn ein Objekt mit einem anderen mitvibriert, entsteht eine sogenannte Resonanz. Wenn man an einer Gitarrensaite zupft, fängt die Saite an zu vibrieren. Dadurch vibriert wiederum der Klangkörper, was dazu führt, dass das Geräusch verstärkt wird. Auf die gleiche Weise sorgen die Frequenzen im Hologramm von Power Balance nun angeblich dafür, dass Sie in der richtigen Frequenz mitvibrieren, wenn Sie das Armband nur dicht genug am Körper tragen.

Eine Frequenz ist die Anzahl von Wiederholungen eines Ereignisses in einer festgelegten Zeiteinheit. Schallwellen haben eine bestimmte Frequenz: Abhängig von der Tonhöhe vibrieren sie schneller oder langsamer. Ein Zug hat eine Frequenz: einen Stundentakt, in dem er an einer bestimmten Stelle vorüberfährt. Aber was meinen die Leute von Power Balance genau, wenn sie sagen, dass wir eine Frequenz seien? Und was ist die Frequenz unseres Körpers?

In der Regel klopft unser Herz ungefähr 70 Mal pro Minute. Das ist eine Frequenz. Ich bezweifle jedoch, dass Power Balance allen Ernstes behaupten will, dass die Armbänder unseren Herzschlag beeinflussen. Wenn Ihr Herz mit einer Frequenz um die 7,83 Hertz schlagen würde, sollten Sie nämlich schleunigst einen Arzt anrufen. Da wären Sie nämlich bei 470 Schlägen pro Minute. Was stattdessen damit gemeint sein soll, wird leider nicht deutlich, und ich vermute mal, dass man es selbst bei Power Balance nicht so genau weiß. Die Frequenz unseres Körpers ist so etwas wie der Geschmack eines Vierecks oder die religiöse Überzeugung eines Cheeseburgers. Klingt gut, bedeutet aber rein gar nichts.

Und noch ein Problem: Wie kommt die Frequenz in das Hologramm? Ein Hologramm ist eine zweidimensionale Abbildung, die – aus dem richtigen Winkel betrachtet – augenscheinlich dreidimensional ist. Nehmen Sie einen 50-Euroschein zur Hand. Vorne rechts befindet sich ein Hologramm. Mit einem gewöhnlichen Haushaltsdrucker ist es zwar noch nicht möglich, doch aus technischer Sicht ist das Drucken eines Hologramms eine Kleinigkeit. Ein Hologramm mit einer Frequenz zu versehen ist da schon ein bisschen schwieriger. Ein neugieriger Journalist fragte bei Power Balance nach, wie sie das wohl geschafft hätten. »Dazu können wir uns leider nicht äußern. Die Vorgehensweise beim Prägen von Frequenzen in Hologramme ist unser Betriebsgeheimnis.«

Die Heimlichtuerei wäre gar nicht nötig. Um eine Frequenz zu erhalten, muss sich etwas bewegen oder vibrieren. Und das kann ein Hologramm nicht. Die Frequenz eines Hologramms hat daher also ebenso viel – oder besser: ebenso wenig – Bedeutung wie die Frequenz unseres Körpers. Der Ausdruck ist blanker Unsinn, allerdings wird an diesen Unsinn nur zu gerne geglaubt. Die Einnahmen von Power Balance belaufen sich Schätzungen zufolge bis dato auf über 40 Millionen Dollar.

Der Physiker Richard Feynman hat sich für dieses Phänomen einen Namen ausgedacht und ihm so auch gleich einen wissenschaftlichen Anstrich verpasst: Cargo-Kult-Wissenschaft. Während des Zweiten Weltkriegs entstand in Melanesien (ich musste es auch nachschlagen: Es handelt sich hierbei um eine Inselgruppe nordöstlich von Australien) der sogenannte Cargo-Kult. Während des Kriegs unterhielt die US-amerikanische Armee einige große Militärbasen auf diesen Inseln. Zu ihrem Erstaunen sahen die Inselbewohner, wie regelmäßig und voll beladen mit den faszinierendsten Gütern Flugzeuge landeten. Diese Güter, auch »cargo« genannt, hätten sie auch gerne besessen, und so bauten sie sich ihren eigenen Flugplatz, legten Landebahnen an und fertigten Flugzeuge aus Holz und Schilf. Sie bauten einen Kontrollturm, in dem ein Fluglotse thronte, und statteten ihn mit hölzernen Kopfhörern und einer Antenne aus Bambus aus. Der Fluglotse sollte nun in seinem Hüttchen so lange warten, bis die Flugzeuge – angefüllt bis obenhin mit den Objekten der Begierde – endlich bei ihnen landeten. Was natürlich nie geschah. Ebenso wie die hölzernen Flugzeuge und Bambusantennen echten Flugzeugen und Antennen ähneln, ähnelt die Cargo-Kult-Wissenschaft der echten. Die Cargo-Kult-Wissenschaft verwendet die gleichen Begrifflichkeiten: Resonanz, Frequenz, Energiefluss. Sie unterscheidet sich in nur einem einzigen Punkt von der echten Wissenschaft: Es fehlt ihr an Inhalt. Sie ist lediglich Form.

Wenn man einmal darauf achtet, sieht man Beispiele für Cargo-Kult-Wissenschaften allenthalben: Entgiftungskuren wirken durch »das Stimulieren der Mikrozirkulation über ein biomagnetisches Feld, welches das Energieniveau der Zellen und der Organe wiederherstellt«. Nach dem Film *What the Bleep do we (k)now!? – Ich weiß, dass ich nichts weiß!* sind alle Emotionen »holografisch eingeprägte Chemikalien«, und paranormale Erscheinungen erklären sich mit dem Zusammenbruch der Wellenfunktion. Bei Quantum-Touch-Therapien werde eine Körperregion subatomar auf Quantenniveau manipuliert, sodass die Vibration dieser Region sich verändert und mit der Gestagenresonanz zusammenfällt. Kommt ein solcher Text einem Physiker zu Ohren, wird er sich vor Lachen biegen.

Völlig hanebüchen finde ich im Übrigen *The Secret.* Sowohl der Film als auch später das Buch gingen regelrecht durch die Decke, vor allem nachdem Talkshow-Ikone Oprah

Winfrey ihnen ihre Aufmerksamkeit widmete. Kurzzusammenfassung gefällig? Die Gedanken beeinflussen die Realität. Man wird und bekommt, was man denkt. Das nennen sie das Gesetz der Anziehung. Ebendiesem Gesetz zufolge darf man beispielsweise nicht daran denken, dass man mehr Geld braucht. Denn wenn man dies tut, wird man tatsächlich nur mehr Geld brauchen. Man denke stattdessen an die Lösung, ans Ziel. Man denke nicht: »Ich brauche mehr Geld«, sondern: »Ich hab ein dickes Portemonnaie«, und binnen kürzester Zeit stellt sich tatsächlich ein Geldsegen ein. Die Welt nach *The Secret* ist eine Art Katalog. Man suche sich etwas aus – eine stabile Gesundheit, eine hübsche, willfährige Frau oder eine Villa mit 18 Schlafzimmern und einem Schwimmbad. Anschließend denke man nur fest genug daran, und wenig später stellt sich das Gewünschte ein. Bingo! Und wissenschaftlich untermauert ist das Ganze obendrein: »Jeder Gedanke hat eine Frequenz.« Das Gesetz der Anziehung bringe Energien zueinander, die in gleicher Frequenz vibrieren. Davon hätte ich gerne mehr. Bei genauerer Betrachtung transportiert *The Secret* eine eher zynische, moralisch fragwürdige Überzeugung. Denn bekäme man alles, woran man nur denkt, wäre man letztlich selber schuld, wenn man nichts hat.

Die Cargo-Kult-Wissenschaft beschränkt sich jedoch nicht nur auf Quacksalber und nebulöse Therapieformen. Man begegnet ihr auch regelmäßig in Zeitungen oder Zeitschriften, und sie beginnt fast immer mit dem Satz: »Wissenschaftler entdeckten die Formel für …« Die Formel für den glücklichsten Tag des Jahres ist ($O + (N \times S) + Cpm / T + He$), die für den depressivsten Tag des Jahres ist angeblich $((W + D - d) T^q / M \times Na)$. Es existieren Formeln für die perfekte Figur, das beste Spielzeug, den perfekten Elfmeter, den idealen Strand, die beste Art, ein Eis zu essen, die Beine mit dem größten Sex-Appeal, den idealen Wochenendausflug ... Letztere Formel lautet angeblich: $(C \times R \times ZZ) / ((Tt + D) \times St) + (P \times Pr) > 400$. Zur Erläuterung: C steht für auf kulturelle Aktivitäten aufgewendete Zeit, R für die Menge der Zeit, in der man sich ausruhen kann, ZZ für Schlafdauer, Tt für Reisezeit, D für Verspätungen, St ist die Zeit, in der man gestresst ist, P diejenige Zeit, die man zum Packen aufwendet, und Pr die Vorbereitungszeit. Das wirkt beeindruckend, aber nach kurzem Nachdenken wird sofort klar, dass es sich um völligen Blödsinn handelt. Für denjenigen, der die Formel aufgestellt hat, gibt es scheinbar nichts Schöneres, als zu packen, und je länger man mit dem Befüllen seines Koffers beschäftigt ist, umso erfolgreicher wird das Wochenende.

Ben Goldacre, der Autor des viel gepriesenen Buches *Die Wissenschaftslüge,* hat herausgefunden, wie es zu derlei Formeln kommt. Er erhielt eines Tages eine E-Mail der PR-Firma Clarion: »Wir führen eine Untersuchung für meinen Kunden Veet (Enthaarungscreme) durch, in der die zehn aufreizendsten prominenten Hüftschwünge ermittelt werden sollen. Wir möchten das Ergebnis von einem Experten wissenschaftlich untermauern lassen, der errechnet, mit der nötigen Theorie dahinter, welche unserer Prominenten den aufreizendsten Gang hat. Dazu benötigen wir die Hilfe eines promovierten Psychologen oder dergleichen, der mit einer Formel aufwarten kann, mit der sich unsere Entdeckung stützen lässt, da wir glauben, dass die Meinung eines Experten und eine Gleichung der Geschichte mehr Gewicht verleihen.«

Ben konnte der Verlockung nicht widerstehen und bat um weitere Informationen darüber, welche Faktoren in der Gleichung berücksichtigt werden sollten. Etwas Sexuelles vielleicht? Er musste nicht lange auf Antwort warten: »Hi, Dr. Ben. Die Gleichung sollte das Verhältnis von Ober- und Unterschenkeln, die Form der Beine, das Hautbild und den Schwung der Hüften beinhalten ... Wir würden Ihnen 500 Pfund zahlen für Ihre Dienste.« Ben entschied sich schließlich dagegen. Ein gewisser Richard Weber konnte indes ein bisschen Taschengeld gut gebrauchen und griff zu.

Die Formel für den depressivsten Tag im Jahr, eine jährlich wiederkehrende Tradition, wird gesponsert von Sky Travel. Der depressivste Tag fällt immer auf Anfang Januar – der ideale Zeitpunkt, um eine kleine Reise zu buchen. Die Formel für den glücklichsten Tag im Jahr wird bezahlt von Wall's Ice Cream und die für den perfekten Elfmeter von Ladbrokes, einer Kette von Sportwettbüros. Die Idee ist simpel. Man möchte seinem Produkt Aufmerksamkeit verschaffen. Man begibt sich auf die Suche nach einem Wissenschaftler, der nichts gegen ein kleines Taschengeld einzuwenden hat, und bittet ihn, sich so nebenbei eine Formel auszudenken. Dann schreibt man eine nette Geschichte inklusive Pressemitteilung, und kurze Zeit später findet man die Studie in der Zeitung. Kein einziger Journalist scheint sich die Mühe zu machen, auch nur kurz darüber nachzudenken. Nur eben schnell Copy und Paste gedrückt, und wieder ist eine Spalte gefüllt.

Nicht einmal verkehrt

Der Philosoph Karl Popper wuchs in Wien auf, das Anfang des zwanzigsten Jahrhunderts das Epizentrum des intellektuellen Europas war. Albert Einstein hielt dort Vorlesungen, und man konnte sich, war man ein wenig deprimiert, zu Sigmund Freud höchstselbst in die Sprechstunde begeben. Wien war damals zum Bersten voll mit Philosophen. Neben Karl Popper lebten dort auch Ludwig Wittgenstein, Gottlob Frege und Rudolf Carnap. All diese Philosophen versuchten, dieselbe Frage zu beantworten: Wie lässt sich Wissenschaft von Pseudowissenschaft unterscheiden? Was ist der Unterschied zwischen Wissen und Unsinn? Nach Poppers Ansicht lautete die Antwort auf die zweite Frage: die Widerlegbarkeit. Doch bevor ich diese Idee erläutern kann, muss ich kurz die wissenschaftliche Methode erklären.

Ein paar Stunden, bevor ich dies hier schrieb, bekam ich einen Anruf von meiner Freundin Sara. Sie stand auf dem Parkplatz vor dem Supermarkt, und das Auto sprang nicht an. Ich hüpfte sofort aufs Fahrrad und fuhr zu ihr – um vor Ort zu der Erkenntnis zu gelangen, dass sich das Ding tatsächlich nicht mehr rührte. Tot. Nicht mehr in Gang zu bringen. Wir haben einen alten Diesel, und es war fürchterlich kalt. Schnell hatte ich eine Erklärung bei der Hand: die Batterie. Natürlich hatten wir kein Starterkabel dabei und marschierten daher in den nächstbesten Supermarkt. »Kunden, die ein Starterkabel dabeihaben, bitte zu Kasse vier kommen.« Sofort tauchte ein hilfsbereiter Mann auf. Motorhaube auf, Starterkabel anschließen, starten. Wieder nichts. Schlussendlich musste ich bei unserem Automobilclub anrufen. Der Mitarbeiter konnte nur mehr bestätigen, was wir bereits befürchtet hatten: Es lag nicht an der Batterie. Wahrscheinlich hatte der Anlasser den Geist aufgegeben.

Voilà, so einfach ist das. Das ist wissenschaftliche Methode in aller Kürze. Die Methode ist ihrem Wesen nach furchtbar einfach, und wir wenden sie tagtäglich an. Man hat ein Problem, für das man eine Erklärung sucht (»Auto springt nicht an«). Man formuliert eine Hypothese (»Es liegt an der Batterie«). Man überlegt, welche Bedingungen erfüllt sein müssen, um das Problem zu beheben, sofern die Hypothese korrekt ist (»Wenn es an der Batterie liegt, wird ein Starterkabel die Lösung bringen«). Man überprüft, ob sich diese Annahme bewahrheitet (»Man schließe das Starterkabel an und versuche zu starten«). Falls die Hypothese bestätigt wird, hat man eine mögliche Erklärung gefunden. Wenn sich die Annahme jedoch nicht erfüllt (»Auch mit dem Starterkabel lässt sich das blöde Ding nicht in Gang bringen«), muss man die Hypothese verwerfen und eine neue Hypothese formulieren (»Es ist womöglich der Anlasser«). Anschließend wird die gesamte Prozedur wiederholt. Es gibt zwar hier und da noch ein paar Komplikationen, aber das ist es im Wesentlichen.

Als Charles Darwin Anfang des 19. Jahrhunderts in seinem Notizbuch seine Gedanken zu alldem festhielt, was später zur Evolutionstheorie werden sollte, wendete auch er diese Methode an. Darwin war während seiner Weltreise auf der *HMS Beagle* aufgefallen, dass Tierarten mit engem Verwandtschaftsgrad sehr oft nah beieinander lebten. So gab es zum Beispiel in Südamerika zwei Arten von Nandus, die einander stark ähnelten. Die eine war im Norden und die andere im Süden Südamerikas verbreitet. Außerdem gab es da natürlich auch noch die Darwinfinken: langweilige, braune Vögelchen, die vom Laien kaum unterschieden werden konnten. Zunächst glaubte Darwin, dass sie alle Vertreter derselben Art seien. Als er nach jahrelanger Reise wieder englischen Boden unter den Füßen hatte, ließ er sie von einem befreundeten Ornithologen untersuchen. Zu seinem Erstaunen gehörten sie jedoch nicht derselben, sondern völlig unterschiedlichen Arten an – doch jede dieser Arten hatte ihren Ursprung auf den Galapagosinseln. Um dies zu erklären, formulierte Darwin eine Hypothese. Womöglich mochten unterschiedliche Arten sehr wohl aus anderen Arten hervorgehen, und womöglich war alles Leben aus einem gemeinsamen Vorfahrenpaar entsprungen. Eine revolutionäre Idee, denn damals gingen Biologen noch davon aus, dass jede Art von Gott an demjenigen Ort erschaffen worden war, der ihm dafür am geeignetsten erschienen war. Sodann leitete Darwin daraus seine Hypothese ab und überlegte, welche Tatbestände außerdem erfüllt sein mussten, um die Hypothese zu stützen. Und er dachte über die Konsequenzen seiner Hypothese nach. Sie sollte auf jeden Fall erklären, warum eine menschliche Hand, die Pfote eines Maulwurfs und der Huf eines Pferdes den gleichen Bauplan aufwiesen. Wenn Arten aus anderen Arten hervorgingen, dann mussten sie diesen identischen Bauplan von einem gemeinsamen Vorfahren geerbt haben. Er verschickte Hunderte Briefe an befreundete Wissenschaftler, die er darum bat, diese und andere Thesen zu überprüfen, und führte auch eigenhändig Experimente durch. So tauchte er unterschiedliche Samensorten in Meerwasser ein, um herauszufinden, ob sie ihre Keimkraft beibehielten. Denn wenn die Arten nicht an Ort und Stelle von Gott erschaffen worden waren, mussten sie dazu in der Lage gewesen sein, auf die eine oder andere Weise auf Inseln zu gelangen. Falls herausgekommen wäre, dass sämtliche Samen nach dem Untertauchen ihre Keimkraft verloren hätten, hätte er ein Problem gehabt. Womit hätte er dann erklären können, dass Pflanzen anscheinend dazu fähig waren, sich auf fernen Inseln anzusiedeln? Wie hätten sie dort hingelangt sein können? Anno 1859, als er mittlerweile jahrelang sorgfältig Fakten zusammengetragen hatte, um seine Hypothese zu überprüfen, beschloss er schließlich, sie in *Über die Entstehung der Arten* zu veröffentlichen – bis zum heutigen Tag eines der wichtigsten wissenschaftlichen Werke aller Zeiten.

Es war indes Popper, der erkannte, dass sich nicht jede Hypothese für diese Methode eignete. Einige Hypothesen scheinen wissenschaftlicher Natur zu sein, haben aber nicht wirklich etwas mit Wissen zu tun. Sie sind schlichtweg nicht widerlegbar. Sie sind immer richtig, was immer auch passiert.

Eines von Poppers Lieblingsbeispielen einer unwiderlegbaren Theorie stammt von Alfred Adler, einem Kollegen und Zeitgenossen Sigmund Freuds und Mitbegründer der Psychoanalyse. Adler zufolge kann man zahlreiche menschliche Handlungen durch die Annahme erklären, dass die betreffende Person an Minderwertigkeitskomplexen leide. Das klingt wie eine sinnvolle Hypothese, was es jedoch laut Popper nicht ist. Man stelle sich nur einmal vor, ein Mann sitze am Ufer eines Flusses auf einer Bank, als plötzlich ein Kind ins Wasser fällt. Springt der Mann hinterher, um das Kind zu retten, dann bestätigt dies nach Adlers Ansicht seine Theorie: Der Mann hat einen Minderwertigkeitskomplex, und um zu beweisen, dass er doch zu etwas taugt, springt er in den Fluss und versucht, das Kind zu retten. Nun stelle man sich vor, dass der Mann ruhig sitzen bliebe, während das Kind vor seinen Augen ertrinkt. Auch dann gäbe es, laut Adler, Grund zu der Annahme, dass der Mann an Minderwertigkeitskomplexen leide: Wegen seiner Komplexe ist er derart mit sich selbst beschäftigt, dass er für das Leid eines anderen blind ist. Was auch geschieht, was auch immer der Mann tut – Adler konnte nach Poppers Ansicht eine Erklärung finden, die scheinbar untermauerte, dass seine Hypothese korrekt war.

Doch laut Popper muss eine Hypothese widerlegbar sein. Das heißt, dass es zumindest ein denkbares Ereignis geben muss, das der Hypothese widerspricht. Die Behauptung »Es regnet nicht« ist beispielsweise so eine widerlegbare Hypothese. Es gibt ein denkbares Ereignis, das zu ihr im Widerspruch steht: nämlich Regen. »Es regnet, oder es regnet nicht« wäre hingegen nicht zu widerlegen. Diese Hypothese ist immer richtig, egal wie das Wetter gerade ist. Einer nicht widerlegbaren Hypothese kann nie durch die Realität widersprochen werden. Sie ist so nebulös allumfassend, dass sie schier nicht mehr fassbar ist. Sie erklärt alles. Doch eine Hypothese, mit der man alles erklären kann, erklärt rein gar nichts. Eine Hypothese lehrt uns nur etwas über die Wirklichkeit, sofern sie mögliche Phänomene ausschließt. Wenn ich zum Beispiel behaupte, Planeten bewegen sich in ellipsenförmigen Bahnen um die Sonne, ist diese Behauptung informativ, weil sie etwas ausschließt. Man erfährt, dass die Planetenbahn nicht viereckig verläuft und dass Planeten auch nicht einfach ziellos umherirren. Aus Adlers Hypothese – der Mann leide an einem Minderwertigkeitskomplex – erfährt man rein gar nichts über den Charakter des Mannes. Denn ob der Mann nun ein Kind rettet oder es ertrinken lässt, fröhlich ist oder betrübt, böse oder freundlich – mit ein wenig Kreativität lässt sich jedes denkbare Verhalten des Mannes mit dem Hinweis auf seinen Minderwertigkeitskomplex erklären. Alle möglichen Tatsachen – selbst solche, die einander widersprechen – können mit dieser Hypothese in Einklang gebracht werden. Es ist, als würde man vorhersagen, dass »irgendwann irgendetwas passieren wird«. Das klingt zwar wie eine waschechte Prophezeiung, doch in Wirklichkeit prophezeit man überhaupt nichts.

Im Jahr 1631 beschrieb der Priester Friedrich Spee von Langenfeld die Kriterien, auf deren Grundlage man herausfinden könne, ob eine Frau sich der Hexerei schuldig gemacht hatte: War der Lebenswandel einer Frau schlecht, »so sagt man, das sei ein starkes Indiz, denn von einer Schlechtigkeit darf man getrost auf die andere schließen. War ihr Lebenswandel indessen gut, so ist auch das kein geringes Indiz: Denn auf diese Weise, sagt man, pflegen die Hexen sich zu verstecken und wollen besonders tugendhaft erscheinen. (Zeigt die Frau nach ihrer Verhaftung) Furcht (weil sie davon gehört hat, was für entsetzliche Folterqualen man in der Regel im Verfahren wegen Hexerei zur Geltung bringt), so ist das alsbald ein Indiz, denn man sagt, sie habe ein schlechtes Gewissen. Zeigt sie keine Furcht (weil sie nämlich auf ihre Unschuld vertraut), so ist auch das sogleich ein Indiz: Denn das, sagt man, sei überhaupt eine besondere Eigentümlichkeit der Hexen, dass sie sich ganz unschuldig stellen und den Kopf nicht sinken lassen. (...) Hierauf (...) wird sie gefoltert, damit sie die Wahrheit kundtue, das heißt, damit sie sich schlechtweg für schuldig erklärt. Alles, was sie anderes sagt, ist nicht die Wahrheit, kann es nicht sein.« Hatte man zu jener Zeit das Pech, der Hexerei beschuldigt zu werden, endete man also in jedem Fall auf dem Scheiterhaufen. Was man auch tat oder sagte, welche Argumente man auch heranzog, es gab keine Möglichkeit, dem langsamen und quälenden Tod zu entkommen. Die Anschuldigung, eine Hexe zu sein, war schlicht nicht widerlegbar. Wirklich schade, dass Popper erst einige Jahrhunderte nach der letzten Hexenverbrennung geboren wurde.

Die Erklärung, die Power Balance für die sogenannte Wirkung ihrer Armbänder angibt, kann im Übrigen ebenfalls nicht widerlegt werden. Aus der Behauptung, die Frequenz des Hologramms reagiere mit der unseres Körpers, kann keine einzige überprüfbare Annahme abgeleitet werden. Wenn uns niemand sagen kann, welche Frequenzen genau gemeint sind, können diese auch nicht gemessen werden. Es gibt demnach keine Möglichkeit zu beweisen, dass die Power-Balance-Erläuterung nicht stimmt. Sie hätten ebenso gut behaupten können, die Armbänder wirkten, weil sich in dem Hologramm ein unsichtbarer Zwerg versteckt – ein Zwerg, der auf paranormale Weise mit unserer inneren Hexe kommuniziert. Diese Theorie ist ebenso wenig zu widerlegen wie die Theorie von der Frequenz. Sie klingt nur etwas weniger überzeugend.

Irgendwann in den Fünfzigerjahren bekam der Physiker Wolfgang Pauli die Seminararbeit eines seiner Studenten zu Gesicht. *»This isn't right«*, bekam der arme Student zu hören, *»it's not even wrong.«*

Es gibt einen Unterschied zwischen falschen Hypothesen und Hypothesen, die nicht einmal falsch sind. Unsere Batteriehypothese war offensichtlich falsch. Es war jedoch keine unsinnige Hypothese, denn sie war widerlegbar. Für die Hypothese von Power Balance gilt dies nicht. Sie ist falscher als falsch. Sie ist nicht einmal falsch.

Gott muss Pinguine hassen

Die Idee entstand, wie so viele gute Ideen, in einer Bar beim Genuss eines guten Glases Bier. Olivier ist Professor für Biologie an der Universität Gent. Seit dem dritten Bachelorstudiengang widmen sie dort dem Kreationismus eine Unterrichtsstunde. In den vergangenen Jahren hatten sie darin immer wieder gemeinsam die traditionellen Gegenargumente aufgelistet. Nicht wirklich spannend. Dieses Jahr wollte er etwas anderes machen – irgendetwas, das die Studenten in die Pflicht nahm, selbst zu denken. Einige Wochen später stand ich vor einer Gruppe Biologiestudenten im dritten Universitätsjahr, die allesamt der Überzeugung waren, dass ich der Wortführer der Belgischen Kreationistischen Gemeinschaft sei – einer Gemeinschaft, die Olivier und ich an jenem Abend in der Bar höchstselbst aus der Erde gestampft hatten. Ich hatte eine Präsentation mit dem Titel *»Expand your vision«* vorbereitet. Darin erklärte ich, warum ich davon überzeugt war, dass Intelligentes Design – die neueste Version des Kreationismus – der Evolutionstheorie ebenbürtig sei. Es war ein großer Erfolg: Die Studenten gingen mir voll auf den Leim.

Nach meiner Präsentation begann ich, mit ihnen zu diskutieren. Selbstverständlich machten sie mir die Hölle heiß. Sie brachten gute Argumente vor, und es war nicht einfach, ihre verbalen Angriffe zu parieren. Nach einer Stunde hatten sie mich schließlich in die Enge getrieben, und ich musste eingestehen, dass es die Belgische Kreationistische Gemeinschaft nicht gab und dass ich daher auch nicht ihr Wortführer war – nur um ihnen gleich anschließend darzulegen, warum Intelligentes Design Schwachsinn sei.

Intelligentes Design ist lediglich ein neuer Name für das, was man früher Kreationismus nannte. Die Grundidee lautet, dass Gott, als er einmal nichts Besseres zu tun hatte, die Erde und alle Wesen, die diese mittlerweile bevölkern, erschaffen habe. Seit den Siebzigerjahren strengen Kreationisten in Amerika immer wieder Prozesse an und versuchen, eine gleichwertige Behandlung von Kreationismus und Evolutionstheorie im Biologieunterricht zu erstreiten. Meist werden ihre Klagen abgeschmettert. Das amerikanische Grundgesetz verbietet es nämlich, im staatlichen Unterricht für eine bestimmte Religion zu werben. Sosehr sich die Kreationisten auch bemühten, es war kaum je möglich, einen Richter davon zu überzeugen, dass Kreationismus nichts mit Gottesdienst zu tun habe. Schließlich änderten sie ihre Strategie. Sie vermieden unmittelbare Hinweise auf die Bibel und nannten »Kreationismus« um in »Intelligentes Design«. Intelligentes Design bezeichnete ihrer Ansicht nach keine Form des Glaubens, sondern eine alternative wissenschaftliche Theorie, die der Evolutionstheorie ebenbürtig war. Nach Aussagen des Intelligenten Designs können zumindest ausgewählte Eigenschaften von Organismen unmöglich mit natürlichen Prozessen, sondern nur durch das Handeln eines Intelligenten Designers erklärt werden. Kreationismus *light,* wenn man so will.

Es ist ein Leichtes zu beweisen, dass der in die Jahre gekommene Kreationismus völliger Blödsinn ist. Zu glauben, die Erde sei nur 6000 Jahre alt oder Fossilien seien keine Überbleibsel ausgestorbener Organismen, ist doch ein wenig absurd. Intelligentes Design scheint da schon schwieriger zu widerlegen. Allerdings erwecken einige Eigenschaften zumindest den Eindruck, nicht eben das Werk eines Intelligenten Designers zu sein. So erscheint etwa der Bauplan des menschlichen Körpers ziemlich schlecht durchdacht. Welche Funktion erfüllen beispielsweise männliche Brustwarzen? Und wozu benötigen wir die Muskeln, mit denen wir unsere Ohren bewegen können, von einem Späßchen bei Familienfesten einmal abgesehen? Unser gesamter Rücken ist eine einzige Katastrophe. Er besteht aus Wirbeln mit Knorpeln dazwischen. Das ist nicht schlecht, wenn man seinen Rücken immer in der Horizontalen hält und einen Schwanz hat, um das gesamte Konstrukt im Gleichgewicht zu halten. Für den aufrechten Gang ist das Konstrukt jedoch, wie alle Menschen mit Rückenleiden bestätigen können, nicht sonderlich gut geeignet. Die weichen Knorpel werden zusammengedrückt – mit allen sich daraus ergebenden Konsequenzen. Obendrein ist der Intelligente Designer auch noch auf die Idee verfallen, ein Bündel Sehnen und Rückenmark längs hindurchzuführen, die wiederum – meine Schwiegermutter kann ein Lied davon singen – von den Wirbeln eingeklemmt werden können. Armseliger Murks. Andere Tiere haben es allerdings noch schlechter getroffen. Kaiserpinguine bauen keine Nester. Das wäre auch schwierig, da sie in der Antarktis leben, wo es weit und breit nur Eis und Schnee gibt. In Ermangelung besserer Alternativen legen sie sich ihr Ei einfach auf die Füße und bedecken es mit einer Hautfalte. Schade nur, dass sie sich deshalb kaum noch fortbewegen können, ohne ihr Ei fallen zu lassen. Sie müssen also einige Monate lang ganz vorsichtig vorwärtsschlurfen, ohne dabei je zu essen, immer in der bitteren Kälte stehen und abwarten, bis das Küken endlich schlüpft. Ein Beutel, wie Kängurus ihn haben, wäre sicherlich praktischer gewesen. Wenn es diesen Intelligenten Designer tatsächlich gäbe, dann wäre er ein Pfuscher und hegte eine tiefe Abneigung gegen Pinguine.

Der Biochemiker Michael Behe ist einer der wenigen Wissenschaftler, die an Intelligentes Design glauben. Daher wird er von den Kreationisten vergöttert. Behe gibt zu, dass einige Phänomene in der Natur auf den ersten Blick nicht das Werk eines Intelligenten Designers zu sein scheinen. Doch das ist für ihn kein Grund, seine These zu verwerfen. Das »Problem mit dem Argument der Unvollkommenheit liegt darin, dass es ganz wesentlich von einer Psychoanalyse des nicht identifizierten Planers abhängt. Doch die Gründe, weshalb ein Planer etwas tut oder nicht tut, kann man eigentlich gar nicht erkennen – es sei denn, dass der Planer uns ausdrücklich sagt, worin sie bestehen.«

Mit anderen Worten: Die armen Pinguine können einem zwar leidtun, aber vielleicht hat sich der Designer ja doch irgendetwas dabei gedacht. Gottes Wege sind nun mal unergründlich. Aus dem Vorhandensein unpraktischer Lösungen in der Natur darf man laut Behe nicht folgern, dass kein Intelligenter Designer am Werk gewesen sei. Nur schade, dass Behe sich mit dieser Aussage ins eigene Fleisch schneidet. Wenn wir nicht wissen, welchen Plan der Intelligente Designer während seiner Bastelarbeiten verfolgte, ist die Behauptung, dass er existiere, auch nicht widerlegbar. Welches Beispiel man von unpraktischem, nicht intelligentem, dummem Design auch anführt – ein Anhänger des intelligenten Designs kann immer anführen, dass dies womöglich die Absicht des Intelligenten Designers gewesen sei. Vielleicht dienen Rückenleiden ja einem höheren Ziel, ebenso wie männliche Brustwarzen. Mit dem Intelligenten Designer (die Anhänger verwenden diesen Begriff und nicht »Gott«, weil sonst natürlich sofort klar wäre, dass es sich bei ihnen im Grunde um religiöse Fanatiker handelt) verhält es sich demnach wie mit der Beschuldigung der Hexerei oder Adlers Minderwertigkeitskomplex. Es ist unmöglich zu beweisen, dass er nicht existiert.

Innerhalb der Evolutionstheorie sind die Muskeln, mithilfe derer wir unsere Ohren bewegen können, oder die Konstruktion unseres Rückens sehr wohl zu erklären. Ihr Hund verfügt über die gleichen Muskeln, und er gebraucht sie, um seine Ohren auf die Quelle eines Geräuschs auszurichten. Weil Menschen und Hunde einen gemeinsamen Vorfahren haben, sind die Muskeln beim Menschen immer noch vorhanden, sie nützen ihm nur nichts mehr.

Die Evolutionstheorie kann man widerlegen. Als John Haldane, ein herausragender Evolutionsbiologe und Vordenker der Populationsgenetik, gefragt wurde, was seinen Glauben in die Evolutionstheorie erschüttern könnte, antwortete er: »Kaninchen aus dem Präkambrium.« Während des Präkambriums, das vor ungefähr 500 Millionen Jahren endete, bildeten alle Kontinente noch ein Ganzes, und mit Ausnahme von ein paar Bakterienarten war damals noch nicht viel Leben zu erkennen. Wenn nun plötzlich entdeckt würde, dass damals bereits Kaninchen umherhoppelten, würde es für die Anhänger der Evolutionstheorie wohl eher eng werden. Ihrer Theorie zufolge entstanden diese nämlich erst ein paar Jahrmillionen später. Um bei den Kaninchen zu bleiben: Auch die Entdeckung der Selbstmordkaninchen aus Andy Rileys Cartoons auf der einen oder anderen abgelegenen Insel würde im krassen Gegensatz zur Evolution durch natürliche Selektion stehen. Nach der Evolutionstheorie überleben nur die am besten angepassten Organismen, der ganze Rest wird gnadenlos ausselektiert. Die Existenz von Kaninchen, die auf alle denkbaren oder undenkbaren Weisen versuchen, ihr Leben zu beenden, wäre mit dieser Theorie nicht vereinbar. Sie wären schlichtweg weniger gut angepasst als Kaninchen ohne suizidale Neigung und, wenn die Evolutionstheorie denn stimmt, längst ausgestorben. Mit Intelligentem Design wären Selbstmordkaninchen jedoch sehr wohl kompatibel. Anhänger dieser Theorie könnten allen Ernstes behaupten, der Designer hätte bestimmt einen guten Grund, Kaninchen mit einem unaufhaltsamen Selbstvernichtungsdrang irgendwo anzusiedeln.

Im Jahr 2005 schrieb der 24-jährige Physikstudent Bobby Henderson einen offenen Brief an das Kansas Board of Education, in dem er verlangte, im Biologieunterricht solle nicht nur die Lehre von der Evolution und Intelligentes Design behandelt werden, sondern auch sein eigener Glaube: das Evangelium des fliegenden Spaghettimonsters. Dieser Glaube postuliert, dass die Welt von einem fliegenden Spaghettimonster geschaffen worden sei, nachdem es am Abend zuvor zu viel gesoffen habe. Letzteres erklärt wohl auch, warum wir in der Natur so oft auf schlechtes Design stoßen. Seine Anhänger sind davon überzeugt, dass das Monster wie Spaghetti mit Fleischbällchen aussieht – wobei es allerdings unsichtbar ist. Die Anhänger des fliegenden Spaghettimonsters gestehen durchaus ein, dass für die Evolutionstheorie wesentlich mehr spricht. Doch das belegt ihrer Ansicht nach noch lange nicht, dass die Theorie wirklich stimme. Denn all die guten Gründe habe in Wahrheit ihr fliegendes Spaghettimonster in die Welt gesetzt, um unseren Glauben zu testen. So scheint die Erde beispielsweise deutlich älter als 6000 Jahre zu sein, doch das Spaghettimonster höchstpersönlich habe jede einzelne Messung verfälscht, um uns in die Irre zu führen. Das Spaghettimonster ist eine absurde Überhöhung des Kreationismus. Warum nur glauben Kreationisten nicht an das fliegende Spaghettimonster, sehr wohl aber an einen Intelligenten Designer?

Es gibt für beide Theorien exakt dieselbe Anzahl an Beweisen: nämlich null. Das Kansas Board of Education ist nie auf Bobby Hendersons Frage eingegangen. In Kansas werden die Schüler also immer noch nicht im einzig wahren Glauben unterrichtet.

Retten, was zu retten ist

»Schatz, ich kann dir alles erklären.« Nicht, dass ich diesbezüglich mitreden könnte, aber wenn ein Mann mit heruntergelassener Hose in Gesellschaft einer nackten Schönheit von seiner Frau ertappt wird, dann ist dieser Satz häufig das Einzige, was er noch herausbringt. Und dann ist Kreativität gefragt. »Keine Ahnung, was diese Frau hier zu suchen hat. Wahrscheinlich ist sie eine Einbrecherin«, oder: »Das ist eine Kollegin, sie war ein bisschen müde, und ich hab versucht, die Resonanz ihres bioenergetischen Feldes zu vermindern.« Es gibt leider kein wissenschaftliches Äquivalent zu der Ad-hoc-Hypothese: »Schatz, ich kann dir alles erklären.«

Man hat eine Hypothese, leitet daraus eine Annahme ab – und Sie haben Pech: Die Wirklichkeit will dabei nicht mitspielen, und so bewahrheiten sich Ihre Annahmen nicht. Sie haben wenig Lust, Ihre Theorie zu verwerfen? Kein Problem, man kann sich ja immer noch irgendeine Entschuldigung ausdenken. Eine Ad-hoc-Hypothese, um Ihre Lieblingshypothese doch noch zu retten. Denken wir zurück zu unserer Geschichte mit dem Auto. Mit einem Starterkabel war der Motor nicht in Gang zu kriegen. Es sah also stark danach aus, dass die Batterie nicht schuld war. Ich hätte mir natürlich genauso gut eine Ad-hoc-Hypothese ausdenken können: Vielleicht war das Starterkabel nicht richtig angeschlossen, oder wir haben es einfach nicht lange genug versucht?

In Kentucky kann man, wenn man nichts Besseres zu tun hat, das *Creation Museum* besuchen, eines von mehreren Konstrukten, mithilfe derer Kreationisten Schulkinder davon zu überzeugen versuchen, dass es doch Gott war, der die Welt samt all ihrer Bewohner erschaffen hat. Man erfährt dort, wie es Noah gelingen konnte, sämtliche Dinosaurier in seine Arche zu stopfen (»Die Arche war sehr groß, und Noah nahm natürlich keine erwachsenen Dinosaurier mit, sondern nur Babys«) und warum die Dinosaurier schlussendlich doch ausstarben (»Aufgrund von Adams Erbsünde, nämlich«). Es findet sich dort auch die Antwort auf eine andere brennende Frage. In 1. Mose 1.30 steht: »Aber allen Tieren auf Erden und allen Vögeln unter dem Himmel und allem Gewürm, das auf Erden lebt, habe ich alles grüne Kraut zur Nahrung gegeben.« Der Bibel zufolge müssen folglich alle Tiere – auch die Dinos – Vegetarier gewesen sein. Die Zähne des Tyrannosaurus Rex widersprechen dieser Annahme allerdings. Sie sind groß und scharf. Nicht sehr praktisch also, um damit Pflanzen zu zermalmen; wohl aber, um damit Beute in Stücke zu reißen. Es versteht sich von selbst, dass sich die Kreationisten eine Ad-hoc-Hypothese einfallen ließen, um sich den Glauben an die Bibel zu bewahren: Der Tyrannosaurus Rex fraß ihnen zufolge Kokosnüsse. Daher die Zähne. Die brauchte er, um die Dinger zu knacken.

Ad-hoc-Hypothesen sind nicht immer falsch. Auch in der regulären Wissenschaft wimmelt es nur so davon. Anfang des 18. Jahrhunderts beispielsweise hatten die Astronomen ein Problem: Die Umlaufbahn des Uranus stimmte nicht mit Newtons Gesetzen der Schwerkraft überein. Um Newtons Theorie aufrechtzuerhalten, nahmen sie vorübergehend an, dass es einen anderen, noch nicht entdeckten Planeten geben müsse, der Uranus' Umlaufbahn störte. Eine Ad-hoc-Hypothese also – genau wie die vom Kokosnüsse knackenden T. Rex; etwas, das erdacht wurde, um die Wahrnehmung mit der Theorie, die zu jener Zeit Gültigkeit besaß, in Einklang zu bringen. Und doch gibt es hierbei einen Unterschied: Die Astronomen Urbain Le Verrier und John Adams berechneten, wo sich der angebliche Störplanet befinden musste. Auf Basis dieser Berechnungen wurde 1846 der Neptun entdeckt. Es ist folglich überhaupt nichts einzuwenden gegen Ad-hoc-Hypothesen, wenn man sie nur überprüfen und beweisen kann.

Klappt das nicht und wird Ihre Ad-hoc-Hypothese widerlegt, gibt es zwei Möglichkeiten. Sie erstellen eine neue Ad-hoc-Hypothese, oder aber Sie verwerfen die anfängliche Grundhypothese. Wissenschaftler sind auch nur Menschen, und niemand findet es schön, wenn er eine Theorie, an die er jahrelang geglaubt hat, auf den Restmüll befördern muss. Oft dauert es daher ein wenig, bevor sie akzeptieren, dass sie falsch lagen, und es werden erst einmal nach Lust und Laune Ad-hoc-Hypothesen formuliert, ehe man zu der Einsicht gelangt, dass man es die ganze Zeit vom falschen Ende her aufgezogen hat.

Ein anderes Beispiel: Französische Speisen sind reich an gesättigten Fettsäuren, und drum – das kennen wir alle – könnte man erwarten, dass in Frankreich häufiger Herz-Kreislauf-Erkrankungen auftreten. Seltsamerweise ist dies ganz und gar nicht der Fall. Es gibt in Frankreich viel weniger Herzinfarkte, als man bei einer derartigen Ernährung erwarten würde. Als die Medien Anfang der Neunzigerjahre begannen, dem französischen Paradox Beachtung zu schenken, hatten Wissenschaftler sofort eine Handvoll Ad-hoc-Hypothesen bei der Hand: Es liege am Wein. Der beinhalte Resveratrol, einen Stoff, der das Herzinfarktrisiko senke. Dann hieß es, es sei der geringere Zuckerkonsum. Das mediterrane Klima. Die viele körperliche Bewegung. Oder vielleicht gebe es in Frankreich überhaupt nicht weniger Herzinfarkte, sondern die Franzosen seien nur fürchterlich schlechte Statistiker und dokumentieren nicht alle Vorfälle. Jedes Mal, wenn sich eine Ad-hoc-Hypothese nicht zu bewahrheiten schien, wurde sie von einer neuen ersetzt. Bis heute hat die Wissenschaft das Rätsel nicht gelöst. Einige Wissenschaftler sind der Überzeugung, dass die Anfangshypothese – gesättigte Fettsäuren erhöhen das Herzinfarktrisiko – falsch sein könnte, andere wiederum glauben, dass es noch eine andere Erklärung für das französische Paradox geben müsse. Isst man vielleicht in Frankreich tatsächlich weniger Zucker und weniger Transfette?

Eine derartige Situation gibt es des Öfteren in der Wissenschaft. Nur wenige Theorien erklären erfolgreich alle Wahrnehmungen, man muss also Ad-hoc-Hypothesen bemühen. Das ist kein Problem, sofern man diese nicht einfach so postuliert, sondern sie zu beweisen sucht, und – falls man gezwungen ist, die Ad-hoc-Hypothese zu verwerfen – akzeptiert, dass womöglich doch die Anfangshypothese falsch war.

Die Krux an der Ad-hoc-Hypothese der Kreationisten, das Gebiss des T. Rex zu erklären, ist, dass sie tatsächlich widerlegt werden kann. Man kann anhand des Vergleichs seiner Zahnstruktur mit der anderer Fleischfresser oder nach genauerer Betrachtung seiner Gedärme nachweisen, dass der T. Rex schlichtweg keine Kokosnüsse fraß. Das Gleiche gilt für all die vorgeschobenen Hypothesen, die das französische Paradox erklären sollen. Werden sie eines Tages allesamt widerlegt, wird man den Zusammenhang von gesättigten Fettsäuren und Herzinfarkt wieder zur Diskussion stellen müssen. Ist einem tatsächlich sehr daran gelegen, seine Lieblingshypothese zu retten, sollte man daher am besten noch einen Schritt weitergehen. Man denke sich einfach eine Ad-hoc-Hypothese aus, die unwiderlegbar ist.

Anfang der Siebzigerjahre gelangte Uri Geller als sogenannter Paranormalist zu Weltruhm. Wie er selbst erzählte, fand er im Alter von fünf Jahren – er betrachtete gerade einen Löffel – zu seiner eigenen großen Überraschung heraus, dass er anders war als alle anderen. Zu seiner Verwunderung fing der Löffel nämlich unvermittelt an, sich zu verbiegen, um am Ende sogar zu zerbrechen. Das Verbiegen von Löffeln blieb für alle Zeiten sein Markenzeichen – doch sein Geist vermochte noch mehr: Allein mit dessen Kraft beeinflusste Uri Kompassnadeln, löschte Disketten und reparierte Armbanduhren. Uri begann seine Karriere als Entertainer in einem kleinen Nachtclub, doch der internationale Durchbruch ließ nicht lange auf sich warten. Seine Auftritte sorgten für gefüllte Säle, und er wurde zu zahlreichen Fernsehshows eingeladen. 1972 war Uri Geller zu Gast in der *Tonight Show*. Den Mitschnitt auf Youtube kann ich sehr empfehlen. Man sieht die Angst in Uris Augen, als er begreift, dass er diesmal nicht seine eigenen, sorgfältig präparierten Löffel verwenden darf. Mehrere Minuten lang hält Uri seine Hände über das Tischchen, auf dem ein überaus robust wirkender Löffel zur Schau gestellt wird. Während der Gastgeber der Show, Johnny Carson, gemütlich eine Zigarette raucht – damals war das im Fernsehen noch erlaubt –, wird Uri immer nervöser. Er murmelt Entschuldigungen. Er müsse sich ausruhen. Der Druck, den Johnny Carson auf ihn ausübe, verstöre ihn. Er sei an diesem Abend nicht gut in Form. Schließlich gibt er es auf. Später behauptete er, seine magischen Kräfte seien an jenem Abend von den »negativen Vibes«, die von Johnny Carson ausgegangen seien, blockiert gewesen – eine unwiderlegbare Ad-hoc-Hypothese. Es gibt keine Technik, diese »Vibes« zu messen, und somit ist es auch unmöglich zu beweisen, dass es sie nicht gibt. Doch Uri konnte sich wiederholt darauf berufen, wann immer ihn seine sogenannten magischen Kräfte im Stich ließen.

Eine riesige Zielscheibe

Ich wurde an einem 12. Mai geboren und bin daher Stier. Heute Morgen habe ich – ein Mensch muss sich nun mal anderweitig beschäftigen, wenn sich die Inspiration für das Schreiben nicht einstellen will – mein Horoskop gelesen: »Heute Morgen wird nicht alles so klappen, wie Sie es gerne hätten. Es ist möglich, dass Ihnen bei der Arbeit ein kleiner Fehler unterläuft. Es kann sogar sein, dass man Ihnen etwas verbietet. Sie sollten lernen hinzunehmen, dass Sie nicht alles bekommen können, was Ihr Herz begehrt.«

Nach Ansicht der Astrologen wird das, was auf unserem Erdball geschieht, auf die eine oder andere Weise von den Himmelskörpern bestimmt, die just in diesem Moment über unseren Köpfen schweben. »Saturn als Herrscher des Horoskops zur Sonnenfinsternis trifft weiträumig auf die Mond-Uranus-Konjunktion des Geburtshoroskops und bildet ein fast genaues Trigon zum MC auf 15° Zwilling.« Ein willkürliches Copy-und-Paste-Zitat von einer beliebigen Astrologiewebseite. Auf der Basis solcher Betrachtungen finden die Astrologen also heraus, was uns die Zukunft bringen wird, und die Vorhersage – Ihr Horoskop – wird in Zeitschriften, Zeitungen oder im Internet veröffentlicht.

In meinem Fall trafen die Vorhersagen zu. An einem für mich idealen Morgen schläft meine Tochter bis zehn Uhr, meine Freundin hat, noch ehe ich selbst aufwache, bereits Kaffee gekocht und frische Brötchen geholt. Nach dem Frühstück klemme ich mich hinter den Laptop, und die Sätze sprudeln nur so aus mir heraus. In Wirklichkeit wurde ich heute Morgen um halb sieben von meiner weinenden Tochter geweckt und bin derzeit alles andere als ausgeschlafen, weil mein liebes Töchterchen überdies gestern Nacht ein paar Kreischkonzerte zum Besten geben musste. Meine Freundin ist krank und darf ausschlafen. Also habe ich selbst Kaffee gekocht und das Frühstück gemacht, während ich gleichzeitig vergeblich versucht habe, meine Tochter zu beruhigen. Danach brachte ich sie in die Kita und setzte mich an den Computer. Es war wie verhext. Mir fiel kein einziges passendes Wort ein. Sätze wurden geschrieben und wieder gelöscht. So ist das Leben, wenn man schreibt. Mein Horoskop hat also ins Schwarze getroffen. Heute Morgen war tatsächlich nicht alles so, wie ich es gerne gehabt hätte. Ich habe tatsächlich nicht alles bekommen, was mein Herz begehrt.

Aus der Hypothese (»Der Stand der Himmelskörper bestimmt, wie mein Morgen aussehen wird«) wird eine Annahme abgeleitet (»Heute Morgen wird nicht alles so klappen, wie ich es gerne hätte«). Die Annahme stimmt – das ist der Beweis. Die Astrologie hat recht. Hm, oder vielleicht doch nicht?

Stellen Sie sich vor, Sie möchten beweisen, dass Sie ein talentierter Scharfschütze sind. Sie malen eine Zielscheibe an die Wand, zielen aus ungefähr 20 Metern Abstand und schießen. Treffer. Können Sie jetzt als Scharfschütze bei irgendeinem Sondereinsatzkommando anheuern? Nun, das hängt davon ab, wie groß Ihre Zielscheibe war. Wenn die, die Sie gemalt haben, einen Durchmesser von zehn Metern hatte, wird niemand von Ihren Fähigkeiten als Schütze überzeugt sein. Sie hätten das Ding sogar noch getroffen, wenn Sie halb blind gewesen wären und an Muskelkrämpfen gelitten hätten. Und genau das ist auch das Problem mit Horoskopen. Sie feuern ihre Vorhersagen auf eine riesengroße Zielscheibe ab. Sie müssten sich schon enorm anstrengen, um danebenzuschießen. »Heute Morgen wird nicht alles so klappen, wie Sie es gerne hätten.« Es gibt fast nie einen Morgen, an dem alles genau so abläuft, wie ich es gerne hätte. Und selbst wenn dies der Fall wäre – wenn es frischen Kaffee gäbe und meine Freundin mir das Frühstück ans Bett brächte: Selbst dann stimmte die Vorhersage noch. »Es könnte sein« – es kann also auch anders sein. Horoskope sind sehr, sehr vage. So vage, dass sie fast immer zutreffen.

Kreationisten – ich weigere mich, noch einmal den Begriff »Intelligentes Design« zu verwenden – feuern ihre Annahmen auf eine unendlich große Zielscheibe. Was auch geschieht, wo immer die Kugel auch auftrifft: Sie können stets behaupten, sie hätten getroffen. Sie können alles erklären. Sie bekommen immer den ersten Preis, haben immer gewonnen. Die Zielscheibe von Astrologen ist zwar nicht unendlich groß, aber der Unterschied ist marginal: Denn sie gehen kein Risiko ein. Aber gerade das muss man tun, will man eine Hypothese wirklich testen. Nur riskante Annahmen – Annahmen, die sich nicht von Haus aus erfüllen – sind gute Testvoraussetzungen für eine Hypothese. Um vorherzusagen, dass es »sein könnte, dass mein Morgen nicht ganz perfekt abläuft«, ist das Geschwafel von Aszendenten und Stieren im sechsten Haus vollkommen unnötig.

Die Astrologen könnten es doch auch anders angehen. Man stelle sich vor, ich hätte heute Morgen in meinem Horoskop gelesen, dass ich am Nachmittag um exakt 17.17 Uhr hinter einem schwarzen C-Klasse-Mercedes mit getönten Scheiben und dem Nummernschild 1 ACA 529 herfahren würde. Eine exakte Vorhersage, abgefeuert auf eine Minizielscheibe. Wäre diese Vorhersage eingetroffen, hätte ich mich mit Sicherheit gefragt, wie in aller Welt die Astrologen dies schon so viele Stunden zuvor hätten wissen können.

Aus jeder Theorie lassen sich vage, risikofreie Annahmen ableiten. Diese scheinen sich dann – *Überraschung!* – zu bewahrheiten, bringen einen jedoch keinen Schritt weiter. Wenn Sie wirklich wissen wollen, ob Ihre Hypothese wahr ist, müssen Sie sich trauen, diese einer gnadenlosen Überprüfung zu unterziehen, und sich einen möglichst wasserdichten Test überlegen. Sie dürfen nicht fürchten, dabei auf die Nase zu fallen. Sie wählen die kleinstmögliche Zielscheibe, halten ein gutes Stück Abstand und drücken ab.

Leider halten wir uns selten mit der Größe der Zielscheibe auf, auf die unsere Annahme abgefeuert wird. Bewahrheitet sie sich, beeindruckt uns dies, selbst wenn die Annahme an sich völlig risikofrei war. Ich habe mich schon immer gefragt, warum Geister eigentlich immer nur den ersten Buchstaben eines Namens nennen. Wenn ein Medium den Geist einer verstorbenen Person anrufen will, warum sagt es stets: »Ich sehe eine männliche Person, mit der Sie eng verbunden sind. Ich sehe ein P.« – Stille. – »Oder vielleicht ein B?« – »Mein Neffe heißt Bart!« Applaus, Applaus! Wie um Himmels willen konnte das Medium das wissen?

Um dies vorherzusagen, muss man natürlich nicht mit dem Jenseits in Kontakt treten. Es kennt doch fast jeder irgendjemanden, dessen Namen mit einem P oder einem B anfängt. Ich warte immer noch auf den ersten Geist, der dem Medium nicht nur den Anfangsbuchstaben vom Namen meines Großvaters zuwispert, sondern dessen Vor- und Familiennamen, die Blutgruppe, Schuhgröße sowie die Nummer seines Sozialversicherungsausweises. Erst wenn ich mir ganz sicher bin, dass das Medium die Fakten im Vorfeld nicht heimlich heraussuchen konnte, werde ich der Geisterhypothese vielleicht noch mal eine Chance geben.

Lesen Sie mal folgende Personenbeschreibung und geben Sie auf einer Skala von eins (»trifft überhaupt nicht zu«) bis fünf (»genau so bin ich«) an, wie gut sie Ihre Persönlichkeit beschreibt:

»Sie möchten gerne von anderen bewundert werden, gehen mit sich selbst aber zu kritisch um. In Ihnen schlummern unentdeckte Talente. Manchmal plagen Sie Zweifel, ob Sie die richtige Entscheidung getroffen haben. Sie mögen Abwechslung und vertragen es nicht, eingeengt zu werden. Sie sind stolz auf Ihr unabhängiges Denken und übernehmen keine Behauptung Dritter ohne zufriedenstellende Beweise. Sie haben verstanden, dass es unvernünftig ist, sich vor anderen vollkommen bloßzustellen. Manchmal sind Sie extrovertiert, freundlich und unterhaltsam, in anderen Momenten dagegen introvertiert, vorsichtig und reserviert.«

Haben Sie sich in dem Text wiedererkannt?

Diese Beschreibung wurde in den Fünfzigerjahren von einem amerikanischen Psychologen namens Bertram Forer erfunden, indem er aufs Geratewohl eine Anzahl willkürlich ausgewählter Sätze aus einem Astrologiebuch aneinanderreihte. Jahr um Jahr mussten Forers Studenten sich einem Persönlichkeitstest unterziehen. Was die Studenten nicht wussten, war, dass er die Resultate vollkommen ignorierte. Er hatte allen einfach die oben stehende Personenbeschreibung gegeben. 87 Prozent seiner Studenten bewerteten die Beschreibung auf einer Skala von eins bis fünf mit vier oder höher. Forers Experiment wurde inzwischen vielmals wiederholt. So bestimmte der französische Astrologe Gauquelin anhand der persönlichen Geburtsdaten das Horoskop von 150 Menschen. 94 Prozent der Personen fanden, dass das Horoskop ihren Charakter treffend beschrieb. Was sie nicht ahnten, war, dass Gauquelin jedem das gleiche Horoskop zugeschickt hatte: das von Marcel Petiot, einem 1946 zum Tode verurteilten Serienmörder.

Menschen haben ein großes Talent, vage Äußerungen

über ihren Charakter als eine exakt typisierende Beschreibungen ihres Selbst zu betrachten, ohne dabei zu realisieren, dass dieselbe Umschreibung auch auf alle anderen Menschen zutrifft. Wir sehen nicht, wie riesig die Zielscheibe ist. Das funktioniert allerdings nur mit Horoskopen, die überwiegend positiv formuliert sind. Wenn Sie jemandem ein Horoskop in die Hand drückten, in dem zu lesen stünde, derjenige sei ein Feigling und die meisten seiner Freunde halten ihn für einen lästigen Widerling, wäre die Chance ziemlich groß, dass diese Person sich in der Beschreibung ganz und gar nicht wiederfände. Umfasst das Horoskop jedoch ein paar positive, vage formulierte Eigenschaften, erkennt sich darin jeder wieder. Denn unser Idiot ist eitel. Erzählt jemand etwas Positives über uns, glauben wir ihm nur zu gern, und unser Glaube wird noch verstärkt, sobald der Halo-Effekt mit von der Partie ist. Die Menschen halten exakt das gleiche Horoskop für überzeugender, wenn der Astrologe zuerst die genaue Geburtszeit abgefragt hat und danach etwas vom Aszendenten oder Mars im dritten Haus murmelt.

Und doch lässt sich Astrologie testen. Wenn man will, kann man aus ihr ebenfalls riskante Annahmen ableiten. Der amerikanische Physiker und Wissenschaftspopularisator Shawn Carlson hat eine der gründlichsten Untersuchungen zu diesem Thema durchgeführt. Carlson rief 28 professionelle Astrologen zur Mithilfe auf. Er bat sie, gemeinsam die besten Horoskope für 83 Personen auszuarbeiten. Jede Testperson bekam zusätzlich zu ihrem eigenen zwei fremde Horoskope zu lesen. Falls es tatsächlich möglich wäre, den Charakter eines Menschen mittels Astrologie zu beschreiben, könnte man auch erwarten, dass die Testpersonen in der Lage seien herauszufinden, welches davon ihr persönliches Horoskop war. Eine riskante Annahme. Wenn die Astrologie jedoch nichts über jemandes Charakter aussagen würde, dann wäre dies anhand des Testergebnisses erkennbar. Und so kam es auch. 55 von 83 Personen waren nicht fähig, ihr eigenes Horoskop auszuwählen. Gerade einmal 33 Prozent entschieden sich für das richtige Horoskop – dies entspricht exakt der Trefferquote, die sie erreicht hätten, wenn sie die Horoskope gar nicht erst gelesen, sondern vollkommen willkürlich irgendeines von den dreien ausgewählt hätten.

Der Wissenschaft wird oft vorgeworfen, sie reduziere alles auf Zahlen. Leider ist dieses Ärgernis unvermeidlich. Zu behaupten, eine bestimmte Pille mache glücklicher, ist ein Leichtes. Kann man dieses Glück jedoch nicht quantifizieren, es nicht in Zahlen ausdrücken, wird es schwierig herauszufinden, ob diese Behauptung überhaupt zutrifft. Zahlen sind – sofern genau definiert ist, was sie bedeuten – das beste Rezept gegen Unbestimmtheit. Auch bei Johnson & Johnson mussten wir ständig Zahlen zusammentragen. Messen bedeutet wissen, und so befüllten wir Tabellen und Formulare mit der Anzahl der Stunden, die wir an einem bestimmten Projekt gearbeitet hatten, der Anzahl der Bugs in der Software, der durchschnittlichen Anzahl von Tagen, die wir benötigten, um einen solchen Bug zu entfernen und so weiter. Leistungskennzahlen also oder – vornehm ausgedrückt – *Key Performance Indicators.* Dennoch regierte auch innerhalb von Johnson & Johnson das Vage.

Hin und wieder wurde das Personal zu einem sogenannten *Townhall Meeting* zusammengetrommelt, was heißen sollte, dass wir uns in ein Kongresszentrum zu begeben hatten, wo wir Häppchen und Getränke vorgesetzt bekamen – und obendrein unsere überfällige Portion Motivationsgeschwafel. Eine der prunkvollsten Stadthallen wurde zu Ehren der neuen *Human Resource Managerin,* also der Leiterin der Personalabteilung, angemietet. Ihr Name ist irgendwo in meinen Gehirnwindungen verschüttgegangen. Äußerlich erinnerte sie am ehesten an Hyacinth Bucket aus der britischen Serie *Mehr Schein als Sein,* allerdings war sie schlanker und hatte einen starken texanischen Akzent. Sie spielte ihre Rolle meisterhaft. Sie erzählte uns, wie sie einige Monate zuvor zum ersten Mal den Hauptsitz von Johnson & Johnson in New Brunswick besucht habe: »Als ich dort, eingemeißelt in Granit, das Firmencredo vor mir sah, wusste ich ... Entschuldigen Sie, dass ich so emotional werde ... Da wusste ich: Dies ist die Firma, für dich ich arbeiten will. Hier ist mein Zuhause.« Das alles mit einer sich vor Gefühlen überschlagenden Stimme und tränenumflortem Blick. Gute schauspielerische Leistung. Wenige Monate später – ich schätze, sie hatte es gerade noch geschafft, ihr Stück in allen Johnson-&-Johnson-Filialen aufzuführen – war sie wieder verschwunden. Wahrscheinlich zu einer anderen Firma, wo sie wirklich zu Hause war.

Aber zurück zum Credo. Die Firma Johnson & Johnson hat, wie sie stolz auf ihrer Webseite verkündet, kein Leitbild, sondern ein Credo. Und über ein Credo wird nicht gelacht. Wir hatten Credoversammlungen, jährliche Credoevaluationen und, wenn ich mich richtig entsinne, sogar einen Credochor. Jedem Arbeitnehmer wurde das Credo, sauber ausgedruckt auf ein Stück Pappe, in einem passenden Aufstellrahmen ausgehändigt, damit er es auf seinen Schreibtisch stellen konnte. Der Anfang des Credos lautete wie folgt: »Allem voran steht unsere Verantwortung gegenüber den Ärzten, Krankenschwestern und Patienten, aber auch gegenüber Müttern, Vätern und all den Menschen, die unsere Produkte verwenden oder unsere Dienste in Anspruch nehmen.« Weiter ging es mit: »Verantwortung tragen wir auch für unsere Mitarbeiter, für alle jene Frauen und Männer, die auf der ganzen Welt bei uns tätig sind.« Und: »Verpflichtet fühlen wir uns auch gegenüber dem Gemeinwesen, in dem wir leben und arbeiten, aber auch gegenüber der ganzen Menschheit.« Die Anteilseigner waren auf den ersten Blick ein wenig unter den Tisch gefallen. Sie tauchten erst im letzten Absatz auf: »Schließlich sind wir unseren Aktionären gegenüber verantwortlich. Ein angemessener Gewinn muss erwirtschaftet werden. (...) Reserven als Vorsorge für schlechtere Zeiten müssen gebildet werden. Wenn wir nach diesen Grundsätzen handeln, werden die Aktionäre eine angemessene Dividende erwarten können.« Das hörte sich vielversprechend an. Ich traue mich beinahe, den Begriff »ethisch« zu verwenden. Auf der Grundlage dieses Credos durfte man wohl erwarten, dass Johnson & Johnson aus einer verschwörerischen Weltverbesserertruppe bestand, die unverdrossen auf der ganzen Welt Kranken zu Hilfe eilte. Leider stehen der Verwirklichung dieses Traums Gesetze sowie praktische Hindernisse im Weg. Und – so wie in diesem Fall – die Profitgier. Sie erinnern sich vielleicht noch an die Massenentlassungen zu einem Zeitpunkt, als Johnson & Johnson so hohe Gewinne erwirtschaftet hatte, dass sie schier nicht mehr wussten, wohin mit all dem Geld? Nein, diese standen nicht im Widerspruch zum Credo. Was aber war mit den Behauptungen, die eigenen Medikamente seien wirksamer als die der Konkurrenz? Sie widersprachen nicht dem Credo, nein. Menschen neue Krankheiten einzureden, um mehr Tabletten verkaufen zu können – was war damit? Kein Widerspruch. Nach den Prinzipien des Credos standen die Patienten an erster Stelle, während die Aktionäre das Schlusslicht bildeten. Nur praktiziert wird es leider umgekehrt. Die Aktionäre fanden jedes Mal ein Hintertürchen. »Im Credo steht doch auch, dass wir Gewinne erzielen dürfen? Und übrigens, das müssen wir auch, die Zukunft der Firma steht schließlich auf dem Spiel.« Wollte man meinen Vorgesetzten Glauben schenken, befand sich Johnson & Johnson fast immer am Rande des Bankrotts.

Auf der Webseite der Firma steht, das Credo sei »mehr als ein moralischer Kompass«. Es sei eine Betriebsphilosophie, die die Mitarbeiter dazu befähige, Entschlüsse zu fassen. Wenn es sich tatsächlich um einen Kompass handelte, dann jedoch um einen, der in alle Himmelsrichtungen gleichzeitig zeigte. Das Problematische an diesem Credo war nun mal, dass es – wahrscheinlich mutwillig – so vage gehalten war. Es war als moralischer Kompass ungefähr ebenso nützlich wie ein Horoskop für die Tagesplanung. Das Credo fing zwar an mit den Worten: »Allem voran steht unsere Verantwortung gegenüber den Ärzten, Krankenschwestern und Patienten«, jedoch konnte bei der Rechtfertigung von weniger moralischen Entscheidungen immer auf den letzten Abschnitt, also auf einen angemessenen Gewinn und eine ebensolche Dividende verwiesen werden. Wie hoch ein angemessener Gewinn und welche Dividende zufriedenstellend war, stand jedoch nicht in dem Credo. Meiner Ansicht nach machte Johnson & Johnson einen unangemessen hohen Gewinn. Meine Vorgesetzten dachten darüber allerdings anders.

Ich habe irgendwann während einer der Credoversammlungen in einem Anflug von Übermut vorgeschlagen, das Credo SMART zu machen. SMART ist ein im Management beliebtes Akronym für spezifisch, messbar, akzeptabel, realistisch und temporär. Wenn wir alljährlich unsere Verkaufs- und Entwicklungsziele auflisteten, dann sollten diese SMART sein, und in einem SMART-Credo sollte man auch definieren können, wie viel Gewinn angemessen und was genau zu tun wäre, wenn es zu einem Konflikt zwischen Profitgier und Ethik käme. Man würde dann genau nachmessen können, in welchem Maß wir als Firma unsere ethischen Ziele erreichten. Mein Vorschlag wurde selbstredend beiseitegefegt. Unbestimmtheit ist nämlich die beste Art zu verhindern, dass einer Hypothese oder, wie in diesem Fall, dem moralischen Kompass widersprochen wird.

Einem Insider zufolge ist die wichtigste Regel in der Werbung »das Vermeiden konkreter Versprechungen und das Kultivieren himmlischer Schwammigkeit«. Gerade habe ich während einer kurzen Pause in der belgischen Zeitschrift *Humo* geblättert. »Asus führt neue N-Serie ein. Mehr Power, mehr Leistung, mehr Lautsprecher, mehr Frequenz und mehr Ausgangsleistung für Ihren Laptop.« Sehr schön. Nur – mehr als was? Wenn man nicht weiß, womit man vergleichen soll, kann man solcherlei Versprechungen auch nicht falsifizieren.

»Stärkt bei Übergangssymptomen in der dritten Lebenszeit«, oder: »stellt das natürliche Gleichgewicht des Körpers wieder her« – wenn man beim Bäcker die kostenlose Werbebroschüre der Nahrungsergänzungsmittelindustrie mitnimmt, kann man sein Herz an himmlischer Schwammigkeit erfreuen. Die Kerle, denen wir später noch einmal begegnen werden, versuchen, uns weiszumachen, man könne kein gesundes Leben führen, wenn man sich nicht täglich mit Antioxidantien, Goji-Beeren und Omega-3-Fettsäuren vollstopfe.

Am schönsten fand ich allerdings die Werbung für Maca Platinum. Es handelt sich hierbei um peruanischen Ginseng, »die echte Maca von Lepidium Peruvianum Chacon, angebaut auf über 4000 Metern Höhe in den unberührten Hochebenen der Anden«. Ein kleiner Halo-Effekt kann schließlich nie schaden. Das Mittel »stimuliert insbesondere das weibliche und das männliche System. Es macht den Mann männlicher und die Frau weiblicher.« Meine Mailbox wird tagtäglich von E-Mails überflutet, die mir eine Penisverlängerung aufzuschwatzen versuchen. Diese E-Mails sind zumindest deutlich. Wenn man es schaffte, den Fabrikanten aufzuspüren, könnte man ihm, obschon es ein wenig peinlich wäre, nachweisen, dass er sein Versprechen von fünf Zentimetern mehr nicht halten konnte. Bei Maca Platinum geht das nicht. Die Produzenten dürfen weiterhin süß träumen. Denn es ist schlicht unmöglich nachzuweisen, dass sie ihre Versprechungen nicht einhalten können.

Neben der Werbung gibt es selbstverständlich einen weiteren Bereich, in dem himmlische Schwammigkeit kultiviert wird: die Politik. Ich schätze mal, das muss ich nicht weiter ausführen.

2. Size does matter

Da wir nun zwischen »falsch« und »nicht einmal falsch« unterscheiden können, sind wir bereit für die tatsächliche Herausforderung: korrekte Theorien von falschen zu unterscheiden. Leider wird uns dabei in die Suppe gespuckt – ein Problem, das wir lediglich mithilfe von Statistik lösen können, einer Disziplin, in der unser Idiot grottenschlecht ist. Unser Idiot ist allerdings, wie wir feststellen werden, sehr gut darin, Muster zu entdecken, so gut sogar, dass er sie selbst dort entdeckt, wo eigentlich gar keine sind. Beim Kartoffelnkochen lernen wir, was eine Stichprobe ist, und wir erfahren, dass es durchaus auf die Größe ankommt – zumindest wenn es um Stichproben geht. Schließlich stellen wir den Zusammenhang her zu unserer fortwährenden Neigung, alles in Schubladen zu stecken.

Adas Steckkasten oder:
Das Wesen der Statistik

Meine Tochter Ada ist vor Kurzem ein Jahr alt geworden. Sie macht ihre ersten vorsichtigen Schritte, und sie weiß, wie der Hund, die Katze und das Pferd machen (wau, miau und ein seltsamer Kehllaut, der ein Wiehern darstellen soll). Ada ist in meinen Augen das hübscheste, liebste und süßeste Kleinkind, das auf der ganzen Welt herumkrabbelt. Zudem ist sie über alle Maßen intelligent, ein sich in Windeseile entwickelndes Genie. Das wusste ich spätestens, als Ada vergangene Woche von ihren Großeltern einen Steckkasten geschenkt bekam. Für die Menschen, die keine Kinder haben: Ein Steckkasten ist ein Behälter mit verschieden geformten Öffnungen. In diese Öffnungen steckt das Putzelchen Klötzchen in der entsprechenden Form. Nachdem Ada den Steckkasten ausgepackt hatte, reichte ich ihr ein zylinderförmiges Klötzchen. Sie steckte es sofort in die richtige Öffnung des Steckkastens. Auch das zweite Klötzchen wurde von ihr in das passende Loch gesteckt. Dann verlor sie das Interesse, krabbelte davon und blätterte in ihrem Eckchen in einem Buch. Mir war sofort klar: Ada konnte bereits Formen erkennen und wusste, welches Klötzchen in welche Öffnung passte. Eine Fertigkeit, die Kleinkinder normalerweise erst im Alter zwischen 15 und 18 Monaten erlernen. Der Beweis war erbracht: Meine Tochter war hochbegabt.

Leider gibt es hierfür noch eine weitere mögliche Erklärung: Es handelte sich um zwei Zufallstreffer, sie hatte einfach Glück.

Woher können wir nun aber wissen, welche der beiden Erklärungen korrekt ist? War es Zufall, oder steckte mehr dahinter? Diese Frage kommt nicht nur angesichts von Töchtern und Steckkästen auf. Es ist eines der größten Probleme beim Verwerfen von Hypothesen.

Es ist Januar, doch selbst nachts sinkt die Temperatur kaum unter zehn Grad. Ist dies Zufall oder ein Beleg für die Erderwärmung? Der deutsche und der belgische Zinssatz unterscheiden sich um ganze 26 Prozent. Ist dies ein Zeichen dafür, dass es Belgiens Wirtschaft schlecht geht, oder ist es einfach nur eine kurzfristige Abweichung? Sie nehmen eine Tablette, und wenig später sind Ihre Kopfschmerzen wie weggeblasen. Beweist das, dass die Tabletten wirken, oder war es Zufall? Dortmund gewinnt gegen Bayern 1:0. Darf man hieraus ableiten, dass die Borussen das bessere Team sind, oder haben sie einfach nur Glück gehabt?

Wenn man dahinterkommen will, warum ein Auto sich nicht starten lässt, hat man dieses Problem nicht. Autos sind einfache, deterministische Objekte, da spielt der Zufall eine geringe Rolle. Man erstellt eine Annahme, die sich nicht erfüllt, und muss folglich seine Hypothese verwerfen. Wenn es nicht gerade um Autos geht, ist es leider meistens ein bisschen komplizierter. Man erstellt eine Annahme, beobachtet, was passiert, und muss anschließend überprüfen, ob es sich bei dem beobachteten Ereignis eventuell um Zufall gehandelt haben könnte. Also müssen wir eine Vorgehensweise finden, um zwischen zufällig und nicht zufällig unterscheiden zu können. Dies zu unterscheiden vermag ausgerechnet die Statistik – eine Disziplin, angesichts derer die wenigsten Menschen in Begeisterungsstürme ausbrechen. Verständlich, denn Statistik ist und bleibt ein langweiliges Thema. Trotzdem ist sie, zum Leidwesen vieler Studenten, ein notwendiges Übel.

Lassen Sie uns als Erstes davon ausgehen, dass Ada kein Wunderkind ist und ihr Erfolg demnach nur zufällig war. Es ist nicht sonderlich schwierig, die Wahrscheinlichkeit auszurechnen, mit der sie die beiden Klötzchen zufällig in die richtigen Öffnungen gesteckt hat. Adas Steckkasten hat drei Öffnungen. Für jedes Klötzchen hat sie also eine Chance von 1:3, die richtige Öffnung zu erwischen. Die Chance auf zwei aufeinanderfolgende Treffer entspricht der Chance auf einen Treffer mal der Chance auf den zweiten. (Machen Sie nicht den Fehler, die Chancen zu addieren, statt sie zu multiplizieren, Sie erhalten sonst sehr seltsame Ergebnisse.) Die Wahrscheinlichkeit, dass sie zwei Klötzchen rein zufällig ins richtige Loch wirft, liegt somit bei 1:3 x 1:3 = 1:9. Es gibt also Grund zu der Annahme, dass es mehr war als bloßer Zufall. Und doch ist eine Chance von 1:9 auch wieder nicht so gering, dass man einen Glückstreffer einfach so ausschließen könnte.

Ich hätte ihr natürlich einfach noch ein weiteres Klötzchen geben können. Die Wahrscheinlichkeit, dass sie rein zufällig drei Klötzchen in die richtigen Öffnungen bugsiert, liegt bei 1:27, während sie bei vier Klötzchen nur noch bei 1:81 liegt. Je mehr Klötzchen sie richtig platziert, umso wahrscheinlicher ist es also, dass es sich dabei *nicht* um Zufall handelt.

In den Zwanzigerjahren verwendete der Statistiker, Genetiker und Evolutionsbiologe Ronald Fisher genau diese

Idee, um zwischen zufällig und nicht zufällig zu unterscheiden. Dies wird heute »Signifikanztest« genannt und ist immer noch Grundlage zahlreicher wissenschaftlicher Gedankengänge. Die Annahme, dass es sich zufälligerweise um einen Zufall (sic) handelt und es keine andere Erklärung für ein bestimmtes Phänomen gibt, nennt man in der Sprache der Statistiker »Nullhypothese« oder, anders formuliert: Ada kann noch keine Formen erkennen, sondern versucht willkürlich, die Klötzchen in die passenden Löcher zu stopfen. Demnach berechnen Sie die Wahrscheinlichkeit für das, was Sie beobachtet haben, falls die Nullhypothese stimmt – in Adas Fall also die Wahrscheinlichkeit, dass sie die beiden Klötzchen rein zufällig in die richtigen Löcher geworfen hat. Ist diese Wahrscheinlichkeit zu gering – Fisher legte sozusagen eine Fünf-Prozent-Hürde zugrunde –, ist dies Anlass genug, die Nullhypothese zu verwerfen, denn in diesem Fall wäre Ihr Ergebnis statistisch relevant. Der Zufall wäre zu groß, um noch ein Zufall zu sein, und Sie dürften daraus schließen, dass es noch einen anderen Grund für die Treffer geben muss. Die Wahrscheinlichkeit, dass Ada aus reinem Glück die beiden Klötzchen in die richtigen Öffnungen schieben konnte, liegt, wie wir oben berechnet haben, bei 1:9, also bei rund elf Prozent, was ein ganzes Stück mehr ist als Fishers Obergrenze von fünf Prozent. Nach Fishers Signifikanzkriterium muss ich daher zu dem Schluss kommen, dass es keinen Grund zu der Annahme gibt, dass es sich um mehr als puren Zufall gehandelt hat. Meine Tochter ist also wohl doch kein Genie. In den Wochen, nachdem sie ihren Steckkasten bekommen hatte, bestätigte sich tatsächlich, dass es sich um reines Anfängerglück gehandelt haben musste. Sie hat es seither kaum je wieder geschafft, ein Klötzchen ins richtige Loch zu stecken. Dennoch durfte ich Fishers Kriterien zufolge zu dem Ergebnis kommen, dass sie ihrem Alter voraus war. Die Chance auf drei richtige Klötzchen liegt schließlich bei 1:27; das entspricht 3,7 Prozent – liegt somit unter fünf Prozent und ist daher statistisch signifikant. Nach Fisher gibt es dann zwei Möglichkeiten: Entweder die Nullhypothese ist falsch, oder es ist etwas sehr, sehr Unwahrscheinliches geschehen.

Wenn Sie als Wissenschaftler ein statistisch signifikantes Resultat erzielen, ist dies ein guter Grund, um ein Fest zu feiern. Sie haben etwas entdeckt, und es ist sehr wahrscheinlich, dass Ihre Untersuchungen veröffentlicht werden. Wenn Ihre Daten hingegen nicht statistisch signifikant sein sollten, haben Sie Pech gehabt. Sie haben geglaubt, es steckte mehr dahinter – dabei handelte es sich wahrscheinlich einfach nur um einen Zufall. Nichts, was wissenschaftliche Zeitschriften gerne publizieren. Und so bleibt die Champagnerflasche ungeöffnet im Kühlschrank.

Kommt ein Angeklagter vor Gericht, erinnert der Rechtsstreit nicht selten an Fishers Signifikanztest. Man geht davon aus, dass der Verdächtige unschuldig ist (= Nullhypothese). Dann werden die Indizien auf ihre Wahrscheinlichkeit überprüft – für den Fall, dass die Nullhypothese richtig sein sollte. Wie groß ist die Wahrscheinlichkeit, dass der Angeklagte seine Fingerabdrücke auf der Mordwaffe hinterlassen hat, wenn er nicht zugleich der Täter ist? Und – wenn er wirklich unschuldig ist – ist es dann nicht seltsam, dass er kurz vor dem Mord zusammen mit dem Opfer gesehen wurde? Wenn die Indizien allesamt eher unwahrscheinlich sind, wird der Beschuldigte verurteilt und darf sich für einige Jahre in eine Zelle begeben, wo er über seine Sünden nachdenken kann.

Bei dem Versuch herauszufinden, ob irgendetwas auf Zufall beruht oder nicht, kann man zweierlei Fehler begehen. Entweder man verwirft eine Nullhypothese, die eigentlich korrekt ist, oder man zieht fälschlicherweise den Schluss, dass mehr dahintersteckt: Der zu Unrecht Verdächtigte wird verurteilt. Der stolze Vater glaubt, sein Töchterchen sei ein neuer Einstein, was leider nicht der Fall ist. Das bezeichnet man als »Fehler 1. Art«.

Man kann noch einen weiteren Fehler begehen: Eine Nullhypothese heranziehen, die falsch ist. Man glaubt an reinen Zufall, doch in Wirklichkeit steckt tatsächlich mehr dahinter. Der Verdächtigte ist schuldig und wird trotzdem freigesprochen. Man hält Adas Treffer für reines Glück, doch sie kann wirklich schon Formen erkennen. Dies wird dann – Statistiker sind in dieser Hinsicht nicht besonders kreativ – »Fehler 2. Art« genannt.

Wenn ich irgendwo etwas von einem Fehler 1. Art lese, muss ich immer noch kurz nachdenken, ehe ich mich entsinne, welcher der beiden Fehler nun gemeint ist. Leider habe ich keine bessere Alternative in petto. »Zu Unrecht verworfene Nullhypothese« klingt auch nicht gerade eingängiger. Ich werde also auf die nichtssagenden Begriffe zurückgreifen. Zur Verdeutlichung habe ich sie in einer kleinen Tabelle einander gegenübergestellt.

		TATSACHE	
		Nullhypothese ist korrekt	Nullhypothese ist falsch
ENTSCHEIDUNG	Nullhypothese verwerfen	Fehler 1. Art (unschuldig verurteilt)	Richtig!
	Nullhypothese annehmen	Richtig!	Fehler 2. Art (schuldig freigesprochen)

Fisher schlug für die Unterscheidung zwischen Zufall und Nicht-Zufall eine Obergrenze von fünf Prozent vor. Er hätte sich ebenso gut für vier Prozent oder 3,76896 entscheiden können (obschon sich mit letzterem Betrag weniger gut arbeiten ließe).

Die Auswahl des Signifikanzniveaus bestimmt, welcher der beiden Fehler am häufigsten vorkommt. Stellen Sie sich vor, die Grenze läge nicht bei fünf, sondern bei 0,01 Prozent. In diesem Fall hätte Ada mindestens sieben Klötzchen hintereinander ins richtige Loch werfen müssen, bevor wir darauf hätten schließen dürfen, dass es sich nicht um einen Zufall handelte. Mittels einer solchen streng definierten Grenze verringert man also das Risiko, einen Fehler 1. Art zu begehen. Allerdings steigt dadurch leider das Risiko auf einen Fehler 2. Art. Wenn Ada – die eigentlich genau weiß, wie sie die Klötzchen in den Steckkasten bekommt – beim siebten Klötzchen aus Versehen einen klitzekleinen Fehler macht, dann müsste man in diesem Fall zu Unrecht daraus schließen, sie habe (zufällig) einfach nur Glück gehabt. Durch das Bestimmen des Signifikanzniveaus entscheidet man sich demnach für das Phänomen, dem man die größere Relevanz beimisst. Legt man die Priorität darauf, so viele Kriminelle wie möglich zu verurteilen, ist das Risiko hoch, dass einige unschuldig hinter Gittern landen. Will man sich jedoch so sicher wie nur möglich sein, dass jeder Verurteilte auch wirklich schuldig ist, führt dies mitunter dazu, dass einem ein paar Missetäter durch die Lappen gehen.

(Sie dürfen erleichtert Luft holen. Sie haben das Schlimmste hinter sich. Wenn Sie das Obenstehende verstanden haben, haben Sie das Wesen der Statistik verinnerlicht.)

Fishers Grundidee ist an sich simpel, was leider nicht für den Rest der Statistik gilt. Da gibt es zum Beispiel die Poisson Verteilung, die studentsche (sic) t-Verteilung und – bitte kurz einatmen – den Pearson-Produkt-Moment-Korrelationskoeffizienten. Das Berechnen dieser Faktoren ist nicht allzu schwierig, dafür gibt es Computer. Aber zu wissen, welche Methode in welcher Situation angewendet werden muss, ist selbst für erfahrene Statistiker alles andere als offensichtlich. Die Statistik wird ziemlich schnell ziemlich kompliziert. Und gerade weil sie so verzwickt ist, hat die Statistik ein so schlechtes Image: »Mit Statistik kann man alles beweisen«, oder: »Es gibt Lügen, verdammte Lügen und Statistik.« Und doch wäre die Alternative deutlich tragischer. Im täglichen Leben formulieren wir – außer man ist, wie ich, ein Nerd – keine Nullhypothesen, und wir untersuchen selten auf systematische Weise, wie wahrscheinlich bestimmte Phänomene zutage treten. Wir folgen unserem Bauchgefühl. Unsere Intuition ist etwas Wunderbares, doch für Bereiche, die mit Statistik oder Wahrscheinlichkeitsrechnung zu tun haben, ist sie völlig ungeeignet. Da könnte man ebenso gut mit dem Bauchgefühl zu berechnen versuchen, was die Quadratwurzel aus 1921 ist. Trotzdem versuchen wir es, und das Schlimmste ist: Wir merken kaum je, wie schlecht wir darin sind.

Die Entdeckung unseres Idioten

Wenn ich ein Café betrete, erkenne ich in Sekundenbruchteilen, ob der Freund, mit dem ich mich verabredet habe, schon da ist oder nicht. Es kostet mich keine Mühe, ihn inmitten einer Menschenmasse zu erspähen, aber ich könnte nicht erklären, wie ich das fertigbringe. Es ist nicht so, dass ich vor meinem inneren Auge eine Liste mit Kennzeichen wie rote Haare, Locken, leichte Stupsnase durchginge und auf der Basis dessen entschiede, ob er sich nun in dem Café befindet oder nicht. Nein, ich kann es unmittelbar sehen, ohne nachzudenken, rein intuitiv. Menschen sind irre talentiert darin, Gesichter zu erkennen. Auch Grammatik beherrschen wir intuitiv. Wenn Sie den Satz lesen: »Die meisten Menschen ist Idioten«, dann brauchen Sie sich nicht erst die Grammatikregeln vor Augen zu halten, um zu wissen, dass hier irgendetwas nicht stimmt. Sie fühlen es ganz deutlich, ohne wirklich darüber nachzudenken.

Doch sind wir auch gute intuitive Statistiker? Diese Frage stellten sich zwei Männer Anfang der Siebzigerjahre in einem kleinen Büro der Universität von Jerusalem. Daniel

Kahneman, der dort Psychologie lehrte, wurde von Amos Tversky, einem aufsteigenden Stern in der Entscheidungstheorie, dazu eingeladen, eine Gastvorlesung abzuhalten. Zwischen dem strengen, logisch vorgehenden Amos und dem eher spekulativ entscheidenden Daniel sprang sofort der Funke über. Ihr Treffen wurde zum Auftakt einer jahrelangen Zusammenarbeit, im Zuge derer sie unseren inneren Idioten bloßstellten.

Im Mittelpunkt eines der Experimente von Kahneman und Tversky, das in akademischen Kreisen für den meisten Wirbel sorgte, stand Linda:

Linda ist 31, Single und überaus intelligent. Sie studierte Philosophie. Als Studentin beschäftigte sie sich viel mit Diskriminierung und Gerechtigkeit, und sie beteiligte sich an verschiedenen Demonstrationen gegen die Atomindustrie.

Welche Aussage über Linda ist am wahrscheinlichsten?

- Linda arbeitet als Bankkauffrau.
- Linda arbeitet als Bankkauffrau und ist aktive Feministin.

Die zweite Aussage? Zumindest geben mit Abstand die meisten Menschen diese Antwort. Wenn man aber darüber nachdenkt, dürfte die Antwort eher falsch sein, denn die Chance, dass nur A korrekt ist, ist höher als die Chance, dass sowohl A als auch B stimmen. Das Risiko, dass morgen ein Flugzeug auf Ihr Haus stürzt, ist höher als das Risiko, dass morgen ein Flugzeug und ein Zeppelin auf Ihr Haus fallen. Und die Wahrscheinlichkeit, dass Linda Bankkauffrau ist, ist höher, als dass sie Bankkauffrau und aktive Feministin ist. Und doch sieht es so aus, als säße ein kleines

Männchen in unserem Kopf, das uns einflüstert: »Aber es kann doch gar nicht sein, dass sie nur Bankkauffrau ist! Lies doch die Beschreibung!« Dieses Männchen ist unser innerer Idiot. Er ersetzt die gestellte Frage (»Welche Aussage über Linda ist am wahrscheinlichsten?«) durch eine andere, einfachere: »Welche Aussage ähnelt der voranstehenden Beschreibung?« Auf diese Frage hat der Idiot unmittelbar eine Antwort parat. Der innere Idiot hat nichts mit Intelligenz oder Bildung zu tun. Kahneman und Tversky legten diese Frage auch erfahrenen Statistikern vor. Die allermeisten ließen sich in die Irre leiten. Schließlich gerieten einige darüber so in Rage, dass sie alles unternahmen, um die Untersuchung von Kahneman und Tversky in Misskredit zu ziehen. Auch Statistiker haben schließlich Gefühle.

Es gibt, so legten Kahneman und Tversky es dar, zwei Denker in jedem von uns: zwei Denker, die sie »System 1« und »System 2« nannten. System 1 ist unsere Intuition, unser Bauchgefühl. Es ist stets präsent. Es analysiert kontinuierlich die Situation und flüstert uns Vorschläge ein. Es arbeitet unbewusst, irgendwo im hintersten Eck unseres Hirns, und vermag im Bruchteil einer Sekunde einen Entschluss zu fassen. Anschließend wird dieser Entschluss an System 2, den rationalen, bewussten Denker, weitergeleitet. Wenn meine Freundin sauer ist, merke ich das auf Anhieb. Darüber muss ich nicht nachdenken, ich sehe es einfach. Doch wenn Sie mich fragten, woher ich es weiß, müsste ich Ihnen die Antwort schuldig bleiben. Da war also System 1 am Werk. Als ich noch bei Johnson & Johnson arbeitete, fand ich blind den Weg von Gent nach Mechelen. Sobald ich dort angekommen war, konnte ich mich kaum noch an Einzelheiten der Fahrt erinnern. Auch das ist System 1. Eine spontane Idee? System 1. Assoziationen, Gefühle, Emotionen? Alles System 1. Ohne System 1 gäbe es keine Kunst oder Kreativität, ohne System 1 könnten wir jede Handlung und jede Entscheidung erst ausführen, nachdem wir die Situation Detail für Detail analysiert hätten, um dann nach langen Überlegungen zur Aktion überzugehen. Auch auf unserer Spurensuche nach Wissen können wir nicht auf System 1 verzichten. Es sorgt dafür, dass wir in Daten Muster finden, dass wir neue Hypothesen aufstellen können.

Neben System 1 haben wir aber nun mal noch System 2, unseren trägen, bewussten Denker. System 2 zieht seine Schlüsse nicht sofort, sondern denkt erst einmal in Ruhe nach. Es baut Schritt für Schritt eine Argumentation auf und versucht, auf diese Weise die bestmögliche Lösung zu finden. Wenn ich Sie frage, wie viel 1 + 2 ist, müssen Sie darüber wahrscheinlich nicht lange nachdenken. System 1 gibt sofort die richtige Antwort. Frage ich Sie jedoch, wie viel 346 + 187 ergibt, müssten Sie Ihr System 2 bemühen.

Als Charles Darwin sich fragte, ober er nun Marry Wedgewood heiraten solle oder besser nicht, erstellte er eine Liste mit den Vor- und Nachteilen der potenziellen Ehe. Aufseiten der Vorteile schrieb er unter anderem: Gesellschaft; jemand, der sich um den Haushalt kümmert, und »auf jeden Fall besser als ein Hund«. Auf der anderen Seite führte er unter den Nachteilen Folgendes auf: keine Freiheit mehr, hinzugehen, wohin man will; lästiger Zwang, Verwandte zu besuchen; Zeitverschwendung. Darwin war ganz klar ein durch und durch rationaler Denker. Sogar die Entscheidung, schließlich tatsächlich zu heiraten, überließ er seinem System 2. Als ich Sara kennenlernte, habe ich keine Liste erstellt, und ich bin immer noch glücklich mit meiner Entscheidung. Obwohl ein wenig Ratio in bestimmten Dingen nicht schaden kann, ist die Partnerwahl ein Gebiet, in dem man gut und gerne seinem System 1, seinem Bauchgefühl, nachgeben kann. Wenn es dagegen darum geht, eine Hypothese zu testen, ist unser Bauchgefühl kein guter Ratgeber. In solchen Situationen mutiert es zum Idioten. Will man einen Nagel in die Wand schlagen, ist ein Hammer ein durchaus praktischer Gegenstand. Beabsichtigt man jedoch, eine Schraube in die Wand zu drehen, hilft einem der Hammer nur wenig. Das Gleiche gilt für unser Denken. Es ist nichts einzuwenden gegen unsere Intuition, nur stellt sie nicht in allen Fällen das geeignete Werkzeug dar. Testet man eine Hypothese mithilfe seiner Intuition, so versucht man gewissermaßen, eine Schraube mit einem Hammer in die Wand zu drehen. Unser Idiot ist dafür nicht gemacht, und das Ergebnis wird dementsprechend enttäuschend ausfallen.

Um herauszufinden, ob eine bestimmte Hypothese richtig ist, muss man ein paar bewusste Denkschritte ausführen. Man muss Fakten sammeln, eine Hypothese aufstellen und untersuchen, wie wahrscheinlich die Fakten sind, sofern denn auch die Hypothese korrekt ist – ein gefundenes Fressen für unseren rationalen Denker und eben nichts, worin unser innerer Idiot durch Leistung glänzen würde. Dennoch bemühen wir, auch wenn wir etwas untersuchen müssen, unseren rationalen Denker eher selten. Dies wäre nämlich ein ganzes Stück anstrengender, als blindlings darauf zu vertrauen, was das Bauchgefühl uns einflüstert.

Patternicity

Bevor ich die folgenden Sätze schrieb, hatte ich mich eine halbe Stunde damit beschäftigt, Schere, Stein, Papier zu spielen. (Sie wissen schon: Zwei Spieler strecken gleichzeitig die Hände aus und formen dabei einen Stein, ein Blatt Papier oder eine Schere. Stein schlägt Schere, Papier schlägt Stein, und Schere schlägt Papier.) Ich spielte es online, gegen einen Computeralgorithmus, und musste eine schwere Niederlage einstecken. Am Anfang ging es noch. Ich schaffte es auf einen Spielstand von 5:2. Doch der Computer zog bis auf 6:6 gleich, und danach ging es mit mir bergab. Der Endstand lautete 28:36. Sosehr ich mich auch bemühte, ich schaffte es nicht, das blöde Ding zu besiegen. Wenn Sie meinen, Sie könnten es: Ich gebe jedem, der es schafft, nach hundert Spielen in Führung zu liegen, einen Kasten Bier aus. Sie finden Ihren Gegner unter: http://www.nytimes.com/interactive/science/rock-paper-scissors.html.

Schere, Stein, Papier ist auf den ersten Blick ein Glücksspiel. Ungefähr wie Kopf-oder-Zahl-Werfen. Nichts anderes als reiner Zufall. Es werden sogar Schere-Stein-Papier-Weltmeisterschaften ausgerichtet, bei denen es die besten Spieler der Welt gegeneinander aufnehmen. Der Sieger geht mit dem hübschen Preisgeld von 50 000 Dollar nach Hause. Es ist ein ungeheuer kompliziertes Spiel, für das man ein gutes Gedächtnis und die Fähigkeit benötigt, Muster zu erkennen. Und ein beinahe schon übermenschliches Talent für den Zufall. Letzteres haben die wenigsten. Wenn Ihr Gegenspieler gerade gewonnen hat, indem er Schere gesetzt hat, werden Sie automatisch den Drang verspüren, auch

Schere zu spielen. Wenn Sie bereits zweimal hintereinander Stein gespielt haben, sind Sie der Ansicht, ein drittes Mal Stein zu spielen wäre zu vorhersehbar, und spielen daher Papier oder Schere. Unsere Spielzüge sind nicht willkürlich. Es bilden sich im Nu Muster heraus – Muster, die vom Gegner durchschaut werden können und die er dann gegen Sie verwendet, indem er Ihren nächsten Zug vorhersieht. Es gibt nur einen Weg, dies zu verhindern: In jedem Spiel völlig willkürlich Stein, Papier oder Schere zu setzen, ohne darüber nachzudenken, was man zuvor gespielt hat. Dies ist jedoch für einen Menschen kaum zu schaffen. Sich augenscheinlich zufällig zu benehmen scheint kinderleicht zu sein, in Wirklichkeit ist es unglaublich schwierig. Computer hingegen haben kein Problem mit völliger Willkür. Es ist unmöglich vorherzusagen, wie ihr nächster Spielzug aussehen wird. Es kostet einen Computer auch keinerlei Mühe, Ihre vorangegangenen Spielzüge zu analysieren und ein Muster darin aufzuspüren. Es ist demnach, wie ich herausfinden durfte, beinahe unmöglich, ihn zu besiegen.

Ein Tipp für die Lehrer unter uns: Wenn Sie herausfinden wollen, wie gehorsam Ihre Schüler sind, fordern Sie sie auf, zu Hause hundert Mal eine Münze zu werfen und das Ergebnis zu notieren. Am nächsten Tag sammeln Sie die Antworten ein, und Sie können die Falschspieler, die Faulpelze, die einfach irgendetwas aufgeschrieben haben, ohne die Münze je geworfen zu haben, mühelos herauspicken. Wenn Sie wissen, worauf Sie achten müssen, ist es ein Leichtes, eine tatsächlich willkürliche Sequenz zu unterscheiden von einer, bei der der Schüler sein Bestes getan hat, um sie willkürlich *aussehen* zu lassen. Ein solcher Schüler neigt dazu, viel zu viel Abwechslung bei Kopf oder Zahl vorauszusetzen. Er wird sehr selten fünfmal hintereinander Kopf notieren. Eine derartige Abfolge scheint nicht mit dem Zufall vereinbar zu sein. Und doch liegt die Chance, dass in einer vollkommen willkürlichen Abfolge bei hundert Wiederholungen von Kopf oder Zahl fünfmal hintereinander Kopf erscheint, bei ungefähr 80 Prozent.

Nun sind wir offenbar nicht nur nicht in der Lage, willkürliche Sequenzen zu kreieren. Wir können sie auch nicht erkennen. Im Januar 2005 kam das iPod Shuffle auf den Markt. Das Ding wählte selbsttätig Titel aus der Musiksammlung aus und spielte diese in zufälliger Reihenfolge ab. Gut und schön. Dennoch gab es sehr bald Beschwerden: Irgendjemand erstattete Anzeige, weil sein iPod acht Titel abgespielt und direkt im Anschluss daran dieselben acht Titel noch einmal abgespielt hatte. Andere empfanden es als störend (verständlich!), dass ihr iPod eine Vorliebe für Lieder von Boney M., Jason Donovan oder Meatloaf zu hegen schien. War die Musikauswahl des iPods tatsächlich willkürlich, oder wurden einige Titel bevorzugt? Vielleicht wurde Apple ja dafür bezahlt, bestimmte Nummern öfter auszuwählen?

Totale Willkür bedeutet, dass jeder Titel zu jedem Zeitpunkt dieselbe Chance hat, abgespielt zu werden. Wenn Sie gerade »Daddy Cool« gehört haben, ist es demnach gut möglich, dass Ihr iPod Ihnen anschließend das ebenso fürchterliche »Ma Baker« auftischt. Es ist nur so, dass eine derartige Wiederholung in keiner Weise willkürlich *erscheint*. Der Zufall *wirkt* oft nicht zufällig. Schlussendlich entschied Apple, das Problem zu lösen, indem sie die Wahrscheinlichkeit für Wiederholungen verkleinerten, den iPod somit weniger willkürlich machten, nur damit er willkürlicher *zu sein schien.*

Als die Türme des World Trade Center nach den Anschlägen am 11. September Feuer fingen, meinten ein paar wachsame Zuschauer, das Haupt Satans in den Rauchschwaden erkennen zu können. Nach Ansicht einiger christlicher Gruppierungen in Amerika war somit alles klar: Es war ein Zeichen – eine Botschaft Gottes, der unseren liederlichen Lebensstil verurteilte. Satan war zuvor bereits auf einer kanadischen Dollarnote aufgetaucht und im Haar irgendeiner Königin. Weit vor Satan liegt allerdings Jesus. Abbildungen des Heilands wurden schon entdeckt auf Tortillas, Pizzas, auf einer Tapete in Form von Feuchtigkeitsflecken, auf Kartoffeln, Baumstämmen, Pfannkuchen, Waffeln, Holzpaneelen, Felsformationen und – *holy shit!* – Vogelscheiße. Man gebe dem Menschen einen Haufen willkürlich zusammengestellter Daten, und er findet ein Muster darin.

Kurz bevor ich anfing zu schreiben, las ich zufällig ein *Humo*-Interview mit der ehemaligen belgischen Tennisspielerin Kim Clijsters, in dem sie erzählte, dass sie immer noch überall Zeichen sehe, die ihrer Ansicht nach mit ihrem verstorbenen Vater zusammenhängen. Ihr Vater hatte ebenso wie sie selbst eine ganz besondere Beziehung zur Ziffer eins gehabt. Manchmal, so erzählte sie, wache sie nachts pünktlich um 1.11 Uhr auf. Während der US Open im Jahr 2009 habe sie im Viertelfinale gegen Venus Williams gespielt und im letzten Spiel mit 15:40 zurückgelegen, als ihr Blick zufällig auf die Anzeigetafel fiel, auf der gerade die Geschwindigkeit ihres Aufschlags angezeigt wurde:

111 Stundenkilometer. Sie höre das Lieblingslied ihres Vaters im Radio, just wenn sie an ihn denke. Auf der Straße sei sie einmal beinahe von einem weißen Audi angefahren worden – das Nummernschild begann mit LEY, dem Vornamen ihres Vaters. »Geschieht so etwas ein Mal, würde man es Zufall nennen. Passiert es aber ständig, hat man das Gefühl, dass da noch etwas anderes im Spiel ist.«

Menschen suchen nach Mustern. Der amerikanische Skeptiker Michael Shermer – sehen Sie sich unbedingt seine Rede auf ted.com an! – hat dafür einen Begriff gefunden: *»Patternicity«*. Weil wir ein derart riesiges Talent dafür haben, Muster zu erkennen, glauben wir viel zu oft, dass noch etwas anderes dahinterstecken muss: »Das kann kein Zufall sein«, ruft unser innerer Idiot, und so begeben wir uns auf die Suche nach einer Erklärung. Auf diese Weise unterlaufen uns ständig Fehler 1. Art. Die Nullhypothese – es handelt sich um reinen Zufall – wird wieder und wieder zu Unrecht verworfen.

Laut Michael Shermer gibt es einen guten Grund für unsere Vorliebe für Fehler 1. Art. Wir sind das Produkt von Jahrmillionen der Evolution, und das Erkennen von Mustern war immer schon essenziell für unser Überleben. Hatte man als Urmensch nicht schnell genug begriffen, dass ein Rascheln im Gras auf einen sich anschleichenden Säbelzahntiger hindeuten mochte, endete man leicht als dessen Mittagessen. Und wenn man nicht erkannte, dass man nach dem Verzehr einer bestimmten Beerensorte immer wieder erkrankte, dann konnte man womöglich nach irgendeinem x-ten Beerenmahl niemandem mehr davon erzählen. Das Begehen eines Fehlers 2. Art, also dem Nicht-

Erkennen eines vorhandenen Musters, mussten zahlreiche Urmenschen mit dem Leben bezahlen. Unterlief ihnen dagegen ein Fehler 1. Art, hatte dies zumeist weniger schwerwiegende Konsequenzen. Schlimmstenfalls beschloss man, überhaupt keine Beeren mehr zu essen oder vor jenem Geräusch wegzurennen, obwohl es in Wirklichkeit gar nicht nötig gewesen wäre. Will man indes das Risiko für Fehler 2. Art verringern, vergrößert man im Gegenzug die Chance auf einen Fehler 1. Art. Und dies ist der Weg, den die Evolution gewählt hat: Lieber ein Muster zu viel als eines zu wenig erkennen.

Der Zufall sieht selten nach Zufall aus

Ein kleiner Test: Welche Sequenz von Kopf und Zahl ist beim Münzewerfen am wahrscheinlichsten?

Kopf – Zahl – Zahl – Kopf – Zahl
Zahl – Zahl – Zahl – Zahl – Zahl

Beide Abfolgen haben exakt die gleiche Wahrscheinlichkeit. Sie können das ganz einfach ausrechnen. Wenn Sie eine Münze werfen, gibt es zwei Möglichkeiten: Kopf oder Zahl. Für beides liegt die Wahrscheinlichkeit bei 1:2. Die Chance, dass Sie fünfmal hintereinander Zahl werfen, liegt also bei 1:2 × 1:2 × 1:2 × 1:2 × 1:2 = 0,03125 oder 3,125 Prozent. Doch das Gleiche gilt auch für Kopf – Zahl – Zahl – Kopf – Zahl. Auch für diese Abfolge liegt die Wahrscheinlichkeit bei 1:2 × 1:2 × 1:2 × 1:2 × 1:2 = 0,03125. Die meisten Menschen – ein paar besonders hartnäckige Nerds ausgenommen – scheren sich nicht um Wahrscheinlichkeitsrechnung. Sie sehen sich die beiden Reihen an und kommen, ohne wirklich darüber nachzudenken, zu dem Schluss, dass fünfmal Zahl sehr viel unwahrscheinlicher ist als Kopf – Zahl – Zahl – Kopf – Zahl. Fünfmal Zahl entspricht einem Muster. Unser innerer Idiot verwechselt die Frage »Wie wahrscheinlich sind die beiden Reihen?« – eine Frage, die sich nur durch Wahrscheinlichkeitsrechnung beantworten ließe – mit der einfacheren Frage: »Welche Reihe scheint am ehesten eine zufällige zu sein?« Fünfmal Zahl sieht nun wirklich nicht nach Zufall aus. Es wirkt wie ein Muster, und so beschließt unser Idiot, dass es kein Zufall sein kann. Genauso wenig, wie allein die Tätigkeit als Bankkauffrau in das Bild der sozial engagierten Frau passt, das wir von Linda haben, passt fünfmal Zahl in das Bild, was wir von einer willkürlichen Sequenz haben. Unser Idiot beschäftigt sich nicht mit Wahrscheinlichkeitsrechnung. Er entscheidet auf der Grundlage von Ähnlichkeiten. Hat man bei einem Gesellschaftsspiel viermal hintereinander eine Sechs gewürfelt, möchte man meinen, dass die Chance, erneut eine Sechs zu würfeln, ziemlich gering ausfallen sollte – ein Trugschluss. Die Chance beträgt, ebenso wie bei jedem anderen Wurf auch, exakt ein Sechstel. Ein Würfel hat nun mal kein Gedächtnis und weiß daher nicht, auf welcher Seite er zuletzt gelandet ist. Und ganz abgesehen davon kann er nicht darüber entscheiden, auf welche Zahl er beim nächsten Mal fallen wird. Wenn wir genauer darüber nachdenken, wissen wir sehr wohl, dass dies zutrifft, und trotzdem denken wir intuitiv, der Würfel werde sich auf die eine oder andere Weise korrigieren. Fünfmal hintereinander die Sechs erscheint uns nun mal unwahrscheinlicher als vier Sechser und eine Fünf.

Im Film *Garp und wie er die Welt sah* (nebenbei bemerkt: Das Buch ist besser) ist Garp auf der Suche nach einem neuen Haus. Als er bei einem der Häuser ankommt, das er besichtigen möchte, sieht er, wie ein Flugzeug darauf stürzt. Er entscheidet sofort, dieses Haus zu kaufen, hat es doch hiermit bereits eine Katastrophe hinter sich, und die Wahrscheinlichkeit, mit der ein zweites Flugzeug darauf stürzen wird, schätzt Garp als überaus gering ein. Hier unterliegt der gleiche Mechanismus: Die Tatsache, dass bereits ein Flugzeug auf das Haus gestürzt ist, ändert nichts an der Wahrscheinlichkeit, mit der ein zweites auf das Haus fällt. Dennoch scheint es weniger wahrscheinlich, denn – geben Sie zu: Wie groß ist die Wahrscheinlichkeit, dass zwei Flugzeuge auf dasselbe Haus stürzen? Falls Sie befürchten, zusammen mit Ihnen seien Terroristen an Bord Ihres Flugzeugs, sollten Sie dieser Logik zufolge besser einfach selbst eine Bombe mit hineinschmuggeln, denn die Wahrscheinlichkeit, dass sich an Bord eines Flugzeugs eine Bombe befindet, ist allein schon sehr gering. Die Wahrscheinlichkeit jedoch, dass sich gleich zwei Bomben an Bord befinden, ist noch viel geringer.

In meinem früheren Leben war ich Projektleiter in der Informatikabteilung. Meine Aufgabe war es, Verbraucher dazu zu befähigen, den Programmierern auseinanderzusetzen, was genau sie benötigten, die Programmierer in die Lage zu versetzen, dieses dann auch umzusetzen, und das Resultat zu testen, damit das Ganze schließlich – am besten unter Einhaltung des Zeit- und Budgetrahmens – abgewickelt werden konnte. Ich war auch derjenige, der dafür geradestand, wenn irgendetwas schiefging. Jahr für Jahr musste ich zu einem Evaluationsgespräch bei meinem Chef antreten. Ob das Ergebnis der Evaluation gut oder schlecht ausfiel, war vor allem von meinem *Track Record* abhängig, also von der Anzahl der Projekte, die wir erfolgreich abgeschlossen hatten. Hatte man ein Projekt geschafft, war das gut. Hatte man anschließend noch ein weiteres Projekt zu Ende gebracht, konnte man vorsichtig das Thema Gehaltserhöhung ansprechen. Wenn man aber gleich drei erfolgreiche Projekte nacheinander hatte realisieren können, wurde man befördert und durfte sich einen größeren Firmenwagen aussuchen. So weit, so gut. Waren allerdings drei Projekte nacheinander im Sande verlaufen, wurde man abgesägt oder man durfte während seiner gesamten zukünftigen Laufbahn Daten in Listen eintippen. Nicht so toll.

Lassen Sie uns von einem imaginären Projektleiter ausgehen. Nennen wir ihn Karl, und wenn wir ehrlich sind, müssen wir leider sagen, dass er keine sonderlich gute Arbeit leistet. Im Durchschnitt entwickelt sich ungefähr die Hälfte seiner Projekte gut, während die andere Hälfte misslingt. Bei jedem Projekt hat er die 50-prozentige Chance, erfolgreich zu sein, und eine ebenso große zu scheitern. Wir ersparen ihm jetzt der Einfachheit halber die stundenlangen Versammlungen, all die Präsentationen für das *Steering Committee* – also die Führungsebene – und die Klagen der Verbraucher. Wir entscheiden über das Schicksal seiner Projekte, indem wir eine Münze werfen. Zeigt sie Kopf, entwickelt sich das Projekt erfolgreich und zur vollsten Zufriedenheit der Verbraucher und des Managements und wird zudem im Rahmen von Zeitplan und Budget abgewickelt. Zeigt sie dagegen Zahl, ist sein Projekt zum Scheitern verurteilt, dann ist es unbrauchbarer Mist, hoffnungslos zu spät abgeliefert und viel teurer als vorgesehen.

Obwohl seine Erfolgsquote bei 50 Prozent liegt, hat Karl in einer Reihe von zehn Projekten die Chance, dreimal hintereinander erfolgreich ein Projekt abzuliefern. Das kann man berechnen – doch ganz so einfach ist das nicht. Dafür braucht es wissenschaftliche Spitzfindigkeit – wie etwa die Fibonacci-Folge. Wenn Sie mir nicht glauben wollen, können Sie es selbst testen: Werfen Sie mehrere hundert Mal eine Münze und notieren Sie das Resultat. Sie werden sehen, dass in ungefähr der Hälfte aller Zehnerreihen dreimal hintereinander Kopf vorkommt.

Angenommen, Karl hat tatsächlich seine letzten drei aufeinanderfolgenden Projekte zu einem glücklichen Ende gebracht. Er kann sich jetzt, obschon er eigentlich ein eher mittelmäßiger Projektleiter ist, auf eine Gehaltserhöhung und ein neues Auto freuen. Er ist das leuchtende Vorbild für die anderen Projektleiter, und alle sind voll des Lobes über seine dynamische Herangehensweise, seine exzellenten *»people skills«*, also sozialen Fähigkeiten, und seinen *»result oriented approach«*, sprich: die ergebnisorientierte Herangehensweise. Es besteht jedoch darüber hinaus die ebenfalls 50-prozentige Chance, dass ihm drei aufeinanderfolgende Projekte nie erfolgreich von der Hand gehen werden. In diesem Fall muss er froh sein, wenn er seinen Firmenwagen behalten darf. Es wird gemunkelt, dass er nichts drauf hat, und auf seine beschränkten *»leadership* *skills«*, also Führungsqualitäten, verwiesen, und niemand versteht, warum in aller Welt er die Software in Java hat programmieren lassen. Der erfolgreiche und der scheiternde Karl haben exakt dieselben Kapazitäten. Beide haben eine 50-prozentige Chance, ein Projekt erfolgreich abzuschließen. Der einzige Unterschied zwischen den beiden: Glück.

Hat Karl auch beim vierten Projekt Pech, bekommt er beim nächsten Evaluationsgespräch einen gehörigen Anpfiff. Wird das darauffolgende Projekt wieder kein Erfolg, kann er mit seiner Entlassung rechnen und das, obwohl bei einer 50-prozentigen Wahrscheinlichkeit auf Erfolg die Wahrscheinlichkeit, dass fünf Projekte aus einer Reihe von zehn danebengehen, bei sechs Prozent liegt. Eine Wahrscheinlichkeit von sechs Prozent ist immer noch nicht signifikant und reicht daher – sofern wir Fishers Methoden folgen – noch nicht dafür aus, um daraus ableiten zu können, Karls andauerndes Scheitern beruhe garantiert nur auf einem Zufall. Es ist daher möglich, dass Karl nicht so sehr deshalb entlassen wird, weil er so schlecht ist, sondern weil seine Vorgesetzten den Zufall falsch bewertet haben. Wenn Sie einmal wegen eines Evaluationsgesprächs zum Chef gehen müssen und im vergangenen Jahr nicht sonderlich erfolgreich gewesen sind, können Sie immer noch eine Münze mitbringen und damit zeigen, dass Ihre enttäuschenden Präsentationen auch reiner Zufall gewesen sein könnten. Die Chance, dass Ihnen das etwas nützt, ist vermutlich gering, aber wer nicht wagt, der nicht gewinnt.

Wahrscheinlich haben Sie den Namen Sherry Lansing noch nie gehört. Die Firma, bei der sie jahrelang CEO – geschäftsführendes Vorstandsmitglied – war, kennen Sie hingegen ganz bestimmt: Paramount Pictures. Und Sie kennen sicherlich auch einige der Filme, die Paramount produzierte, während Sherry die Geschäfte leitete: unter anderem Kassenschlager wie *Forrest Gump, Braveheart* und *Titanic.* Während der ersten Jahre, die Sherry bei Paramount war, wurde sie in den Himmel gelobt. Sie machte Paramount zum berühmtesten Filmstudio Hollywoods. Ein paar Jahre später wurde sie entlassen. Was war der Grund? Eine Zahlenreihe. 11,4 Prozent, 10,6 Prozent, 7,4 Prozent, 7,1 Prozent und 6,7 Prozent. Das waren Paramounts Marktanteile im Verlauf der letzten fünf Jahre, in denen Sherry dort beschäftigt war. Ein augenscheinlich klarer Trend: Unter Sherrys Führung hatte der Marktanteil kontinuierlich abgenommen. Jetzt wurde sie nicht mehr gelobt – sie wurde niedergemacht. Sie habe es nicht mehr drauf, scheue Risiken, sei altmodisch. Wurde sie zu Recht entlassen? Hatte sie es tatsächlich nicht mehr drauf? Wenig später kam heraus, dass Sherry nicht etwa deshalb gefeuert wurde, weil sie es plötzlich nicht mehr konnte, sondern weil ihre Vorgesetzten keine Ahnung vom Zufall hatten. Im Jahr nach Sherrys Entlassung erreichte Paramount Pictures wieder einen zehnprozentigen Marktanteil. Die Filme, die in jenem Jahr herauskamen, waren bereits vor Sherrys Entlassung in Planung gewesen.

Ergebnisse spiegeln die ihnen zugrunde liegenden Kapazitäten also nicht immer in korrekter Weise wider. Wir handeln aber so, als wäre das Gegenteil der Fall. Einige Manager bekommen ein monatliches Gehalt, für das normale Menschen mehrere Leben lang arbeiten müssten – und

Boni und Goldene Fallschirme sind hierbei nicht einmal mit eingedacht. Möglicherweise sind diese Manager keinen Deut besser als ihre Kollegen, sondern haben einfach nur mehr Glück. Und wenn ihr Glück nicht auf ihrem Verdienst, sondern auf reinem Zufall beruht, kann es keinen Grund dafür geben, ihnen derart übertriebene Gehälter zu bezahlen.

Es funktioniert aber auch umgekehrt. Ebenso, wie wir Erfolg mit Talent in Verbindung bringen, assoziieren wir Scheitern mit einem Mangel an Talent. Verliert ein Fußballteam drei Spiele hintereinander, ist meist der Trainer der Dumme. Er wird entlassen und darf sich auf die Suche nach einem neuen Verein begeben. Macht eine Firma in fünf aufeinanderfolgenden Monaten Verluste, wird der Vorstand einberufen, der sogleich die Entlassung des CEO fordert. Wenn drei Filme eines Regisseurs floppen, wird er wahrscheinlich vergeblich nach einem Geldgeber für seinen nächsten Film suchen.

Uns kommt gar nicht in den Sinn, dass Erfolg oder Scheitern auch durch bizarre Launen des Schicksals verursacht werden. Unser Idiot erwartet, dass eine willkürliche Reihe auch willkürlich aussieht. In seinem Kopf hat er ein Bild vom Zufall, und wenn diesem Bild nicht entsprochen wird, muss es eine andere Erklärung geben. Wenn er irgendwo ein Muster aufspürt, sei es fünfmal hintereinander Gewinn oder dreimal hintereinander Verlust, kommt ihm das verdächtig vor. Die Zufallshypothese wird also sogleich verworfen, und er begibt sich auf die Suche nach einer Ursache. Und solange es die Menschheit gibt, wird sich immer ein Schuldiger finden lassen.

Der gleiche Denkfehler unterliegt auch einem völlig anderen Phänomen: dem des Krebsclusters. In dem belgischen Dorf Semmerzake gibt es nach Angaben der Bevölkerung eine unverhältnismäßig hohe Anzahl von Krebserkrankungen in der Nähe des Radars einer Militärbasis. Ebenso in Sint-Niklaas, wo rund um einen Verbrennungsofen überdurchschnittlich viele Krebsfälle registriert wurden. Oder in Tarciennes, Henegouwen, wo besonders viele Menschen, die in der Nähe einer Mülldeponie wohnten, an Krebs erkrankten. Angenommen, Sie erführen, dass Ihr Nachbar Kehlkopfkrebs hätte. Sie machten sich darüber wenig Gedanken, bis Ihnen zu Ohren käme, dass zwei Straßen weiter ein weiterer Krebspatient wohnte. Sie stellten Nachforschungen an und – oh Schreck! – Sie entdeckten, dass die Krebsrate in Ihrer Gegend viermal höher ist als der Landesdurchschnitt. Sie begeben sich sofort auf die Suche nach einer möglichen Ursache. Steht irgendwo eine Fabrik, eine Mülldeponie oder ein Mobilfunkmast, ist der Schuldige schnell ermittelt. Sie informieren die Bewohner der näheren Umgebung, treten mit Politikern in Verhandlung, demonstrieren und klagen – selbst wenn Sie keine konkreten Beweise haben –, weil der Staat einfach nichts dagegen unternimmt.

Weltweit wurden bereits Tausende dieser Krebscluster gründlich untersucht. Lediglich in einer Handvoll Fällen schien wirklich mehr dahinterzustecken, in allen anderen nicht. Es mag schwierig sein, dies zu akzeptieren, aber selbst wenn Sie herausfinden sollten, dass es in Ihrer Umgebung viermal so viele Krebsfälle gibt als im Bundesdurchschnitt, ist die Wahrscheinlichkeit groß, dass dies einfach nur Zufall ist. Denn angenommen, Krebs schlüge völlig planlos zu. Das Risiko, an Krebs zu erkranken, wäre somit an allen Orten gleich groß. Wenn wir nun alle Krebsfälle auf einer Karte abbilden würden, wie würde die Verteilung dann aussehen? So etwa?

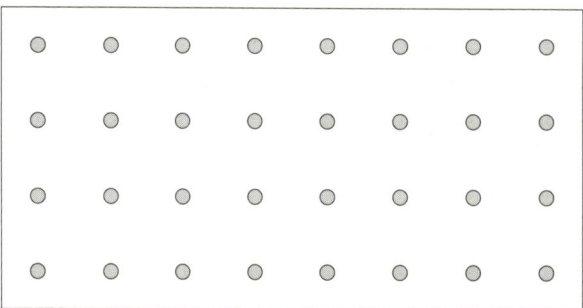

Hier kommen überall genau gleich viele Fälle von Krebserkrankungen vor. Doch eine derartige Verteilung ist höchst unwahrscheinlich. Versuchen Sie einmal, mit verbundenen Augen Pfeile zu werfen und das oben stehende Resultat zu erzielen. Wenn Krebs jeden völlig willkürlich treffen kann, erwarten wir vielmehr eine Verteilung, die der unten stehenden gleicht:

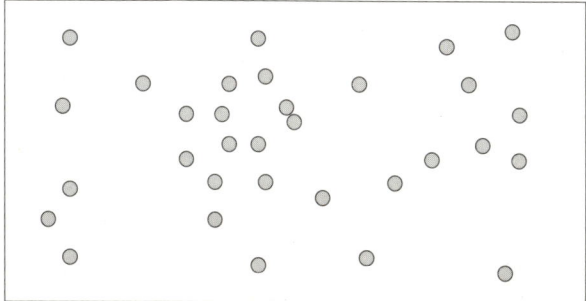

An manchen Stellen kommen mehr Krebsfälle vor, an anderen weniger. Wenn Sie an einem Ort wohnen, wo es überdurchschnittlich viele Krebsfälle gibt, mag dies zwar beängstigend sein, aber noch lange kein Grund, Hals über Kopf umzuziehen. Es verhält sich wie mit der Münze, die man zehnmal hintereinander wirft: Die Chance, dass sie dabei dreimal hintereinander Kopf anzeigt, ist verhältnismäßig hoch. Ebenso ist es bei der Verteilung von Krebs eher wahrscheinlich, dass an manchen Orten überdurchschnittlich viele Krebserkrankungen vorkommen.

Der Zufall sieht eben nicht immer nach Zufall aus. Ich bin mir sicher, dass auch in der Gegend, in der ich wohne, bestimmte Krebsformen überdurchschnittlich häufig auftreten. Es gibt um die 80 verschiedene Krebsausprägungen. Die Wahrscheinlichkeit, dass keine einzige dieser Krebsformen in meiner Umgebung verhältnismäßig häufig vorkommt, ist extrem gering.

Wir glauben an eine kohärente Welt, in der alles, was in irgendeiner Weise von unserer Vorstellung von Willkür abweicht, eine Erklärung benötigt. Jede Abweichung, sei sie noch so minimal, lässt bei unserem Idioten die Alarmglocken schrillen. Ein Muster! Diese *Patternicity* hat natürlich auch ihre guten Seiten. Darwin entdeckte ein Muster in der Verbreitung von Arten – eine Beobachtung, aus der später die Evolutionstheorie entstand. Irgendwann in den Dreißigerjahren fand ein Arzt heraus, dass offenbar mehr Raucher an Lungenkrebs verstarben als Nichtraucher. Auch Ada ist zurzeit damit beschäftigt, Muster zu entdecken: in der Geräuschkulisse, die sie umgibt. Das Entdecken von Mustern ist der Anfang allen Wissens. Ein Muster dient als

Trigger, um nach einer Erklärung zu suchen. In der Wissenschaft entspricht das Entdecken eines Musters allerdings nicht dem Schlusspunkt, sondern dem Anfang. Es schafft überhaupt erst die Möglichkeit, eine Hypothese zu formulieren. Doch bevor ein Wissenschaftler zu dem Schluss kommen darf, dass tatsächlich etwas an einer Hypothese dran ist, muss er erst einmal beweisen, dass das Muster kein zufälliges ist.

Ein Statistiker kocht Kartoffeln

Schälen, aufsetzen und ungefähr zwanzig Minuten kochen lassen. Dann (mit der Gabel) in ein Exemplar hineinstechen, um zu überprüfen, ob sie gar sind. Selbst dem kulinarisch Geringstbewanderten wird es vermutlich gelingen, Kartoffeln zu kochen. Wir erkennen selten, dass der Gedankengang, dem wir beim Kochen von Kartoffeln folgen, einer der Grundpfeiler der Statistik ist. Wir stechen in eine oder mehrere Kartoffeln hinein und entscheiden auf Basis dieser Stichprobe, ob unsere Kartoffeln gar sind oder nicht. Aus den Eigenschaften der Kartoffeln unserer Stichprobe leiten wir die Eigenschaften für die komplette Kartoffelpopulation ab.

Angenommen, Sie wollten als Statistiker herausfinden, wie viele Flamen Socken in Sandalen trügen. Sie riefen sämtliche sechs Millionen Flamen an und befragten sie nach ihren Bekleidungsgewohnheiten. Einige Jahre später, nachdem Sie sich durch ganz Flandern durchtelefoniert hätten, könnten Sie endlich Ihre Ergebnisse publizieren. Nicht sehr praktisch, und daher entscheiden sich die meisten Statistiker für einen leichter realisierbaren Lösungsweg: Sie nehmen eine Stichprobe. Sie befragen ein paar tausend Flamen, ob sie hin und wieder weiße Socken in ihren Sandalen tragen. Sie gehen davon aus, dass der Prozentsatz der Weiße-Socken-Träger in der gesamten Population – in diesem Fall Flandern – ebenso hoch ist wie der Prozentsatz in Ihrer Stichprobe.

Fast alles, was uns im täglichen Leben begegnet, ist eine Stichprobe. Karls Projekte entsprechen einer Stichprobe aus der Population aller möglicher Projekte, die Karl während seiner Karriere hätte leiten können. Wenn Sie essen gehen, nehmen Sie eine Stichprobe aus der Population aller Gerichte, die der Koch je zubereitet hat und zukünftig zubereiten wird. Wenn Sie ein oder zwei Bücher des Schriftstellers und Musikers Sven Regener lesen, dann entspricht dies einer Stichprobe aus der Population all seiner Bücher. Selbst ein Fußballturnier ist eine Stichprobe, wenn auch vielleicht in einer etwas abstrakteren Form als im Falle der Kartoffeln, in die man hineinpikst. Es entspricht einer Stichprobe aus der Population aller möglichen Turniere, die Fußballmannschaften je gegeneinander austragen können.

Ebenso wie die Statistiker leiten wir aus einer Stichprobe Eigenschaften für die Gesamtpopulation ab. Wenn wir ein Buch von Sven Regener fürchterlich finden, leiten wir daraus ab, dass seine anderen Bücher auch nicht sehr viel besser sein dürften. Wenn Karl zweimal hintereinander ein Projekt gegen die Wand fährt, gehen wir davon aus, dass seine künftigen Projekte ebenfalls misslingen werden. Und wenn der FC Bayern München gewinnt, zücken die Fans ihre Tröten, Flaggen und andere Fanutensilien und sind davon überzeugt, dass ihr Team das beste ist. Aber ist diese Annahme berechtigt? Können wir aus einer derart kleinen Stichprobe – einem Kräftemessen, bestehend aus höchstens einem Hin- und Rückspiel – die tatsächlichen Verhältnisse ableiten? Angenommen, wir organisierten ein Match zwischen dem FC Bayern München und Borussia Dortmund. Lassen Sie uns davon ausgehen, dass die Münchener ein wenig stärker sind und bei jedem Wettkampf gegen die Borussen eine 66-prozentige Chance haben zu gewinnen. (Ich entschuldige mich für den Fall, dass ich hiermit Dortmundfans beleidigt haben sollte. Ganz ehrlich: Ich habe wirklich keine Ahnung von Fußball.) Wie viele Spiele müssten sie gegeneinander austragen, bevor wir uns zu 95 Prozent sicher sein dürften, dass tatsächlich die stärkere Mannschaft die meisten Spiele gewönne? Fünf? Neun? Man kann das berechnen – und das Resultat dieser Berechnung ist überraschend: 23. Erst nach 23 Spielen erhalten wir ein statistisch signifikantes Ergebnis. Erst da liegt die Wahrscheinlichkeit bei unter fünf Prozent, dass zufälligerweise das schlechtere Team die meisten Spiele gewonnen hat. Die Anzahl der notwendigen Spiele steigt wohlbemerkt noch an, je geringer der Unterschied zwischen den beiden Mannschaften ist. Hätte der FC Bayern München bei jeder Begegnung eine nur 55-prozentige Chance auf den Sieg, müssten die beiden Teams es gleich 269-mal gegeneinander aufnehmen, bevor wir ein statistisch signifikantes Ergebnis erhielten. Allerdings gibt es, zumindest was mich betrifft, schon mehr als genug Fußballübertragungen im Fernsehen. Ich bin daher froh, dass der Deutsche Fußballbund sich nicht mit statistischer Signifikanz beschäftigt.

Man kann die Anzahl der notwendigen Spiele überdies begrenzen, indem man die Anzahl der Tore in die Berechnungen mit einbezieht. Aber auch dann sind die Resultate eines statistischen Blicks auf die Fußballwelt kontra-intuitiv. Wenn ein Team 2:1 gewinnt, liegt die Wahrscheinlichkeit immer noch bei 30 Prozent, dass das Ergebnis nicht die wahren Kräfteverhältnisse widerspiegelt. Sogar bei einem 6:2 liegt die Wahrscheinlichkeit dafür noch bei neun Prozent. Erst bei einem 6:1 oder 8:2 – also ab einer Differenz von mindestens fünf Toren – kann man von einem statistisch signifikanten Ergebnis sprechen.

In der Statistik dürfen aus den Eigenschaften der Stichprobe Schlüsse über die Population gezogen werden, wenn zwei Voraussetzungen erfüllt sind:

• Die Stichprobe ist repräsentativ. (Wir kommen später darauf zurück.)
• Die Stichprobe ist ausreichend groß.

Ein Wettkampf, bestehend aus zweimal 45 Minuten und ein paar Toren, ist meist eine zu kleine Stichprobe, um mit Gewissheit beurteilen zu können, welches das stärkere Team ist. Kleine Stichproben weichen oft stark von den tatsächlichen Werten der Population ab und sind daher keine gute Basis, um Einschätzungen darauf zu begründen. Ein Beispiel: Als ich noch bei Johnson & Johnson war, holte ich mir, sobald ich im Büro angekommen war, erst mal eine Tasse Kaffee. Danach schaltete ich meinen Computer ein und las den täglichen Dilbert. Dilbert ist ein Comic über einen IT-Nerd, der Schwierigkeiten mit dem Management in seinem Betrieb hat – mein Seelenverwandter, sozusagen. In einem dieser Comicstrips versucht Dogbert – ein Hund, der als Consultant für Dilbert arbeitet –, die Zufriedenheit von Dilberts Kunden zu eruieren. Nach nur einem einzigen Kundengespräch schließt er zur großen Freude des Managements, dass 100 Prozent der Kunden zufrieden seien. Aus diesem Fall wird hoffentlich deutlich, dass Dogberts Stichprobe zu klein ist, um daraus Schlüsse ziehen zu können.

Irgendwann in den Vierzigerjahren gab es mal einen Mathematiker, der immer wieder eine Münze warf und anschließend notierte, ob sie Kopf oder Zahl zeigte. (Bevor Sie jetzt denken, dass alle Wissenschaftler gestört sind: Er saß zu jener Zeit im Gefängnis und hatte nichts Besseres zu tun.) Nach dem hundertsten Wurf war seine Münze in 44 Prozent aller Fälle auf Kopf gelandet. Nach zehntausend Mal waren es 50,69 Prozent. Also schon sehr viel näher an 50 Prozent, dem eigentlichen Wert. In der Statistik wird dies das »Gesetz der großen Zahlen« genannt. Je größer die Stichprobe, umso sicherer darf man sich sein, dass ihre Eigenschaften die der Gesamtpopulation widerspiegeln. Rufen Sie hundert Kunden an, erhalten Sie ein besseres Bild von ihrer Zufriedenheit, als wenn Sie nur ein paar wenige Kunden anrufen. Wenn Sie eine Münze tausendmal werfen, bekommen Sie ein besseres Bild vom Verhältnis Kopf zu Zahl, als wenn Sie die Münze nur zehnmal werfen. Hundert Begegnungen zweier Fußballmannschaften verschaffen Ihnen ein besseres Bild über das Kräfteverhältnis als ein ein-

zelnes Spiel. Das ist zwar logisch, wenn wir darüber nachdenken, bloß wenden wir das im täglichen Leben selten an.

Angenommen, Sie läsen in der Zeitung, eine Untersuchung unter 100 älteren Menschen habe ergeben, dass
45 Prozent von ihnen planten, für die N-VA, die Neu-Flämische Allianz, zu stimmen, eine separatistische Partei, die
die Unabhängigkeit Flanderns von Belgien fordert. Die Botschaft, die hängen bliebe, lautete wohl: Alte stimmen massenhaft für die N-VA. Dass diese Frage gerade mal 100 Personen gestellt wurde, scheint weniger relevant. Wenn Sie
gelesen hätten, dass für die Untersuchung 2000 ältere Menschen befragt worden wären, wären Sie zu dem gleichen
Schluss gekommen – es sei denn, Sie wären Statistiker.

Unser Idiot kümmert sich nicht um die Größe von Stichproben. Man kann aus einer Untersuchung von 100 älteren Menschen nicht folgern, dass die wirkliche Anzahl von
älteren N-VA-Wählern wahrscheinlich zwischen 35 und
55 Prozent liegt. Weil die Stichprobe so klein ist, ist die
Unsicherheit über den tatsächlichen Wert sehr groß. Würde die Untersuchung dagegen mit 2000 Rentnern ausge-
führt, wäre die Fehlermarge schon ein ganzes Stück niedriger. Sie dürften sich dann zu 95 Prozent sicher sein, dass
zwischen 43 und 47 Prozent der Rentner planten, der N-VA
ihre Stimme zu geben. Je größer die Stichprobe ist, umso
besser spiegelt das Resultat die Werte der Population wider.

Ein schwierigeres Beispiel: Diesmal lesen Sie in der Zeitung von einer Untersuchung der Qualität von Sekundarschulen. Unter den Top Ten befinden sich vier Schulen mit
jeweils weniger als 100 Schülern. Diese bilden unter allen
Schulen nur eine kleine Minderheit. In den Top Ten sind

kleinere Schulen also überrepräsentiert, und doch folgern Sie aus der Untersuchung, dass kleinere Schulen besser seien. Dies erscheint zunächst logisch, und man kann sich sogar eine Erklärung dafür zurechtlegen: In diesen Schulen sind die Schüler nicht nur eine Nummer. Sie bekommen eine intensivere individuelle Betreuung und erbringen deshalb auch bessere Leistungen. Eine vergleichbare Untersuchung überzeugte die Gates Foundation, Millionen Dollar zu investieren, damit große Schulen aufgesplittet werden konnten. Auf diese Weise erhoffte man sich, das Niveau des Unterrichts an den betroffenen Schulen zu heben. Leider war die Mühe vergeblich. Hätte sich die Gates Foundation nicht nur die Top Ten der besten Schulen, sondern auch die zehn schlechtesten Schulen angesehen, hätte sie gemerkt, dass auch in diesem Bereich die kleineren Schulen überrepräsentiert waren. Kleinere Schulen sind nicht besser oder schlechter als der Durchschnitt, sie sind einfach nur variabler. Es sind kleinere Stichproben, und daher ist die Wahrscheinlichkeit, dass ihre Resultate von den Werten aus der Gesamtpopulation abweichen, umso größer. Sogar Bill Gates, dem wohl niemand mangelnde Intelligenz unterstellen wollte, vergaß in diesem Fall, das Gesetz der großen Zahlen anzuwenden.

Wie groß die Stichprobe sein muss, um mit einem gewissen Maß an Sicherheit Schlussfolgerungen daraus ziehen zu können, hängt von der Variation in ihrer Population ab. Wenn ich Kartoffeln koche, steche ich meist nur in eine Kartoffel und beschließe, dass alle anderen ebenso gar sind. Das ist in Ordnung, jedoch nur, weil wir wissen, dass alle Kartoffeln ungefähr die gleiche Zeit zum Garen benötigen. Wenn Sie die Kartoffeln in völlig unterschiedlich große Stücke geschnitten und obendrein mehlig und fest kochende in denselben Topf geworfen hätten, wäre die Wahrscheinlichkeit deutlich größer, dass Sie wenig später am Tisch säßen und unzufrieden auf harten, glasigen Kartoffeln herumkauten.

Unser Idiot benimmt sich, als gäbe es diese Variationen nicht. Sein Weltbild ist eher schlicht, und darin stellt jede Stichprobe, ungeachtet ihrer Größe, eine perfekte Abbildung der Wirklichkeit dar. In seiner Welt gibt es keine Regeln und Ausnahmen. Zufällige Variation spielt kaum eine Rolle. Es gewinnt immer die stärkste Mannschaft, in guten Restaurants werden immer wohlschmeckende Speisen serviert, und ein erfolgreicher Projektleiter ist stets ein Genie. Der innere Idiot zieht voreilige Schlüsse auf der Basis einer viel zu geringen Datenmenge. Er sieht eine Schwalbe und folgert daraus, der Frühling habe begonnen.

Im Leben stets das Gesetz der großen Zahlen anzuwenden wäre in der Praxis ziemlich nervig. Fußballturniere würden endlos lange dauern, Projektleiter müssten Hunderte Projekte leiten, bevor sie evaluiert werden könnten, und wir müssten sämtliche Bücher von Sven Regener lesen, ehe wir uns ein Urteil über sein schriftstellerisches Talent erlauben dürften. Wir können jedoch den Grad unserer Sicherheit auf die Stärke des Beweises abstimmen. Man kann aus einer kleinen Stichprobe sehr wohl Schlüsse ziehen, doch sollte man sich dann stets weniger sicher sein, dass diese Schlüsse auch korrekt sind. Der Schluss sollte sodann eher lauten: »Es wäre möglich«, als: »Ich bin mir sicher.«

Es versteht sich von selbst, dass unsere Blindheit für die Größe von Stichproben immer wieder missbraucht wird. Man kann keine Zeitschrift aufschlagen, ohne auf Werbung für Tages-, Nacht- oder andere Cremes zu stoßen. Die Namen klingen selbstverständlich fantastisch: »Sea-telligent complex«, »Advanced AHA mit LCA-Komplex«, »PRIORI Idebenone Superceuticals«, »Regenium XY technology«. Halo-Effekte schlechthin, natürlich. Und dann die Zutaten! Welche Verrücktheit man sich auch ausdenkt – man wird sie in irgendeiner Hautcreme wiederfinden. Ureum (Bestandteil von, wie der Name schon sagt, Urin), Triple-DNA (ein HP-DNA-Molekül in einer Verbindung mit drei Macroelementen), Thermophillus (ein Mikroorganismus aus vulkanischen Felsen vom Guayamastrand), Extrakte aus so ungefähr jeder exotischen Pflanzenart, Lachs-DNA (eine essenzielle Grundlage von Valmonts-Cellular-DNA-Complex aus speziell behandelten Lachsweibchen) – Halo über Halo.

Betrachtet man derlei Werbung genauer, so findet man darauf oftmals Formulierungen wie »63 Prozent der Testpersonen fanden, dass die Haut sich sofort straffer anfühlte«, oder: »74 Prozent der Testpersonen stellten bereits nach drei Wochen eine deutliche Verbesserung fest.« Dies kann natürlich sein, trotzdem wird man kein bisschen schlauer daraus, sofern man die Stichprobengröße nicht kennt. Ich bin Nerd genug, um mich dann weiter auf die Suche zu begeben. Meist wird die Anzahl der Testpersonen nirgends genannt. Nur selten finde ich irgendwo auf der Webseite des Produzenten im Kleingedruckten einen versteckten Hinweis, dass die Untersuchung an zwölf Testpersonen durchgeführt wurde. Die größte Anzahl an Testpersonen, die ich in meiner – möglicherweise zu klein geratenen – Stichprobe je gefunden habe, lautete 23. Wenn aber doch diese Firmen so viel investieren, um in Guayama thermophile Bakterien zu ernten (ich hab nachgeschlagen: Es handelt sich hierbei um eine Kleinstadt in Puerto Rico irgendwo in der Karibik), sollte man doch davon ausgehen können, sie hätten noch ein bisschen Geld übrig, um ihr Produkt gründlich testen zu lassen? Das scheint jedoch kaum je der Fall zu sein.

Schubladendenken

Vor ein paar Jahren betrat ich bei mir um die Ecke einen Zeitschriftenladen und wurde Zeuge einer bemerkenswerten Szene: Zwei junge Burschen hielten einen Mann in Schach. Letzterer hatte zuvor auf reichlich amateurhafte Weise versucht, den Zeitschriftenladen zu überfallen. Kurz darauf fiel die Polizei in voller Ausrüstung in dem Laden ein und begann, beherzt auf die beiden Männer einzudreschen. Der Räuber nutzte die Verwirrung und entkam. Die zwei Männer, die den Räuber in Schach gehalten hatten, waren Ausländer. Der Räuber war hellhäutig gewesen.

Wir teilen die komplexe, chaotische Wirklichkeit in Schubladen ein, die wir jeweils mit einem Namensschildchen versehen. Dagegen ist an sich nichts einzuwenden. Der argentinische Dichter und Schriftsteller Jorge Luis Borges hat irgendwann sogar eine neue Klassifizierung des Tierreichs vorgeschlagen: Anstatt in Millionen Arten, wie wir es heute kennen, wollte er sämtliche Tiere in vierzehn

114

Kategorien aufteilen, darunter »Tiere, die sich wie Tolle gebärden«, »Tiere, die von Weitem wie Fliegen aussehen« und »Tiere, die einen Wasserkrug zerbrochen haben«. Stellen Sie sich vor, jeder würde wie Borges die Welt um sich herum in eigene, ganz persönliche Kategorien aufteilen. Unsere Kommunikation würde wohl ein wenig schwieriger werden.

Schubladendenken ist an sich wirklich kein Fehler. Es ist per se nichts Schlechtes an der Einteilung von Menschen aufgrund ihrer Haarfarbe, Herkunft oder ihres Berufes. Es ist nicht einmal immer falsch, wenn man mit einem solchen Etikett bestimmte Eigenschaften in Verbindung bringt. Begegnet man einer Blondine, gibt es allerdings zunächst keinen Grund anzunehmen, sie sei ein Dummchen. Es gibt nun mal keinen Zusammenhang zwischen Haarfarbe und Intelligenz. Weiß man dagegen, jemand ist CEO, dann ist die Wahrscheinlichkeit groß, dass es sich um einen Mann handelt, und dass dieser einen Anzug und Krawatte trägt. Dieses Schubladendenken geht erst in Schieflage, wenn wir die Variation innerhalb einer solchen Kategorie negieren. Wenn wir vergessen, dass außer Männern in Anzügen auch weibliche CEOs existieren. Oder CEOs, die Hawaiihemden tragen und in Flip-Flops herumlaufen. Wenn wir die Variation innerhalb einer Kategorie negieren, wird die Stichprobe zur perfekten Abbildung der Wirklichkeit. Dann folgt aus einer Nachrichtennotiz über einen Marokkaner, der etwas gestohlen hat, alle Marokkaner seien Diebe. Dann reicht ein Homosexueller, der sich Federn auf den Allerwertesten klebt und an der Parade zum Christopher Street Day teilnimmt, um zu der Ansicht zu gelangen, alle Homosexuellen seien exaltiert, und aus einigen wenigen Moslems, die sich selbst in die Luft bomben, dürfte man ableiten, sie alle seien Terroristen. Angenommen – mit der Betonung auf *angenommen* –, eine Untersuchung würde ergeben, dass Menschen mit blondem Haar im Durchschnitt dümmer wären als braun- oder schwarzhaarige. Das wäre an sich nichts Diskriminierendes. Es wäre einfach eine Feststellung von Tatsachen. Wenn Sie daraus jedoch ableiteten, alle Blondinen seien dumm, tappen Sie in die gleiche Falle wie der Statistiker, der einen Fluss überquerte, der im Durchschnitt einen halben Meter tief war (und selbstredend ertrank): Sie negieren die Variation.

Diese perverse Form des Schubladendenkens ist wiederum die Folge des simplifizierten Weltbilds unseres Idioten. Wir wissen natürlich sehr wohl, dass es sowohl furchtbar dumme als auch unglaublich intelligente Blondinen gibt. Dass es diebische Marokkaner gibt und Marokkaner, die Recht und Gesetz achten – und Letztere bilden tatsächlich die Mehrheit. Doch die Variationen werden von uns allzu oft negiert. Ohne Variationen denkt es sich leichter. Stereotype sind eine praktische Methode, um mit der komplexen Wirklichkeit um uns herum besser zurechtzukommen. Wir kleben ein Etikett auf eine Gruppe von Menschen und gehen dann der Einfachheit halber davon aus, alle Personen dieser Gruppe seien gleich.

Wir tun dies nicht nur mit Menschen, sondern mit allem, was uns umgibt. So neigen die Medien dazu, sämtliche leblosen Objekte dieser Welt in zwei Kategorien einzuteilen: Dinge, die Krebs heilen, und Dinge, die Krebs verursachen. Bei Interesse: Auf *Kill or cure* (http://kill-or-cure.

heroku.com) finden Sie eine alphabetische Liste aller Objekte, die laut *Daily Mail* Krebs verursachen beziehungsweise heilen – von Alkohol, Äpfeln und Aspirin über Wasabi und Wasserkresse bis hin zur Worcestersoße. Wenn etwas krebserregend ist, dann ist es schlecht, und wir halten uns so weit wie möglich davon fern. Doch krebserregend und krebserregend sind zwei Paar Stiefel. Bei Asbest zum Beispiel reicht ein kurzer Kontakt aus, um das Risiko, sich ein Mesotheliom einzuhandeln, signifikant zu erhöhen. Es gibt aber auch Konservierungsstoffe, von denen einige die Wahrscheinlichkeit an Krebs zu erkranken eventuell nur ein klein bisschen erhöhen – sofern man sie kiloweise zu sich nimmt. Diesen Unterschied negieren wir natürlich. Ungesund ist nun mal ungesund.

mit Geschichten

3. Von der Notwendigkeit, Affen zu zählen

In diesem Kapitel erfahren wir, dass das Besondere immer an der Oberfläche bleibt, was uns blind macht für die genaue Anzahl von Affen – eine Blindheit, die dazu führen kann, dass wir abergläubisch werden, Börsengurus anhimmeln und uns vor spanischen Gurken fürchten. Wir lernen, dass es, um gegen diese Blindheit anzukämpfen, nicht reicht, wenn Stichproben hinreichend groß sind, sie müssen überdies auch repräsentativ sein. Wir untersuchen, wie man mit Geschichten lügen kann. Abschließend lernen wir, warum man nicht sofort in Panik geraten muss, wenn man vom Arzt erfährt, dass man möglicherweise Krebs hat.

Der Affe, der *Hamlet* schrieb

Im Jahr 2003 schafften es einige Studenten der Universität Plymouth, ein Stipendium über 2000 Pfund für ein bizarres Experiment zu ergattern. Sie legten eine Tastatur in den Käfig von sechs Schopfmakaken. Der literarische Output der Affen konnte in Echtzeit im Internet verfolgt werden, blieb allerdings stark hinter den Erwartungen zurück.

Nach einem Monat hatten die Tiere gerade mal fünf Seiten vollgetippt. Sogar ich, der nie von sich behaupten würde, ein schneller Schreiber zu sein, kann das besser. Obendrein bestand ihr Werk vornehmlich aus dem Buchstaben S. Nach ein paar Wochen hatten die Affen es satt, und sie bearbeiteten die Tastatur mit einem Stein, um sie anschließend vollzukacken. Ersteres kann ich verstehen. Ich wollte meinen Laptop auch schon mal an die Wand pfeffern, als es mit dem Schreiben nicht so recht voranging. Das Zweite ist mir noch nie in den Sinn gekommen. Was aber war der Sinn des Experiments?

Die Studenten wollten untersuchen, inwieweit das Theorem der unendlichen Anzahl tippender Affen stimmte.

Stellen Sie sich einen Affen vor. Und eine Schreibmaschine oder – die Zeiten ändern sich – eine Tastatur. Wie hoch ist die Wahrscheinlichkeit, dass der Affe sich hinter die Tastatur klemmt und ein literarisches Meisterwerk produziert – sagen wir, *Catch 22* von Heller oder *Lolita* von Nabokov, um nur zwei zu nennen, die meiner Ansicht nach jeder gelesen haben sollte? Natürlich unendlich klein. Aber was, wenn die ganze Welt voller tippender Affen wäre? Wenn jeder Affe, zusammen mit seiner Tastatur, nur einen Quadratmeter einnähme, wären es ungefähr 150 000 Millionen Affen. Ich glaube, sogar in diesem Fall müsste man ein wenig Geduld aufbringen, ehe etwas Lesbares dabei herauskäme. Gäbe es allerdings tatsächlich eine unendliche Anzahl von Affen – und genau das besagt die These von der unendlichen Anzahl tippender Affen –, könnte man tatsächlich davon ausgehen, dass jedes Buch, ob nun Meisterwerk oder nicht, irgendwann einmal von einem Affen geschrieben werden würde. *Jedes* Buch. Das Gesamtwerk Shakespeares ebenso wie Dr. Robert C. Atkins' *Diät-Revolution.* Immer vorausgesetzt, man kann sie davon abhalten, ihre Tastatur vollzukacken.

Der springende Punkt ist natürlich die Unendlichkeit. Die Wahrscheinlichkeit, dass ein Affe es schafft, beispielsweise *Hamlet* zu schreiben, ist vernachlässigbar gering. Genauer gesagt liegt sie bei $1:3{,}4^{183\,946}$ (es hat sich wirklich einmal jemand die Mühe gemacht, das auszurechnen). Wenn sich nun eine unendliche Anzahl Affen an einer Tastatur austobt, muss man diese Minimalchance mit unendlich multiplizieren, und dann wird die Wahrscheinlichkeit, dass einer der Affen es je schafft, das Werk Shakespeares herunterzutippen, auf einmal tatsächlich reell. Die Chance, dass ich nächste Woche, sofern ich überhaupt spiele, sechs Richtige im Lotto habe, ist ebenfalls ziemlich gering. Sie liegt bei ungefähr $1:5\,000\,000$ – eine Zahl, die übrigens milliardenfach höher ist als die Wahrscheinlichkeit, dass ein Affe *Hamlet* schreibt. Die Wahrscheinlichkeit, mit der irgendwo in Flandern irgendjemand im Lotto gewinnt, ist dagegen schon um einiges größer. Bei fast jeder Ziehung gibt es irgendeinen Glücklichen, der sechs Richtige angekreuzt hat.

Will man die Wahrscheinlichkeit von etwas einschätzen, muss man folglich die genaue Anzahl der Affen kennen und mit einberechnen. Das ist die Moral von der Geschichte. Aber Affen zu zählen ist nichts, womit sich unser innerer Idiot beschäftigen würde. Er stellt sich nicht die Frage, welche Daten er braucht, sondern arbeitet mit denjenigen, über die er verfügt. Er trägt Scheuklappen und sieht nur den einen Affen, der mit dem *Hamlet*-Manuskript unterm

Arm daherstolziert. Alle anderen Affen, die hinter ihren Tastaturen sitzen und nichts Lesbares zustande bringen, werden von ihm negiert.

Oktopus Paul

Fußball interessiert mich nicht. Ich habe mir noch nie auch nur ein einziges Fußballspiel angesehen und habe diesbezüglich auch keine Ambitionen. Während der Fußball-WM 2010 allerdings gab es endlich etwas Interessantes aus dem Fußballuniversum zu berichten: Oktopus Paul. Oktopoden sind an sich schon faszinierende Tiere, aber Paul war noch viel interessanter als der Durchschnittskrake. Er konnte nämlich Spielergebnisse vorhersagen.

Paul fristete sein Dasein in einem Aquarium des Oberhausener Tierparks. Vor jedem Spiel des deutschen Teams platzierten seine Pfleger zwei durchsichtige Näpfe in seinem Aquarium. Darauf waren die Flaggen der beteiligten Länder abgebildet. In jedem Napf lag eine Muschel – Pauls Leibspeise. Das Land, dessen Muschel Paul zuerst fraß, sollte das Spiel gewinnen.

Im ersten Spiel mussten es die Deutschen mit den Australiern aufnehmen. Laut Pauls Vorhersage würde Deutschland gewinnen, und er sollte recht behalten: Deutschland siegte mit 4:0. Auch bei den Begegnungen Deutschland gegen Serbien, Ghana und England lag Paul richtig. Nach seiner vierten erfolgreichen Vorhersage stürzten sich die Medien auf das Phänomen. Weltweit schaffte es Paul auf die Titelseiten der Zeitungen, sogar ein *CNN*-Beitrag wurde ihm gewidmet. Und nach der Vorrunde setzte Paul seinen Siegeszug fort. Deutschland gegen Argentinien? Paul sollte recht behalten. Gegen Spanien? Gegen Uruguay? Richtig und noch mal richtig. Das Finale? Wieder richtig. Insgesamt machte Paul acht Vorhersagen, und jedes Mal bewahrheiteten sie sich.

Nehmen wir mal an, Paul hätte einfach gezockt. Die Wahrscheinlichkeit, dass er einmal recht hat, liegt bei 50 Prozent. Die Wahrscheinlichkeit, dass er zweimal recht hat, liegt immerhin noch bei 25 Prozent. Die Wahrscheinlichkeit, dass er acht richtige Vorhersagen trifft, liegt bei 0,39 Prozent, also bei einer Chance von 1:256. Das wäre schon ein sehr großer Zufall – und so begannen alle, nach einer Erklärung zu suchen.

Einige vertraten die Ansicht, Paul hege eine Vorliebe für grelle Farben. Andere wiederum dachten, er fühle sich von Flaggen mit horizontalen Streifen angezogen. Eine weitere Erklärung: Er habe einfach ein gutes Gedächtnis. Vor dem ersten Spiel wählte er zufällig die Flagge des deutschen Teams aus. Das brachte ihm eine Muschel ein, und so stimmte er danach – bis auf eine Ausnahme – für die deutsche Mannschaft. Eine Expertin auf dem Gebiet der tierischen Kommunikation grübelte weiter. Ihrer Ansicht nach verstand Paul sämtliche Fragen, die ihm gestellt wurden. »Er erfasst die Gedanken der Menschen, die ihn umgeben. Er versteht die Bedeutung der beiden Futternäpfe und lässt sich von der Meinung der Umstehenden leiten.« Andere gingen sogar noch weiter: Sie waren davon überzeugt, dass Paul wirklich in die Zukunft blicken konnte – als eine Art achtbeiniger Nostradamus. Es wartete tatsächlich niemand mit der einzig plausiblen Erklärung auf, nämlich mit der, dass keine Erklärung vonnöten gewesen wäre.

Bei der nächsten Weltmeisterschaft machen wir Folgendes: Wir fischen tausend Kraken aus dem Mittelmeer. Ein paar mehr oder weniger gehen auch. Wir verfrachten sie in eine riesige Halle und stellen ihnen allen ein eigenes Aquarium zur Verfügung. Vor jedem Spiel lassen wir sie das Ergebnis vorhersagen. Wenn die Weltmeisterschaft zu Ende ist, sehen wir uns die Ergebnisse an. Die Wahrscheinlichkeit ist hoch, dass mindestens ein Oktopus jedes Mal recht hatte. (Für die Nerds unter uns: Die Chance liegt bei ungefähr $1 - (1 - 0{,}0039)^{1000}$ oder 98 Prozent.) Dieser eine Oktopus darf in seinem Aquarium bleiben, die anderen verarbeiten wir zu Calamari fritti. Dann organisieren wir eine Pressekonferenz und verkündigen stolz, dass unser Oktopus – nennen wir das Tier Paula – über paranormale Fähigkeiten verfügt. Paula hat alle Spiele richtig vorhergesagt! Und das bei einer Chance von 1:256!

Abgesehen von einem einzigen, einsamen Statistiker gab es damals niemanden, der begriff, dass es notwendig war, die Anzahl der Affen mit einzubeziehen. Oder in diesem Fall die Anzahl der Tiere, die versuchten, die Ergebnisse der WM-Partien vorherzusagen. Wäre Oktopus Paul der Einzige gewesen, hätte er tatsächlich eine 0,39-prozentige Chance gehabt, wären es aber zehn Tiere gewesen, hätte die Chance, dass einer von ihnen die richtige Vorhersage trifft, bereits bei vier Prozent gelegen. Bei zweihundert hellseherisch begabten Tieren läge die Chance übrigens bei ungefähr 50 Prozent. Falls Sie wissen wollen, wie unwahrscheinlich Pauls Blicke in die Zukunft waren, dann müssten Sie die Zahl der vorhersagenden Tiere mit einbeziehen. Niemand weiß genau, wie viele weissagende Tierparkbewohner es wirklich gab, aber nach einer kurzen Recherche im Internet sieht man zumindest, dass Paul nicht der Einzige war. Da gab es Petty, das Zwergnilpferd, das Meerschweinchen Jimmy, Leon, das Stachelschwein, das Krallenäffchen Anton, Wellensittich Mani, die beiden Tintenfische Pauline und Xiaoge, Pino, den Schimpansen, und Sayco, den Delfin – und das waren nur diejenigen, die es in die Medien geschafft hatten. Von den Tieren, die von Anfang an falsch gelegen hatten, berichteten die Nachrichten natürlich nicht. Eine Blaue Haarqualle, die nur ein einziges Turnier korrekt vorherzusagen weiß, hat nun mal eine sehr geringe Chance, in die Zeitung zu kommen. Und genau dies ist der Kern des Problems: Wir bekommen nicht alle Affen zu Gesicht. Über all diese Tiere, die nicht richtig lagen, wird nie geredet – sie zeichnet nichts Besonderes aus, und sie schaffen es daher auch nicht in die Medien. In der Fachsprache nennt man so etwas *Survivor Bias.* Wir betrachten nur die Erfolge; die Pleiten werden unter den Tisch gekehrt. Paul zog das Medieninteresse auf sich, gerade weil er zufällig jedes Mal richtig lag. Hätte Paul bei seiner dritten Vorhersage aus Versehen die falsche Muschel ausgewählt, hätten wir nie etwas von ihm gehört.

Unser Idiot hinterfragt nicht, welche Daten er benötigt, um zu einer wohlüberlegten Schlussfolgerung zu gelangen. Er urteilt einzig und allein auf Basis jener Daten, die in diesem Moment in seinem begrenzten Blickfeld liegen. Sieht man aber nur Tintenfisch Paul und vergisst, dass es noch zahllose andere Tiere gab, die die Ergebnisse vorherzusagen versuchten, erscheinen Pauls Prophezeiungen natürlich als irre unwahrscheinlich, und so begibt sich unser Idiot auf die Suche nach einer Erklärung. Die wichtigste Frage, wie viele andere Affen es insgesamt gab, kommt ihm dabei nicht in den Sinn.

Übernatürliche Affen

Die Vernachlässigung der Affengesamtzahl ist einer der Gründe, warum so viele Menschen, auch wenn sie nicht wie ein Hippie gewandet und von einer Patchouliwolke umgeben sind, glauben, dass es mehr gibt zwischen Himmel und Erde: prophetische Träume, Telepathie und übernatürliche Verbindungen zwischen den Menschen. Wenn sie anfangen, über Energien zu reden, fehlt meist nicht mehr viel zur Cargo-Kult-Wissenschaft. Warum sie an diese Dinge glauben? Sie haben es selbst erlebt. Irgendetwas, das nicht durch die Gesetze der Wissenschaft erklärt werden konnte. Etwas, das Naturgesetze übersteigt. Sie sitzen im Zimmer und hängen Ihren Tagträumen nach, als Sie urplötzlich an Ihren alten Jugendfreund Mark denken müssen. Wenig später klingelt das Telefon. Es ist Mark. Sie träumen in der Nacht von einem Flugzeugabsturz, und am nächsten Morgen lesen Sie in der Zeitung, dass tatsächlich ein Flugzeug abgestürzt ist. Wenn so etwas geschieht, sieht es so aus, als könnte es sich nicht um Zufall handeln, sondern als müsste dies das Werk höherer, mysteriöser Kräfte sein. Aber ist das wirklich so? Wie groß ist die Wahrscheinlichkeit für so ein Ereignis tatsächlich?

Der Physiker und Nobelpreisträger Luis Alvarez beschloss, diese Wahrscheinlichkeit zu berechnen. Er hatte selbst eines Tages, während er Zeitung las, immer wieder an einen alten Studienfreund denken müssen, und als er weiterblätterte, entdeckte er zu seinem Erstaunen die Todesanzeige selbigen Freundes. Als Erstes überlegte Alvarez, wie viele Leute ein Mensch durchschnittlich kennt, wie oft man an jemand anderen denkt und mit welcher Wahrscheinlichkeit jemand in einem bestimmten Moment verstirbt. Auf dieser Basis errechnete er die Wahrscheinlichkeit, mit der man einige Minuten, ehe man erfährt, dass jemand verstorben ist, an diesen Menschen gedacht hat. Die Wahrscheinlichkeit lag ihm zufolge bei 1:35 000 im Jahr. Dies entspricht ungefähr der Wahrscheinlichkeit, mit der man mit einer Münze achtzehnmal hintereinander Kopf wirft – eher wenig wahrscheinlich. Dennoch kommt dieser Zufall, so wie Alvarez ihn erlebt hat, regelmäßig vor. Weltweit leben ungefähr sieben Milliarden Menschen. Wenn Alvarez' Berechnungen stimmen, bedeutet dies, dass jährlich rund 200 000 Menschen an jemanden denken, kurz bevor sie erfahren, dass diese Person gestorben ist. Ich schlage vor, dass wir ein Ereignis als Wunder bezeichnen, wenn die Wahrscheinlichkeit, dass dies in einem ganz bestimmten Jahr passiert, bei unter 1:1 000 000 liegt. Bei sieben Milliarden Menschen auf diesem Erdball dürften folglich durchschnittlich 7000 Wunder pro Jahr geschehen. Die Wissenschaftler Persi Diaconis und Frederick Mosteller nannten dies das »Gesetz der wirklich großen Zahlen«: Wenn die Basis nur hinreichend riesig ist, passieren selbst die unwahrscheinlichsten Dinge irgendwann einmal. Wirklich unwahrscheinlich wäre es da, wenn überhaupt nie ein Wunder geschehen würde. Zusammengenommen haben wir alle tagtäglich mehrere Milliarden Gedanken. Es wäre überaus seltsam, würden nicht einige dieser Gedanken irgendwann mit einem bevorstehenden Ereignis übereinstimmen. Es wäre höchst unwahrscheinlich, wenn sich kein einziger der vielen Milliarden Träume, die jede Nacht geträumt werden, irgendwann einmal bewahrheiten würde. Wenn man es aus der Perspektive der gesamten Weltbevölkerung betrachtet, ist es also selbstverständlich, dass hin und wieder ein Wunder geschieht. Trotzdem erscheint einem ein solches Wunder – besonders, wenn man es selbst erlebt – alles andere als zufällig.

Zufall ist wie Ehebruch. Wenn die Frau eines Kollegen fremdgeht, kann man verstehen, dass sie sich woanders etwas holt, das sie zu Hause offenbar nicht bekommt. Ist man aber selbst betroffen, brennt einem der Hut. Der Zufall, der einen selbst trifft, erscheint deutlich weniger wahrscheinlich und daher bedeutungsvoller als der Zufall, der anderen widerfährt. Es ist schier unvermeidbar, mehr dahinter zu vermuten. Der Gedanke, dass es sich nicht um Zufall handeln kann, ist ein Denkreflex. Er ist fest in unserem Gehirn verankert und ebenso schwierig zu unterdrücken wie das Erröten in einer peinlichen Situation oder das Schließen der Augen, wenn grelles Licht sie blendet. Selbst dann, wenn wir die Anzahl der Affen kennen – wenn wir wissen, dass es sich nur um Zufall handeln kann –, selbst dann fühlt es sich nicht nach Zufall an.

Angenommen, Sie hätten, kurz bevor Sie von Marks Tod erfuhren, nicht an ihn gedacht, sondern an Ihre Kaffeemaschine. Falls Sie ebenso oft an die Kaffeemaschine denken wie an Mark, ist die Chance, dass Sie hernach erfahren, dass Mark verstorben ist, ebenso groß wie die Chance, dass Sie an Ihren Freund gedacht haben und dann von seinem

Tod erfahren. Als ich einer Bekannten von diesem Gedankenexperiment erzählt habe, antwortete sie sofort, dass das doch nicht das Gleiche sei. Man könne diese Ereignisse doch nicht miteinander vergleichen. Doch, kann man. Wenn A ebenso wahrscheinlich ist wie B, ist die Aufeinanderfolge von A und C genauso wahrscheinlich wie die Aufeinanderfolge von B und C. Aus statistischer Sicht können beide Vorgänge selbstverständlich miteinander verglichen werden. Das entspricht natürlich nicht der Perspektive unseres Idioten. Denkt man an Mark und hört kurz danach, er sei gestorben, meint der Idiot, ein Muster zu erkennen, erklärt das Ereignis mit Telepathie, mit einer mysteriösen, übernatürlichen Verbindung zwischen Ihnen und Mark, und Sie werden sich noch jahrelang an diese Geschichte erinnern. Denken Sie jedoch an Ihre Kaffeemaschine, kurz bevor Sie hören, dass Mark gestorben ist, macht Ihr Idiot keinen Mucks. Es erzeugt bei ihm keinerlei Reaktion, und die Chance, dass Ihre Freunde je von diesem unwahrscheinlichen Vorgang hören werden, ist eher gering.

Man muss nicht gut sein, um Erfolg zu haben

Es gibt noch einen weiteren Bereich, in dem wir vergessen, die Anzahl der Affen zu zählen – einen Bereich, der zwar ebenfalls nebulös erscheint, in dem sich die Protagonisten aber nicht in weite Hippieklamotten hüllen, sondern Anzug und Krawatte tragen: die Börse. Mein Vater ist irgendwann auf die unglückselige Idee gekommen, einen Teil seines Ersparten in Aktien zu investieren. Was für ein Stress! Stündlich kontrollierte er im Teletext die Aktienkurse (es war noch vor dem Siegeszug des Internets). Ständig fragte er sich, was er kaufen sollte und was nicht. Panische Anrufe bei der Bank. Seine Laune spiegelte das Auf und Ab der Börsenkurse wider. Er war euphorisch, wenn sie stiegen, fielen sie jedoch, war es besser, wenn man ihm aus dem Weg ging. Viel hat ihm das Ganze nicht eingebracht: Auf Anraten seiner Bank investierte er eine große Summe in die belgische Spracherkennungsentwicklungsgesellschaft Lernout & Hauspie, die im Jahr 2001 pleiteging.

Investieren ist verhältnismäßig simpel. Man kauft, wenn die Kurse niedrig stehen, und verkauft, wenn sie hoch stehen. Es gibt da nur ein klitzekleines Problem: Man muss hierfür vorhersehen können, ob die Kurse steigen oder fallen werden. Professionelle Investoren packen das Problem um einiges gründlicher an als mein Vater. Ihre Ankäufe beruhen nicht auf Teletextmeldungen oder Tipps der örtlichen Bankangestellten. Sie haben ganze Teams, die für sie die relevanten Daten evaluieren. Auf Grundlage dieser Daten werden dann allerlei exotisch klingende Indikatoren berechnet. Der *Sharpe Ratio,* der *Wilders Relative Strength Index,* der *Vortex Indicator* und noch ein paar hundert mehr. Diese Menschen fristen ihr Leben hinter einer Wand aus Computern, auf denen sie komplizierte wissenschaftliche Berechnungen anstellen und allerhand Zahlen in fürchterlich komplexe Algorithmen einspeisen.

Es scheint zu funktionieren. Warren Buffett, Bill Miller und George Soros sind Topinvestoren und gehören zu den reichsten Menschen, die sich auf diesem Planeten bewegen. Während ich diese Zeilen verfasse, verfügt Warren Buffett laut Wikipedia über ein geschätztes Vermögen von 52 Milliarden Dollar. Trotzdem kann daraus nicht notwendigerweise gefolgert werden, dass er ein besserer Investor ist als mein Vater.

Lassen Sie uns nur kurz annehmen, dass ein einziger Faktor über den Erfolg an der Börse bestimmte: der Zufall. Wir fangen mit 10 000 Investoren an. Bei jedem von ihnen bestimmt der Wurf einer Münze über Gewinn oder Verlust. Zeigt sie Kopf, verdient der Investor 100 000 Euro. Bei Zahl verliert er den identischen Betrag. Nach dem ersten Wurf haben wir 5000 Investoren, die um 100 000 Euro reicher geworden sind. Die anderen 5000 Investoren haben 100 000 Euro verloren. Nach dem zweiten Wurf sind es nur noch 2500, die erneut Gewinn machen. Nach dem dritten Wurf sind es 1250, und nach fünf Würfen bleiben nur mehr 313 Investoren übrig, die jedes Mal Gewinn erzielt haben. (Für all diejenigen, die nachgerechnet und meinen Fehler entdeckt haben: Halbe Investoren gibt es nicht, ich habe daher einfach aufgerundet.) Diese 313 Investoren haben allesamt durch pures Glück eine halbe Million Euro an der Börse verdient. Dieser Gedankengang funktioniert natürlich nur, wenn erfolgreiches Investment allein auf Zufall basiert – und das erscheint wenig wahrscheinlich. Aus welchem Grund würden Banken sonst all diese Daten sammeln und all jene komplexen Berechnungen durchführen? Wenn ja doch alles nur Zufall wäre, könnten sie es sich doch genauso gut auf dem Sofa gemütlich machen und mit Dartpfeilen auf den Wirtschaftsteil ihrer Zeitung werfen, um zu entscheiden, wo sie investieren sollten? Das würde ihnen in der Tat viel Zeit und Mühe ersparen. Es gibt Untersuchungen, die sich damit auseinandersetzen, inwieweit professionelle Börsenanalysten dazu fähig sind, Kurse vorherzusagen. Kurze Zusammenfassung: Sie können es nicht. Ökonomen des Harvard Institute of Economic Research analysierten 153 Newsletter bekannter Börsenanalysten und kamen zu dem Schluss, dass es keinen einzigen signifikanten Beweis für besondere Fertigkeiten bei der Auswahl bestimmter Anteile gab. In einer anderen Untersuchung erzielten acht der zwölf bestbezahlten Börsenanalysten der Wall Street kaum die durchschnittliche Marktrendite. Jean-Philippe Bouchaud, ein Physiker, der später an der Börse hängen blieb, besah sich im Jahr 2006 mehr als 2000 Vorhersagen von Börsenanalysten. Auch er kam zu dem Ergebnis, dass diese allesamt wertlos waren. Hätten die Analysten einfach behauptet, die Kurse blieben unverändert, hätten sie auch keine schlechtere Leistung erbracht. Dennoch liegt das mittlere Einkommen eines erfahrenen Analysten, der für einen Investmentfonds arbeitet, bei rund zwei Millionen Dollar im Jahr. Kein schlechter Verdienst für eine Tätigkeit, die ebenso sinnvoll ist wie eine Partie Darts.

Solange es genug Menschen gibt, die ihr Geld in Aktien investieren, wird es immer einige geben, die sich damit durch puren Zufall eine goldene Nase verdienen. Auch in diesem Fall vergessen wir, die Anzahl der Affen zu bestimmen, und auch hier bleibt das unwahrscheinliche Ereignis zuvorderst sichtbar. Die Börse ist ein hartes Pflaster. Erzielt man als Profi-Investor über einige Monate hinweg etwas niedrigere Gewinne, wird man mir nichts, dir nichts auf die

Straße gesetzt und darf sich einen neuen Job suchen. Nur diejenigen, die erfolgreich sind, überleben. Genau wie bei Oktopus Paul sehen wir vorwiegend die Ausnahmen: die Warren Buffetts, Bill Millers und George Sorosses dieser Welt. Und wenn wir uns nur auf diese Ausnahmen konzentrieren und dabei den Rest aus den Augen verlieren, wirkt es, als könne Erfolg kein Zufall sein.

Es gibt ganze Bibliotheken zum Thema Topanleger. Ihre Investitionsstrategien werden durchleuchtet, es wird dargelegt, was ihr Charakter, ihr Familienstand oder ihre Jugend dazu beigetragen haben, dass sie so erfolgreich wurden. Natürlich wollen wir alle in ihre Fußstapfen treten, den Grund für ihren Erfolg verstehen, damit auch wir uns einen Privatjet und einen Landsitz mit sechzehn Schlafzimmern und Pool anschaffen können. Ihre Anlagetipps werden sklavisch befolgt. Sie sind Vorbilder, ökonomische Orakel. Einige Anleger vertrauen ihnen sogar ihr Seelenheil an. Im Internet stieß ich auf ein Buch mit dem Titel *Das Tao des Warren Buffett – Lassen Sie sich von den Weisheiten der Börsenlegende leiten und feiern auch Sie Anlageerfolge!* Wenn aber Erfolg auf Zufall beruht, gibt es keine Weisheiten zu erlernen. Wenn ein Affe rein zufällig *Hamlet* schreibt, gibt es keinen Grund zu der Annahme, er sei ein literarisches Genie oder werde gar im Anschluss gleich auch *Macbeth* tippen.

Vielleicht habe ich es falsch verstanden, und es gibt sehr wohl Methoden, die zu erhöhten Gewinnchancen an der Börse führen. Zumindest muss man, falls man es als professioneller Investmentbanker schaffen will, dazu bereit sein, rund um die Uhr in Anzug und Krawatte herumzulaufen und 80 Wochenstunden zu absolvieren. Nicht wirklich mein Ding. Aber selbst dann ist Erfolg noch lange kein Beweis für eine unübertroffene Einsicht in die Börse. Resultate können ebenso gut dem Zufall entspringen. Es gibt derzeit tatsächlich ein paar erfolgreiche Anleger, denen wir mit Sicherheit unterstellen können, dass sie keinen blassen Schimmer von der Börse haben – Jacko beispielsweise, der es innerhalb von elf Jahren schaffte, eine Rendite von 138 Prozent zu erzielen. Im Jahr 2000, als die meisten Anleger schwere Verluste einstecken mussten, legte Jacko ein Topjahr mit einem Gewinn von 35 Prozent hin. Trotzdem können wir uns bei Jacko absolut sicher sein, dass sein Ergebnis nicht einer fundierten Kenntnis der Börsenmechanismen zuzuschreiben ist. Denn Jacko ist ein Gorilla, und er bekommt regelmäßig eine bestimmte Anzahl von Bananen vorgesetzt. Jede dieser Bananen korrespondiert mit einem börsennotierten Betrieb. Wenn Jacko eine Banane auffrisst, wird der damit korrespondierende Betrieb seinem Aktienportfolio zugefügt.

Die Wahrscheinlichkeit im Rückspiegel

Die folgende Geschichte beruht auf einem Rechtsstreit, der sich tatsächlich so zugetragen hat. Stellen Sie sich vor, Sie säßen unter den Geschworenen. Wie würde Ihr Urteil ausfallen?

Am 22. September 1996 wurde das erste Kind von Sally Clark geboren. Christopher war gesund, und er verbrachte seine Tage mit Weinen, Schlafen und Trinken – wie die meisten anderen Babys auch. Elf Wochen später verstarb

Christopher in seiner Babywiege. Bei der Obduktion wurden keine Hinweise auf Gewalteinwirkung festgestellt. Der Sterbeurkunde zufolge starb Christopher eines natürlichen Todes. Sally wurde depressiv und begann zu trinken, doch mit der Unterstützung ihres Mannes Steve schaffte sie es, wieder auf die Beine zu kommen. Sie waren sich einig, dass ein weiteres Kind die beste Therapie für sie sein würde. Etwas mehr als ein Jahr nach dem Verlust von Christopher gebar sie ihren zweiten Sohn, Harry. Doch nach acht Wochen saß Harry in seinem Stühlchen und bewegte sich auf einmal nicht mehr. Tot.

Ein paar Monate nach Harrys Tod standen zwei Polizeibeamte vor Sallys Tür, und sie wurde verhaftet. Die Anklage lautete: Doppelmord.

Sallys Rechtsanwalt behauptete im Gerichtssaal, beide Kinder von Sally seien am plötzlichen Kindstod gestorben. Es gab keine Würgemale, im Blut der Kinder waren keine Fremdstoffe gefunden worden, und es gab auch nicht den geringsten Hinweis darauf, dass Sally ihre Söhne geschüttelt hatte. Sollte Sally ihre beiden Kinder, mutwillig oder nicht, getötet haben, dann hätte sie, so die Verteidigung, mit Sicherheit Spuren hinterlassen.

Der Staatsanwalt hatte Roy Meadow, den Vorsitzenden der British Paedriatic Association und eine der führenden Stimmen gegen Kindesmissbrauch, als Gutachter bestellt. Dieser verwarf die These vom plötzlichen Kindstod. Der plötzliche Kindstod komme überaus selten vor. Er treffe, so Meadow, nur eines von 8543 Paaren. Das Risiko, zwei Kinder durch den plötzlichen Kindstod zu verlieren, liege folglich bei 1:8543 x 1:8543. Dies entspricht einer

Wahrscheinlichkeit von 0,00000136 Prozent, also ungefähr 1:73 000 000 – eine Wahrscheinlichkeit, die zehnmal so klein ist wie die, sechs Richtige im Lotto zu haben. Zu unwahrscheinlich, um wahr zu sein. »Wenn eine Familie ein Mal vom plötzlichen Kindstod getroffen wird, so ist dies eine Tragödie, zwei Mal ist verdächtig, und drei Mal ist – außer jemand beweist das Gegenteil – Mord«, so Meadows Vortrag vor den Geschworenen. Diese folgten Meadows Argumentation und erklärten Sally für schuldig am Tod ihrer beiden Söhne. Sie wurde zu einer lebenslangen Gefängnisstrafe verurteilt und anschließend im Frauengefängnis in Wilmslow inhaftiert, wo sie als Kindsmörderin anhaltenden Schikanen ihrer Mitinsassinnen ausgesetzt war. Sie sollte ihren dritten Sohn, der kurz vor dem Prozess geboren wurde, nicht aufwachsen sehen.

Im Oktober 2000 ging Sally gegen das Urteil in Berufung. Ein neuer Gutachter wurde bestellt. Dieser widersprach Roy Meadow. Nach Ansicht von Professor Raymond Hill von der mathematischen Fakultät der University of Salford wies Meadows Berechnung zwei gravierende Fehler auf: Erstens habe Meadow das Risiko des plötzlichen Kindstods unterschätzt. Dieses liege nicht, wie Meadow behauptet hatte, bei 1:8543, sondern vielmehr bei 1:1300. Zweitens sei Roy Meadow seiner Ansicht nach zu Unrecht davon ausgegangen, dass zwei Fälle von Kindstod in ein- und derselben Familie unabhängig voneinander geschähen. Vielmehr spielen beim plötzlichen Kindstod erbliche Faktoren eine nicht unerhebliche Rolle: Wenn das erste Kind daran sterbe, haben die anderen Kinder wahrscheinlich in Teilen gleiche Erbanlagen und somit ein höheres Risiko, ebenfalls dem plötzlichen Kindstod zu erliegen. Raymond Hill zufolge lag die Wahrscheinlichkeit, mit der eine Familie, in der ein Fall von plötzlichem Kindstod festgestellt wurde, ein weiteres Mal mit dem plötzlichen Kindstod konfrontiert wird, bei ungefähr 1:200. Wenn wir mit diesen Zahlen rechnen, dann liegt die Wahrscheinlichkeit für ein doppeltes Auftreten des plötzlichen Kindstodes nicht mehr bei 1:73 000 000, wie Roy Meadow behauptet hatte, sondern vielmehr bei 1:260 000.

Die Richter gaben zu, dass die Berechnung von Professor Meadow vermutlich fehlerhaft gewesen sei. Dies änderte jedoch nichts an ihrer Überzeugung, dass Sally Clark schuldig war. Sie blieb hinter Gittern.

Das Ganze sieht aus wie eine perfekte Anwendung der Fisher-Methode. Man formuliere eine Nullhypothese: Sally ist unschuldig. Anschließend berechne man die Wahrscheinlichkeit, dass ihre beiden Kinder gestorben wären, sofern die Nullhypothese stimmte. Die Wahrscheinlichkeit ist überaus gering – ob sie nun bei 1:73 000 000 liegt oder bei 1:260 000. In jedem Fall um ein Vielfaches kleiner als Fishers Obergrenze von fünf Prozent. Also schließe man daraus, dass die Nullhypothese falsch sei und Sally sehr wohl ihre beiden Kinder ermordet haben müsse.

Wenn Sie erkennen, dass diese Argumentationsführung Nonsens ist und – falls Sie in der Jury gesessen hätten – Sallys Freispruch gefordert hätten, dann sind Sie klüger als die Richter, die damaligen Geschworenen, Sallys Verteidiger, die Journalisten, die über den Prozess berichteten, und auch alle anderen, die den Prozess verfolgten. Die Argumentation kann einfach nicht stimmen, weil unterlassen wurde, die Anzahl der Affen in die Berechnung mit einzubeziehen. Die Royal Statistical Society war eine der wenigen, die begriff, dass man dies sehr wohl hätte tun müssen. Im Oktober 2001 verfasste sie einen offenen Brief, in dem sie darlegte, dass Sally zu Unrecht verurteilt worden sei. Der Prozess wurde neu aufgerollt, und im Januar 2003 wurde Sally nach drei langen Haftjahren endlich freigesprochen. Doch für Sally war es zu spät. Sie kam nach ihrer Verurteilung und dem Tod ihrer beiden Söhne nie mehr auf die Beine. Im März 2007 wurde sie in ihrer Wohnung tot aufgefunden. Sie war an einer Alkoholvergiftung gestorben.

Wo lag der Fehler? Laut Fisher gibt es, sofern ein statistisch signifikantes Resultat vorliegt, zwei Möglichkeiten. Entweder ist die Nullhypothese falsch, oder es ist etwas wirklich Außergewöhnliches geschehen. Wenn man aber ein Ereignis auswählt, gerade weil es außergewöhnlich erscheint, ist es nur logisch, wenn man sich überdies klarmacht, dass es in der Tat ein sehr, sehr außergewöhnliches Ereignis ist. Genau das traf auch auf den Fall zu. Im Jahr 2010 wohnten im Vereinigten Königreich ungefähr 4,1 Millionen Familien mit mindestens zwei Kindern. Zum Glück kommt es wirklich selten vor, dass in einer Familie zwei Kinder sterben. Bei Sally Clark passierte es trotzdem – und dies war der Grund, warum plötzlich zwei Polizisten vor ihrer Tür standen. Es gab in diesem Moment einfach nur zwei mögliche Erklärungen: Entweder hatte Sally ihre beiden Kinder ermordet, oder sie waren am plötzlichen Kindstod gestorben. Roy Meadow vergaß, dass sowohl ein Doppelmord als auch das zweifache Auftreten des plötzlichen

Kindstods überaus außergewöhnliche Ereignisse sind. Er begriff nicht, dass er nicht irgendeinen willkürlich ausgewählten Affen vor sich hatte, sondern einen, der ausgewählt worden war, gerade weil er *Hamlet* geschrieben hatte. Ob die Wahrscheinlichkeit nun bei 1:73 000 000 liegt oder bei 1:260 000 oder einfach nur sehr gering ist, ist an sich irrelevant für die Frage nach Sally Clarks Schuld oder Unschuld. Es geht vielmehr um die Wahrscheinlichkeit, mit der man vorderhand hätte prophezeien können, dass der plötzliche Kindstod willkürlich in Sallys Familie zweimal zuschlägt und nicht bei irgendeinem anderen Paar. Aber natürlich wusste, bevor Sallys Kinder starben, niemand, dass sich das Schicksal bei Sally und Steve als so grausam erweisen würde. Man darf nicht erst warten, bis etwas Außergewöhnliches geschieht, um diese Absonderlichkeit als solche zu erkennen und schließlich die Wahrscheinlichkeit des Ereignisses berechnen, als wäre es willkürlich geschehen. Tut man dies trotzdem, müsste man im selben Atemzug sämtliche Lottomillionäre verhaften und wegen Betrugs verurteilen. Die Chance, dass sie auf ehrliche Art und Weise zu ihrem Gewinn gekommen sind, ist nämlich ebenfalls überaus gering. Daher – so würde Roy Meadow wohl resümieren – müssten auch sie höchstwahrscheinlich betrogen haben.

Sally ist nicht die Einzige, die unserer Affenblindheit zum Opfer gefallen ist. Nach ihrem Freispruch wurden Hunderte Fälle neu aufgerollt. Donna Anthony, Angela Cannings und Trupti Platel – alle drei verurteilt wegen Kindsmordes – wurden freigesprochen. Donna hatte sechs Jahre unschuldig im Gefängnis gesessen, Angela und Trupti jeweils ein Jahr. Bei all diesen Prozessen war Roy Meadow als Gutachter aufgetreten. Während all dieser Prozesse hatte es niemanden gegeben, der Meadows Denkfehler erkannt hätte.

Folgt man Meadows Argumentation, kann man fast alles beweisen. Auf einmal scheint alles statistisch signifikant zu sein. Die Wahrscheinlichkeit, mit der man an jemanden denkt und anschließend erfährt, dass er verstorben ist, liegt bei ungefähr 1:35 000. Das liegt deutlich unterhalb von Fishers geforderter Obergrenze von fünf Prozent, und somit, hopplahopp, dürfen wir die Nullhypothese verwerfen und haben soeben bewiesen, dass es Telepathie gibt. Die Wahrscheinlichkeit, dass Bill Miller in fünfzehn aufeinanderfolgenden Jahren höhere Gewinne erzielt als die durchschnittliche Marktrendite, liegt nach Ansicht eines Ökonomen bei 1:372 592. Voilà, der Beweis: Bill Miller ist ein Genie. Wendet man Fishers Methode auf etwas an, von dem man bereits weiß, dass es unwahrscheinlich ist, so wird man logischerweise auch zu dem Ergebnis gelangen, dass es unwahrscheinlich ist. Man betrachtet die Wahrscheinlichkeit quasi aus dem Rückspiegel. Man tut so, als hätte man zuvor bereits vorhergesehen, dass sich Bill Miller an der Börse eine goldene Nase verdienen würde und nicht irgendein x-beliebiger anderer Investor, als hätte man vorausgesehen, dass gerade er es sein würde, dessen Traum sich erfüllt, und nicht einer der Milliarden anderen Menschen, die sich auf diesem Erdball bewegen.

Das Außerordentliche
bleibt an der Oberfläche

Eine Heuristik ist eine Art Faustregel, eine schnelle, aber nicht besonders saubere Lösung für ein kompliziertes Problem. Viele Tiere verwenden eine sehr simple Heuristik, um herauszufinden, ob sich ein Lebewesen als Beute eignet oder nicht. Ist das betreffende Tier grellbunt gefärbt, rot oder orange etwa, so gehen sie davon aus, dass es giftig ist, und halten sich von ihm fern. Trägt es keine grellen Farben, dann ist es genießbar. Die Methode funktioniert, hat aber ihre Nachteile. Jeden Sommer ist mein Garten voller Schwebfliegen. Diese Tiere sehen Wespen und Bienen verdächtig ähnlich. Sie haben die gleiche grelle Färbung, sind aber im Gegensatz zu ihren Doppelgängern absolut ungefährlich. Schwebfliegen nutzen die Einschränkungen der Heuristik für grelle Färbungen für ihre Zwecke dankbar aus. Dank ihrer Ähnlichkeit mit Tieren, die über einen Giftstachel verfügen, ist für sie das Risiko, gefressen zu werden, verhältnismäßig gering. Tieren sollte es gegeben sein, die Erkennungsmerkmale ihrer potenziellen Beute nachzuschlagen, um dann, geordnet nach Rasse, zu protokollieren, ob das Tier, das sie gerade vor sich haben, giftig ist oder nicht. Verläuft die basale Ader des Vorderflügels gerade, oder beschreibt sie einen Knick? Sind die Fühler behaart? Ist der Hinterleib schwarz glänzend? Nein? Dann handelt es sich um eine *Epistrophe melanostoma* – und ist genießbar. Auf diese Weise würde sich niemand mehr von der Tarnung der Schwebfliegen in die Irre führen lassen. Allerdings wäre das Ganze zugegebenermaßen ziemlich umständlich. Voraussetzung für dieses Verfahren wäre nicht nur eine größere Hirnkapazität, sondern auch viel Zeit. Wenn Sie jedes Mal ungefähr zehn Minuten brauchen, um herauszufinden, ob das Tier, das Sie gerade irgendwo auf einem Ästchen sitzen sehen, genießbar ist oder nicht, werden Sie verhungern. Denn wenn Sie mit Ihrer Bestimmung endlich durch sind, hat sich Ihre Beute längst aus dem Staub gemacht.

Auch die Einschätzungen unseres Idioten basieren auf Heuristiken. Diese sind ebenfalls schnell und fordern wenig Denkleistung und haben gerade deshalb ihre Grenzen. Einer ersten Heuristik sind wir bereits begegnet. Wenn wir herausfinden wollen, ob etwas Zufall ist oder nicht, stützen wir uns auf die Gemeinsamkeiten zwischen dem Bild, das wir uns vom Zufall gemacht haben, und dem, was wir vor uns sehen. Wir kümmern uns nicht um die Berechnung von Wahrscheinlichkeiten. Viel zu anstrengend und zu kompliziert. Wir eruieren nicht, ob es sich um Zufall handelt, sondern ob es aussieht wie ein Zufall.

Es gibt noch eine zweite Heuristik, die wir anwenden, um einzuschätzen, wie wahrscheinlich etwas ist: die Präsenz. Wir bestimmen, wie oft etwas vorkommt, also wie wahrscheinlich etwas ist, gemäß der Beispiele in unserem Kopf. Diese Heuristik hat ebenfalls ihre Grenzen, und sie ist eine der Ursachen für so manchen Ehestreit.

Bekommt man ein Kind, nimmt die Zahl der Aufgaben im Haushalt plötzlich stark zu. Windeln wechseln, Obstbrei zubereiten, Kind zur Kita bringen und wieder von dort abholen, verlorene Schnuller suchen ... Doch auch die bisherigen Haushaltsaufgaben wie staubsaugen, Essen kochen etc. fallen weiterhin an. Purer Stress. Meine Freundin und ich halten uns nicht an das traditionelle Rollenverhältnis (das würde auch nicht funktionieren – versuchen Sie mal als Autor, Hauptverdiener zu sein), sondern wir bemühen uns beide, jeweils ungefähr die Hälfte der Aufgaben zu erledigen. Das Seltsame ist nur, dass wir beide davon überzeugt sind, mehr als bloß den eigenen Anteil zu erledigen, was vermutlich irgendwann zu Spannungen führen dürfte. »Ich bin gestern schon als Erster aufgestanden und vorgestern auch.« – »Stimmt, aber ich hab gestern gewischt und die Wäsche aufgehängt.« – »Stimmt, aber ich ...« Es scheint kaum möglich, dass wir uns irgendwann einmal einigen werden.

Für eine Studie wurden Lebenspartner getrennt danach befragt, wie groß ihr persönlicher Anteil an den Haushaltstätigkeiten ist. Sie sollten bei jeder Aufgabe in Prozent angeben, welchen Teil sie davon übernahmen. Das Zusammenrechnen der geschätzten Prozentangaben beider Partner überstieg bei beinahe jeder Aufgabe die 100-Prozent-Marke.

Es gibt da eine sehr einfache Methode, um eheliche Diskussionen zu schlichten: die Messung.

3.42 bis 3.46 Uhr: Aufgestanden weil Baby schreit

7.23 bis 7.30 Uhr: Windeln gewechselt

7.30 bis 7.40 Uhr: Fläschchen gegeben

Das tun wir natürlich nicht. Meine Freundin würde mich für verrückt erklären, käme ich ihr mit so einer Liste. Stattdessen vertrauen wir unserem Gedächtnis. Und genau da liegt das Problem. Wenn ich höchstpersönlich das ganze Zimmer gesaugt und gewischt habe, kann ich mich nach einer Woche immer noch deutlich daran erinnern. Dass meine Freundin am selben Tag zwei Waschmaschinen gefüllt und den Schrank aufgeräumt hat, ist mir nach einer Woche längst entfallen. Haushaltsaufgaben, die man selbst erledigt hat, bleiben uns präsenter im Gedächtnis, man entsinnt sich ihrer besser als derer, die der Partner übernommen hat. Und so erscheint es jeder Partei, als würde sie den größeren Teil des Haushalts erledigen.

Durch die Präsenzheuristik erfahren wir zudem viel über unsere irrationalen Ängste. Ich habe mir selbst einen kleinen Tauchurlaub in Aussicht gestellt, sobald ich dieses Buch fertiggeschrieben habe. Nichts ist entspannender, als zwanzig Meter unter dem Meeresspiegel herumzudümpeln und den Fischen beim Schwimmen zuzusehen. Herrlich! Die Standardfrage, die mir nach so einer Reise immer gestellt wird: »Hast du denn gar keine Angst vor Haien?« Nein, kein bisschen. Ich habe bis jetzt nämlich nur ein paar wenige, eher lächerliche Riffhaie gesehen. Diese erreichen maximal eine Länge von einem Meter. Ich hoffe, irgendwann einmal einem Weißspitzen-Hochseehai zu begegnen. Dieser kann zu einer Länge von mehr als drei Metern heranwachsen. Trotzdem habe ich keine Angst, dass dieses Tier mich verschlingen könnte.

Was fordert die meisten Todesopfer: Haie oder Badewannen? Die meisten Menschen haben deutlich mehr Angst vor Haien als vor ihrer Badewanne, und das, obwohl jedes Jahr im Schnitt nur 70 Menschen von einem Hai angegriffen werden. Im Mittel enden lediglich vier dieser Begegnungen tödlich. Zum Vergleich: Im Jahr 2000 kamen allein in den Vereinigten Staaten 341 Menschen ums Leben, weil sie in der Badewanne ertranken. (Ich gebe zu, das ist kein sonderlich fairer Vergleich, schließlich verbringen Menschen im Durchschnitt mehr Zeit in der Badewanne als schwimmend an einem Ort, wo es Haie gibt.)

Wenn Sie wissen wollen, wie groß das Risiko ist, von einem Hai attackiert zu werden, richten Sie sich am besten nach der Anzahl der wenig angenehmen Aufeinandertreffen von Mensch und Hai. Wollen Sie das Risiko noch genauer einschätzen, müssen Sie die Wahrscheinlichkeit, mit der es dort, wo Sie gerade tauchen, Haie gibt, in die Berechnung mit einbeziehen, des Weiteren die dort vorkommenden Haiarten, ihre Reaktion auf Ihre Anwesenheit, ihr Verhalten und so weiter. So etwas tun wir selten. Stattdessen kramen wir in unserem Gedächtnis und fällen unser Urteil anhand von Beispielen, die wir natürlich schnell bei der Hand haben – und je schneller, umso wahrscheinlicher sind sie nach Ansicht unseres inneren Idioten. Nehmen wir Steven Spielbergs Kassenschlager *Der weiße Hai*. Den Film kennt einfach jeder. Haie sind spektakuläre, auffällige Tiere. Wir assoziieren mit ihnen reihenweise rasiermesserscharfe Zähne und ein Meer, das sich durch das viele Blut allmählich rot verfärbt. Wenn irgendwo auf der Welt ein Hai einen Menschen erwischt, wird diese Nachricht (zumindest sofern es sich um einen hellhäutigen Touristen gehandelt hat) in Windeseile verbreitet. Badewannen dagegen sind immer noch etwas ganz Gewöhnliches. Wenn Sie in der Badewanne ertrinken, ist die Wahrscheinlichkeit, dass die Zeitungen darüber berichten, eher gering. Bilder von Menschen, die von einem Hai zerfleischt wurden, haben wir präsenter vor Augen als Bilder von Menschen, die in ihrer Badewanne ertrunken sind.

Auch in diesem Fall stützen wir uns auf eine Art Stichprobe, nämlich auf das, was sich gerade in unserem Kopf befindet. Allerdings vergessen wir dabei, dass in unserem Kopf Bilder von blutrünstigen Haien einen prominenteren Platz einnehmen als Badewannen. Sprich: Es handelt sich hierbei um keine korrekte Abbildung der Wirklichkeit.

Die Heuristik der Präsenz sorgt dafür, dass wir eine Zeit lang vorsichtiger Auto fahren, wenn wir gerade erfahren haben, dass ein Bekannter im Straßenverkehr verunglückt ist. Unser eigenes Risiko ist durch den Unfall zwar nicht gestiegen – die Präsenz des Risikos allerdings sehr wohl. Diese Heuristik ist auch dafür verantwortlich, dass wir Politiker korrupter einschätzen als beispielsweise Geflügelhalter. Wir alle haben von Fällen gehört, in denen Politiker in die Kasse gegriffen haben sollen (Berlusconi, die Schwarzgeldaffäre der CDU, die Agusta-Affäre in Belgien, der Skandal um Erdoğan in der Türkei, Ernst Strasser in Österreich ...). Beispiele von betrügerischen Geflügelhaltern kommen uns dagegen weniger schnell in den Sinn. Man kann diese Heuristik sogar dazu verwenden, das Selbstbild einer Person zu verändern. Fordert man jemanden erst einmal dazu auf, fünf positive Eigenschaften von sich aufzuzählen, wird er danach viel selbstsicherer auftreten, als wenn Sie ihn nicht darum gebeten hätten. Ihr Proband hat durch diesen Kunstgriff seine positiven Eigenschaften noch frisch vor Augen und schließt daraus für sich, dass er eigentlich ganz okay sein muss.

In Kombination mit der übermedialisierten Welt, in der wir heute leben, kann diese Heuristik seltsame Früchte tragen. Die Zahl der Amerikaner, die seit den Sechzigerjahren dem Terrorismus zum Opfer gefallen sind, ist vergleichbar mit der Zahl derer, die in derselben Zeit starben, weil sie vom Blitz getroffen wurden, weil ihnen ein Hirsch vors Auto lief oder weil sie an einer Erdnussallergie litten. Die Reaktion auf diese Bedrohungen fällt jedoch höchst unterschiedlich aus. Nach den Anschlägen am 11. September 2001 avancierte der Terrorismus zum Problem Nummer eins in Amerika. Es wurden Unsummen von Geld ausgegeben, um zu verhindern, dass sich ein solcher Anschlag je wiederholt. Sinnlose Kriege wurden angezettelt, ein paar sinnvolle und eine Menge unsinniger Sicherheitsvorkehrungen getroffen, und die meisten Amerikaner gerieten bereits in Panik, wenn sie nur von Weitem jemanden erblickten, der einem Araber ähnlich sah. Der Unterschied zwischen Terrorismus und Erdnussallergie liegt nicht in der tatsächlichen Gefahr, sondern in ihrer Präsenz. Man konnte keine Zeitung mehr aufschlagen und keinen Fernseher einschalten, ohne mit den Bildern der Flugzeuge konfrontiert zu werden, die sich in die Türme des World Trade Center bohrten. Einer Allergie schenken die Medien grundsätzlich nicht ganz so viel Aufmerksamkeit.

Die Präsenz dieser Bilder zog eine unerwartete Konsequenz nach sich. Sie führte dazu, dass zusätzlich zu den rund 3000 Todesopfern, die der eigentliche Anschlag gefordert hatte, ungefähr 1000 weitere Menschen ihr Leben lassen mussten. Nach dem 11. September waren viele Amerikaner – sie hatten die Bilder der abstürzenden Flugzeuge noch frisch vor Augen – zu verängstigt, um in ein Flugzeug zu steigen. Daher stieg die Zahl derer, die stattdessen das Auto nahmen. Autofahren ist aber leider pro zurückgelegtem Kilometer gefährlicher als Fliegen, was zur Folge hatte, dass ungefähr 1000 weitere Menschen auf Amerikas Straßen starben.

Infolge der Wechselwirkung zwischen den Medien und der Präsenzheuristik geraten wir häufig gewissermaßen in einen Strudel – einen Strudel, in dem aus Mücken plötzlich Elefanten werden. Ein Fliegenschiss im Wasserglas wird auf einmal zur überlebenswichtigen Angelegenheit. So etwas funktioniert wie folgt: Die Medien berichten von einer möglichen Gefahr. Durch die Berichterstattung steigt die Präsenz, und wir machen uns Sorgen, worauf die Medien, die auf den Informationsbedarf des Publikums eingehen möchten, dieser Gefahr umso mehr Aufmerksamkeit schenken, weshalb die Präsenz weiter ansteigt und die Menschen noch mehr Angst bekommen. Was wiederum dafür sorgt, dass die Medien ... So geschah es nach dem 11. September, aber auch angesichts der spanischen Gurkenhysterie oder in der Dioxinkrise. Im Nachhinein betrachtet erscheint die tatsächliche Gefahr, die von den beiden letzteren Beispielen ausging, eher gering. An den von EHEC-Erregern übertragenen Erkrankungen – die im Übrigen, wie sich herausstellte, überhaupt nichts mit spanischen Gurken zu tun hatten, sondern mit verunreinigten Sojasprossen – starben weltweit 36 Personen. Ein Gesundheitsrisiko infolge der Verunreinigung von Viehfutter durch Transformatorenöl in der Tierverwertungsanlage Verkest war, wie sich im Nachhinein erwies, so gut wie nicht vorhanden. Die Dioxinkonzentrationen waren so niedrig, dass es selbst bei einem wochenlangen Verzehr eines Dioxinhähnchens pro Tag kaum einen Grund zur Sorge gegeben hätte. Geschätzte Anzahl der Opfer des Dioxinskandals: null.

In Krisenzeiten wollen Politiker selbstverständlich beweisen, dass sie stark auftreten können. Das Volk ist verängstigt, also muss etwas geschehen. Während der Dioxinkrise wurden Supermärkte leer geräumt, Tonnen von Nahrungsmitteln wurden vernichtet und jedes Tierchen, das nur irgendwie im Verdacht stand, es könne mit Dioxin in Berührung gekommen sein, abgeführt, abgeschlachtet und verbrannt. Sieben Millionen Hühner und 60 000 Schweine mussten dran glauben. Nach der Messerstecherei von Kim de Gelder in der Kindertagesstätte Fabeltjesland nahm die flämische Regierung 6,6 Millionen Euro in die Hand, um Kindertagesstätten sicherer zu machen. Seit die Pläne einiger Terroristen, Flugzeuge mit flüssigem Sprengstoff in die Luft zu jagen, bekannt wurden, müssen sogar harmlose Coladosen beim Sicherheitspersonal zurückgelassen werden, bevor das Flugzeug auch nur betreten werden darf. Und seitdem eine etwas betagtere Frau erstickte, weil sich ein Sammelutensil für Kinder unter ihre Kartoffelchips gemischt hatte, sind diese Sammeldinger verboten. Will ein Terrorist wirklich einmal ein Flugzeug in die Luft jagen, findet er Mittel und Wege, seinen Plan zu verwirklichen. Und selbst wenn all die Gegenmaßnahmen tatsächlich naheliegend erscheinen, gibt es noch lange keinen Grund dafür, sie auf Teufel komm raus einzuführen. Mit Kim de Gelders Messerattacke nahm das Überfallrisiko in Kitas mitnichten plötzlich zu. Nur die Präsenz des Risikos hatte sich erhöht, das tatsächliche Risiko blieb so gering, wie es schon immer gewesen war.

Die Präsenzheuristik erklärt auch, warum wir es ständig versäumen, die genaue Anzahl der Affen zu ermitteln. Unser Gedächtnis ist nun mal keine Festplatte, die alles genau festlegt, es ähnelt vielmehr einem seifigen Waschbecken, an dem das Alltägliche abrutscht und an dem nur das Außergewöhnliche kleben bleibt. Wenn Sie an Ihre Kaffeemaschine dachten, kurz bevor Sie erfuhren, dass Mark verstorben war, hatten Sie dies wenige Minuten später bereits wieder vergessen. Ebenso wie all die Male, die Sie an Mark gedacht hatten und er sich Monate später immer noch unter den Lebenden befand. Doch an das eine Mal, als Sie beinahe gleichzeitig an Mark dachten und von seinem Tod erfuhren, werden Sie sich ein Leben lang erinnern.

Francis Bacon, der im 16. Jahrhundert den Grundstein zur wissenschaftlichen Methode legte, stellte fest, dass das Zählen der Treffer bei gleichzeitigem Ignorieren der Fehlschläge die Wurzel allen Aberglaubens bildet. Dieser Effekt wird durch die Medien noch verstärkt. Das Alltägliche schafft es selten in die Zeitung. Medien berichten gerade deswegen von bestimmten Ereignissen, weil sie außergewöhnlich sind. Oktopus Paul ging durch sämtliche Gazetten, Petty, das Zwergnilpferd, nicht. Jeder kennt Warren Buffett – aber was ist mit meinem Vater?

Sowohl unser Gedächtnis als auch die Medien selektieren nach dem Grad der Außergewöhnlichkeit. Das sorgt schließlich dafür, dass uns Außergewöhnliches völlig normal erscheint – dass wir zwar den Affen sehen, der *Hamlet* geschrieben hat, die anderen Affen aber samt und sonders aus den Augen verlieren.

Man könnte es auch wie folgt formulieren: Die Stichprobe, die wir um uns herum sehen, ist nicht repräsentativ. Eine Stichprobe ist dann repräsentativ, wenn jedes Mitglied der Population die gleiche Chance hat, darin vorzukommen. Nur dann lassen sich aus einer Stichprobe Rückschlüsse auf die Gesamtpopulation ziehen. Besteht Ihre Stichprobe nur aus Außergewöhnlichem, ist sie nutzlos.

Ein paar Beispiele: Politiker sind perverse Sesselpupser, faule Pfaffen, Beamte mit gutem Sitzfleisch, Kollaborateure und Volksverräter. So in etwa lautet der Tenor, sieht man sich die Leserbriefe in der belgischen Tageszeitung *Het Laatste Nieuws* an. Diese spiegeln allerdings nicht repräsentativ die Meinung aller Flamen wider. Die Leser von *Het Laatste Nieuws* haben meist ein eher rechtskonservatives Weltbild. Jüngere Menschen, die erfahrungsgemäß gemäßigt links stehen, würden diese Zeitung nicht einmal mit der Kneifzange anpacken. Und selbst die Verfasser der Leserbriefe sind nicht repräsentativ für alle Leser dieser Zeitung, denn es zücken vor allem die Unzufriedenen den Stift. Ist man mit der Situation zufrieden, gibt es wenig Grund, einen Leserbrief zu schreiben. Leserbriefe sind somit keine repräsentative Stichprobe für die Meinung sämtlicher Flamen.

Die meisten Stichproben, die uns im Alltag begegnen, kämpfen mit dem gleichen Problem. Auch Twittermeldungen sind keine repräsentative Stichprobe. Twitterer sind vornehmlich gut ausgebildete Technologiecracks. Die Wahrscheinlichkeit, dass eine Supermarktkassiererin oder ein Klempner nach Feierabend Tweets versendet, ist eher gering. Ebenso wenig gut spiegeln Gefängnisinsassen die Kriminalitätslage in Belgien wider. Nur die Kriminellen, die erwischt wurden, enden hinter Gittern, nicht jedoch diejenigen, die clever genug waren zu entkommen. Gespräche mit anderen jungen Eltern liefern einem kein repräsentatives Bild von Vaterschaft. Jeder spricht gerne über die ersten Schritte und darüber, wie süß der kleine Schatz doch ist. Über die hysterischen Heulkrämpfe und das anhaltende Gequengel wird weniger geredet. Und auch der Klappentext eines Buches ist keine repräsentative Stichprobe. Die lobenden Kommentare, die dort abgedruckt sind, wurden zuvor im Verlag sorgfältig ausgewählt. War ein Rezensent der Meinung, das Buch tauge bestenfalls dafür, unter das Bein eines wackeligen Tisches geschoben zu werden, findet dieses Zitat wohl kaum den Weg in den Klappentext. Was wir um uns herum sehen, ist also selten ein repräsentatives Abbild der Wirklichkeit.

Der beste Weg zu einer repräsentativen Stichprobe führt über die Willkür. Man erstelle eine Liste mit allen belgischen Eltern (oder welche Population auch immer untersucht werden soll). Jetzt werfe man Dartpfeile auf die Liste, schreibe die Namen auf Kärtchen und ziehe sie aus einem Hut oder lasse eine willkürliche Anzahl von Namen von einem Computer auswählen. Auf diese Weise hat jedes Mitglied der Population die gleiche Chance, in der Stichprobe zu landen. Hat die Stichprobe eine ausreichende Größe, darf man den ersten Schritt wagen. Man darf davon ausgehen, dass die Eigenschaften der Stichprobe auch für die ganze Population gelten. Natürlich halten wir uns nur selten an diese Prozedur. Wir sehen uns kurz um, kramen ein bisschen in unserem Gedächtnis und stützen uns lediglich auf das, was wir dort vorfinden. Unser Idiot begibt sich nicht auf die Suche nach den notwendigen Daten. Er streckt sich nach der eigenen Decke.

Der Schubladen-Effekt

Auch die Wissenschaft kämpft mit einer ernsten Form der Nichtrepräsentativität – sie wird Schubladen-Effekt genannt, nach all den Schreibtischschubladen, in denen nichtsignifikante Studien verstauben.

Angenommen, Sie hätten gerade eine groß angelegte Studie zur Effektivität von Antidepressiva abgeschlossen, und Ihre Untersuchung hätte ergeben, dass das Mittel nicht wirkt. Man hätte den Testpersonen gegen ihre Depressionen ebenso gut ein Glas Leitungswasser verabreichen können. Wenn Ihre Studie von der Pharmaindustrie finanziert wurde, hat diese verständlicherweise wenig Lust, das Resultat zu veröffentlichen. Daher landet Ihre Studie in irgendeiner Schublade und wird nie mehr erwähnt. Müssten Sie die gleiche Untersuchung hundertmal wiederholen, würden Sie, selbst wenn die Antidepressiva ungefähr ähnlich wirksam wären wie ein Glas Leitungswasser, dennoch bei ungefähr fünf Studien ein statistisch signifikantes Ergebnis erzielen. Dies ist das Charakteristische an der Fisher-Methode: Jedes Mal, wenn Sie die Untersuchung durchführen, beträgt die Wahrscheinlichkeit, dass Sie die Nullhypothese (»das Mittel wirkt nicht«) zu Unrecht verwerfen, fünf Prozent. Stoßen Sie auf ein solches pseudo-signifikantes Resultat, werden die Auftraggeber vor Begeisterung schier aus dem Häuschen sein, und Ihre Resultate landen nicht in einer staubigen Schublade, sondern auf der Titelseite irgendeiner führenden medizinischen Fachzeitschrift.

Auch in diesem Fall wird es schwierig werden, die genaue Anzahl der Affen zu ermitteln. Und woher weiß man, dass man die Regel und nicht die Ausnahme betrachtet? Woher weiß man, wie viele Studien klammheimlich in irgendwelchen Schubladen versenkt wurden? Für die Arzneimittelforschung gibt es dafür glücklicherweise eine einfache Lösung. Untersuchen Sie ein Medikament, müssen Sie im Voraus festlegen, welche Studien Sie durchzuführen gedenken. Die Ergebnisse müssen Sie anschließend der FDA vorlegen, einer amerikanischen Oberinstanz, die darüber entscheidet, ob Sie Ihr Medikament auf den Markt bringen dürfen oder nicht. Sie sind dazu verpflichtet, die Ergebnisse sämtlicher angekündigten Untersuchungen einzureichen. Unterlassen Sie dies, können Sie die Freigabe für Ihr Medikament vergessen.

Vermutlich ist die Pharmaindustrie nicht sonderlich begeistert über diese Regel, die aber dazu führt, dass keine Ergebnisse unter den Teppich gekehrt werden können. Sie müssen nun mal alle Affen anführen und nicht nur diejenigen, die Ihnen zusagen. Daran angelehnt publizieren auch einige medizinische Fachzeitschriften ausschließlich Ergebnisse von Studien, die zuvor öffentlich registriert wurden. Trotzdem reicht diese Maßnahme scheinbar nicht aus. Eine Untersuchung aus dem Jahr 2008 betrachtete den Zusammenhang zwischen dem Ergebnis einer Studie und der Wahrscheinlichkeit, dass diese Studie tatsächlich auch publiziert wird. Untersucht wurden insgesamt 74 Studien zur Effektivität von Antidepressiva. In der FDA-Datenbank fanden sich gerade einmal 51 Prozent Studien, aus denen hervorging, dass Antidepressiva wirksam waren. Als man jedoch die medizinische Literatur durchforstete, stellte sich heraus, dass dort in 94 Prozent der publizierten Studien ein signifikantes Resultat gefunden wurde. Negative Studien haben also eine geringere Chance, veröffentlicht zu werden. Bei dem, was in medizinischen Fachzeitschriften erscheint, handelt es sich demnach um eine nicht-repräsentative Stichprobe. Allerdings ist dies dieselbe Stichprobe, auf die sich Ihr Arzt beruft, wenn er beschließt, Ihnen Antidepressiva zu verschreiben.

In anderen Wissenschaftssparten ist der Einfluss der Profitgier geringer, aber selbst dort spielt der Schubladen-Effekt eine Rolle. Es ist für einen Wissenschaftler durchaus angenehmer, wenn sich herausstellt, seine Hypothese war korrekt, als wenn er zu dem Schluss kommt, dass das Muster, das er zu entwirren beabsichtigte, einfach auf einem Zufall basierte. Passiert dies doch, wird er sein Forschungsgebiet als Sackgasse bezeichnen, und die Untersuchung landet mit großer Wahrscheinlichkeit in einer Schublade. Positive Ergebnisse haben nun einmal mehr Sex-Appeal als negative.

Lügen, verdammte Lügen und Statistik

Nichts ist so präsent, nichts nimmt in der Stichprobe unseres Gedächtnisses so viel Raum ein wie eine gute Geschichte. Und deshalb ist auch nichts so irreführend. Ein Beispiel: Am 10. Oktober 1990 sprach die damals 15-jährige Nayirah vor dem US-amerikanischen Kongress. Unter Tränen berichtete sie, dass sie mit eigenen Augen gesehen habe, wie irakische Soldaten in ein Krankenhaus in Kuwait einfielen, mehrere Babys aus Brutkästen warfen und sie auf dem Boden liegen ließen, bis sie starben. Einige Monate zuvor hatten irakische Truppen das Nachbarland Kuwait besetzt. Beinahe jedes Land der Welt hatte den Einmarsch verurteilt, dennoch waren sich die Staaten nicht sicher gewesen, ob sie zu militärischen Mitteln greifen sollten. Nayirahs Aussage brachte schließlich die Entscheidung. Sechs Kongressmitglieder bemerkten nach ihrer Rede, Nayirahs Schilderung sei für sie Grund genug, dem Irak den Krieg zu erklären. Wenig später sprach sich der US-Senat mit 52 versus 47 Stimmen für eine militärische Intervention aus. Die Brutkastengeschichte ging um die Welt, und es war unter anderem diese Geschichte, die bewirkte, dass eine breite öffentliche Mehrheit der militärischen Intervention zustimmte. Gerade mal ein Jahr später stellte sich heraus, dass die Geschichte größtenteils erfunden war. Sie war das Produkt einer PR-Agentur namens Hill & Knowlton, die von der Regierung in Kuwait für elf Millionen Dollar engagiert worden war. Wie sich überdies herausstellte, war Nayirah die Tochter des kuwaitischen Botschafters in den USA. Während des irakischen Einmarschs hatte sie sich überhaupt nicht in Kuwait befunden und daher unmöglich mit angesehen haben können, wie die Iraker Babys aus Brutkästen warfen. Ihre Aussage war reines Theater gewesen, das einzig dem Zweck hatte dienen sollen, den amerikanischen Kongress und die öffentliche Meinung von einem Militärschlag zu überzeugen.

Nachdem Kardinal Joseph Ratzinger 2005 zum Papst gewählt worden war, wurde er mit einer ganzen Reihe von Gerüchten über seine frühere Mitgliedschaft in der Hitlerjugend konfrontiert. Er hätte diese Gerüchte einfach in einer Presseerklärung dementieren können, stattdessen besuchte er Auschwitz, wo er vor laufenden Kameras für die Opfer des Naziregimes betete. Im Gegensatz zu einer trockenen Pressemitteilung war seine Reise nach Auschwitz eine Geschichte – von der obendrein auch noch schöne Bilder gemacht werden konnten.

Als Präsident Bush ein wenig zusätzliche Unterstützung für seinen Irakkrieg brauchte, flog er genau an Thanksgiving dorthin, gekleidet in Camouflageweste und mit einem gebratenen Truthahn als Geschenk für die Soldaten im Gepäck. Bereits eine Stunde später trat er wieder seine Heimreise an. Der Truthahn war, wie die *Washington Post* einige Tage später enthüllte, Fake gewesen – es hatte sich um eine Nachbildung aus Kunststoff gehandelt.

PR-Agenturen und *Reputation Managers* machen nichts anderes, als derlei Pseudo-Geschichten zu erfinden und zu inszenieren. Nichts ist geeigneter, um das Image aufzupolieren, als eine gute Story. Gefälschte Statistiken sind ein Problem, auf das wir später noch zurückkommen. Aber vielleicht sind erlogene Geschichten ein noch viel größeres Problem.

Geschichten waren während unseres evolutionären Werdegangs lange Zeit die einzige Möglichkeit, Informationen zu übermitteln. Menschen sind im Grunde Affen, die Geschichten erzählen. Geschichten berühren uns, wir können uns mit ihnen identifizieren. Wenn wir hören, wie ein Frühchen auf dem nackten Fußboden seinem Schicksal überlassen wird, berührt uns das mehr als die nüchterne Aufzählung von Toten. Nichts ist für unseren Idioten präsenter, nichts übt mehr Einfluss auf sein Denken aus als eine gute Geschichte. Wenn eine gute Geschichte gegen einen Berg von Zahlenmaterial antreten muss, wird die Geschichte obsiegen. *Nothing beats a good story.*

Bei einer wissenschaftlichen Stichprobe ist es wichtig, dass sie repräsentativ und ausreichend groß ist. Doch für die Stichprobe unseres Idioten gelten andere Regeln. Seine Stichprobe besteht, wie bereits erwähnt, vornehmlich aus Ausnahmen und aus Geschichten. Sie treffen uns genau dort, wo wir am empfindlichsten sind – in unseren Emotionen – und nehmen daher in der Stichprobe unseres Gedächtnisses über Gebühr Raum ein.

Ich bin Raucher. Eine schlechte Angewohnheit, ich weiß. Ich kenne die Statistiken. Ich weiß, dass Rauchen mein Risiko für Herz-Kreislauf-Erkrankungen verdoppelt und die Gefahr von Lungenkrebs fast verzehnfacht. Trotzdem ist es für mich enorm schwierig, mit dem Rauchen aufzuhören. Ich versuche es zwar immer wieder, aber nach ungefähr einem Jahr stecke ich mir doch wieder eine an: Ein einziges Zigarettchen wird doch nicht so schlimm sein ... Und einige Tage später bin ich wieder bei einer Packung am Tag. Angenommen, ein guter Freund von mir würde an Lungenkrebs sterben. In diesem Fall würde es mir deutlich leichter fallen, das Rauchen aufzugeben. Wie sehr es mein rationaler Denker auch versucht – mein Idiot lässt sich nicht von Statistiken und Zahlen überzeugen. Der Tod eines Freundes hingegen würde ihn sehr wohl berühren.

Unsere Vorliebe für gute Geschichten ist der Grund, warum wir zwar Mitleid hatten mit Knut, dem kleinen Eisbären, der von seiner Mutter verstoßen wurde, nicht jedoch mit den Tausenden Menschen, die ungefähr zur selben Zeit in Darfur ums Leben kamen. Die ganze Welt verfolgte die Geschichte der 33 chilenischen Minenarbeiter, die in einer eingestürzten Mine eingeschlossen waren. Um die schätzungsweise 50 000 Kinder, die in chilenischen Elendsvierteln aufwachsen, sorgt sich indes niemand. Bereits Stalin wusste es: »Der Tod eines Mannes ist eine Tragödie, aber der Tod von Millionen nur eine Statistik.«

Selbstverständlich wird unsere Vorliebe für Geschichten schamlos ausgenutzt von jedem, der Geld mit uns zu verdienen sucht. Depression, Stress, Schlaflosigkeit, träger Stuhlgang, ADHS, Übergewicht – für jedes erdenkliche Leiden gibt es ein Medikament oder Nahrungsergänzungsmittel, das die Leiden dahinschmelzen lässt wie Schnee in der Sonne: »Erhältlich in Ihrer Apotheke oder im gut sortierten Drogeriefachhandel.« Und was beweist uns, dass die Pillen tatsächlich wirken? Eine Geschichte. Als der niederländische Musikproduzent und Künstler Michiel Rasker auf Anraten eines Freundes begann, ein Nahrungsergänzungsmittel mit Gingko biloba einzunehmen, bekam er nicht nur ein besseres Gedächtnis, sondern obendrein als Bonus auch noch wärmere Hände. »Sehr angenehm, wenn ich im Studio am Klavier sitze«, so sein Kommentar. Oder: »Man kann fühlen, dass etwas im Körper vor sich geht«, behauptete eine gewisse Fagja Fraanje, nachdem sie ein neues Nahrungsergänzungsmittel entdeckt hatte, das sie endlich von ihrem Hüftspeck befreien sollte. »Ich bin straffer und schlanker geworden und fühle mich fitter denn je. Und es hilft innerhalb von ein paar Wochen. Super!«

In Europa gilt für die Pharmaindustrie ein Verbot direkter Kundenwerbung. Für Medikamente, die nur auf Rezept erhältlich sind, darf keine Reklame gemacht werden. In Amerika ist dies jedoch erlaubt. Und so werden den Konsumenten täglich kleine Geschichten präsentiert. Jemand leidet an Depressionen, Ermüdungserscheinungen, Hämorrhoiden. Welch Elend. Man nehme eine Tablette, und alles wird gut. Jeder lacht, und die Sonne fängt wieder an zu scheinen. Aber auch in Europa gibt es immer noch genügend Möglichkeiten, Lügengeschichten zu verbreiten. Im August 2010 beschloss die britische Regierung, kein Geld mehr für das Krebsmedikament Avastin auszugeben. Avastin ist ein teures Arzneimittel, das beinahe 25 000 Euro pro Behandlung kostet, aber nur eine eingeschränkte Wirkung zeigt. Es heilt den Krebs nicht, kann allerdings das Leben des Patienten verlängern. Nicht bei allen; bei manchen zeigt es tatsächlich einen negativen Effekt. Bei den Glücklicheren erhöht es allerdings die Lebenserwartung um einige Monate. Aus einer Studie mit 1400 Speiseröhrenkrebspatienten ging hervor, dass diejenigen, die mit Avastin behandelt wurden, im Durchschnitt sechs Wochen länger lebten. 25 000 Euro für durchschnittlich sechs Wochen – das wären ungefähr 600 Euro pro zusätzlichem Tag. Geld versus Leben, man kann es kaum gegeneinander abwägen. Trotzdem muss ein Staat irgendwo eine Grenze ziehen. Schließlich kann man mit diesen 25 000 Euro vielen anderen Patienten helfen. Trotzdem wurde die Entscheidung, kein Geld mehr für dieses Mittel auszugeben, mit

Entrüstung aufgenommen. Der Grund für diese Entrüstung hieß Barbara Moss. Barbara Moss nennt sich selbst den lebenden Beweis für die Wirkung von Avastin. 2006 wurde bei ihr Speiseröhrenkrebs festgestellt. Sie unterzog sich den üblichen Behandlungen, entschied sich aber überdies dafür, Avastin einzunehmen. Sie bezahlte das Medikament aus eigener Tasche. Die Ärzte gaben ihr höchstens noch ein paar Monate. Vier Jahre später lebte sie immer noch. *The Guardian, The Daily Mail, BBC* – alle berichteten über Barbara. Die hohen Kosten sowie die begrenzte Wirksamkeit wurden zwar erwähnt, aber es war Barbaras Geschichte, die beim großen Publikum hängen blieb. Ich kann nicht beweisen, dass Roche, der Produzent von Avastin, für die Dienste bezahlte, die Barbara Moss ihnen erwiesen hat, aber ich habe da so eine Vermutung.

Natürlich bilden die Geschichten von Michiel Rasker oder Barbara Moss eine viel zu kleine und nicht-repräsentative Stichprobe. Es handelt sich um Anekdoten, und laut einem statistischen Leitspruch seien Anekdoten nicht mit Daten zu verwechseln. Trotzdem sind Anekdoten oft sehr viel überzeugender als sämtliche statistisch validen Stichproben der Welt. Sie tauchen in jeder Diskussion auf. Ständig kommt jemand mit dem Hinweis, er kenne jemanden, der jemanden kennt, der ... jemanden kennt, der hundert Jahre alt geworden ist, obwohl er sein ganzes Leben lang täglich drei Päckchen Filterlose geraucht hat. Oder jemanden, der Oscillococcinum (ein homöopathisches Wässerchen, das irgendwann einmal mit Entenleber in Kontakt gekommen ist) eingenommen hat, und dessen Grippe ein paar Tage später weg war. Alles schön und gut, aber es beweist weder die

Unschädlichkeit des Rauchens noch den Nutzen von Oscillococcinum als Grippemedikament. Trotzdem glauben wir daran und finden solche Storys oftmals überzeugender als wissenschaftliche Daten über den Zusammenhang zwischen Rauchen und Lungenkrebs oder über die Wirksamkeit von Oscillococcinum.

Besonders seltsam ist, dass Geschichten uns selbst dann in die Irre führen können, wenn explizit erwähnt wird, dass sie nicht repräsentativ sind. In einer Studie der Psychologen Hamill, Wilson und Nisbett wurden Testpersonen in zwei Gruppen eingeteilt, und während der ersten Gruppe ein Video von einem Gefängniswärter gezeigt wurde, der offenkundig wenig Sympathie für seine Gefangenen hegte – seiner Ansicht nach waren sie Abschaum und konnten froh sein, wenn er sie am Leben ließ –, bekam die zweite Gruppe einen menschlicheren Gefängniswärter zu sehen. Er vertrat die Überzeugung, dass Gefangene Menschen seien so wie alle anderen auch – Menschen, die eine zweite Chance verdienten. Nachdem sie sich die Interviews angesehen hatten, mussten die Testpersonen einige Fragen beantworten. Die Testpersonen, die den unsympathischen Gefängniswärter gesehen hatten, äußerten fast ausnahmslos die Ansicht, dass die meisten Gefängniswärter unmenschliche Tyrannen seien. Die Testpersonen, die den menschlicheren Gefängniswärter erlebt hatten, waren der Überzeugung, dass die meisten Gefängniswärter für ihre Gefangenen nur das Beste wollten. Das Resultat war vorhersehbar gewesen und vollkommen im Einklang mit unserer Neigung, uns auf viel zu kleine Stichproben zu stützen. Am merkwürdigsten daran war jedoch, dass die Testpersonen auch dann ihr Ur-

teil nicht revidierten, als sie erfuhren, dass der Gefängniswärter, den sie gesehen hatten, eine Ausnahmeerscheinung
war.

Unser Idiot denkt in Geschichten, Bildern oder Assoziationen und nicht in Statistiken. Die Information, dass das
Bild, das er nun mal von Gefängniswärtern hat, nicht repräsentativ sei, kann er nicht verarbeiten.

Viel Heu, wenig Nadeln

Unsere Vorliebe für das Konkrete und weniger für das Abstrakte, unsere Vorliebe für das Präsente und das Negieren
all dessen, was außerhalb unseres Blickfelds liegt, ist verantwortlich für einen weiteren heimtückischen wissenschaftlichen Fallstrick, der *Base Rate Neglect* genannt wird.
Die Berechnung ist zwar sehr einfach, trotzdem ist sie völlig
kontraintuitiv, und unser Idiot stolpert jedes Mal aufs Neue
darüber. Ein Freund von mir ist Doktor der Mathematik;
er hat ein acht Jahre dauerndes Mathematikstudium hinter sich gebracht. Vielleicht lag es auch an meiner Erklärung, aber selbst er benötigte eine halbe Stunde, ehe er die
Zusammenhänge verstand. *Base Rate Neglect* kann, so wie
ich jüngst erleben musste, zu hysterischen Heulkrämpfen,
blinder Panik und einem schmerzlichen Mangel an Papier-
taschentüchern führen.

Vor ein paar Wochen hat mich eine Bekannte besucht.
Sie kam gerade vom Arzt, der mit ihr die Ergebnisse ihrer letzten Mammografie besprochen hatte. Sie hatte keine guten Nachrichten erhalten. Die Ärzte hatten »etwas«

gesehen, und sie hatte einen Termin für weitere Untersuchungen vereinbaren müssen. Laut ihrem Arzt erzielte eine Mammografie in 90 Prozent der Fälle ein richtiges Ergebnis. Sie war daher davon überzeugt, dass sie mit 90-prozentiger Wahrscheinlichkeit Brustkrebs hatte, war am Boden zerstört und heulte Rotz und Wasser. Ich versuchte, ihr klarzumachen, dass die Wahrscheinlichkeit, dass sie Brustkrebs hatte, nicht bei 90 Prozent liege, sondern bei etwa acht. Ich weiß nicht, ob Sie jemals versucht haben, eine weinende Frau mit einem Grundkurs in Wahrscheinlichkeitsrechnung zu trösten, aber ich kann Ihnen versichern: Das ist nicht ganz einfach. Ich packte es anfangs auch nicht besonders clever an. Ich begann – Männer können so ungeheuer pedantisch sein – mit einer ausführlichen Erklärung von »zugrunde liegenden Frequenzen« und »konditionaler Wahrscheinlichkeit«. Keine sehr tröstlichen Worte. Schließlich zeichnete ich auf die Rückseite eines Briefumschlags eine Skizze. Schon besser. Ich kann keine Menschen zeichnen, daher wurden es Kügelchen:

Angenommen, wir rekrutierten 1000 Frauen und testeten diese auf Brustkrebs. Im Westen hat durchschnittlich eine von 100 Frauen Brustkrebs. In unserem Beispiel sind es also zehn von 1000 Frauen. Geht man davon aus, dass die Mammografie in 90 Prozent der Fälle richtigliegt, hören neun dieser zehn Frauen von ihrem Arzt, dass sie Krebs haben. Eine davon hat tatsächlich Krebs, dieser wird jedoch von ihrem Arzt nicht entdeckt. Es gibt außerdem 990 Frauen ohne Brustkrebs. Auch bei diesen Frauen stimmt der Test in 90 Prozent der Fälle und führt in zehn Prozent der

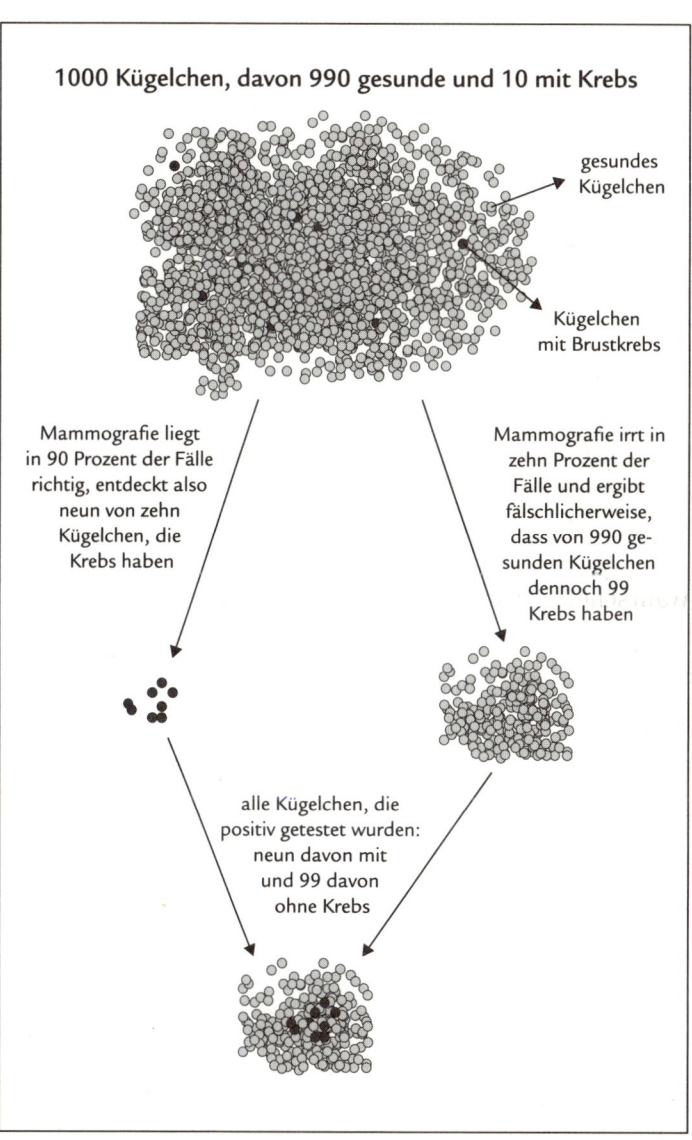

1000 Kügelchen, davon 990 gesunde und 10 mit Krebs

gesundes Kügelchen

Kügelchen mit Brustkrebs

Mammografie liegt in 90 Prozent der Fälle richtig, entdeckt also neun von zehn Kügelchen, die Krebs haben

Mammografie irrt in zehn Prozent der Fälle und ergibt fälschlicherweise, dass von 990 gesunden Kügelchen dennoch 99 Krebs haben

alle Kügelchen, die positiv getestet wurden: neun davon mit und 99 davon ohne Krebs

Fälle zu einem falschen Ergebnis. 99 dieser Frauen erhalten demnach ein positives Mammografieergebnis, obwohl sie gar nicht an Brustkrebs erkrankt sind. Wenn wir nun alle Frauen betrachten, die eine schlechte Nachricht übermittelt bekommen haben, dann sind dies insgesamt 108. Darunter sind allerdings nur neun, die tatsächlich Krebs haben. Bei den 99 anderen Frauen ist in Wirklichkeit alles bestens. Neun von 108 – das sind ungefähr acht Prozent.

Wenn ich meine Bekannte vor dem Test gefragt hätte, wie groß das Risiko sei, dass sie Brustkrebs hat, hätte sie sich wahrscheinlich gefragt, wie oft Brustkrebs in Flandern vorkommt. Sie hätte ihre Einschätzung noch weiter verbessern können, indem sie sich die Zahl der Menschen mit Brustkrebs in ihrer Altersklasse angesehen hätte oder Menschen, in deren Familien – wie bei ihr – nie Fälle von Brustkrebs vorgekommen sind. Wenn wir keine weiteren Informationen haben, ist die hier zugrunde liegende Wahrscheinlichkeit – die Anzahl der Fälle, die in der Gruppe vorkommen, zu der auch meine Bekannte gehört – die beste Einschätzung, die wir vornehmen können. Merkwürdig ist jedoch, dass wir diese zugrunde liegende Wahrscheinlichkeit völlig negieren, sobald wir spezifische Informationen erhalten. Das Testergebnis erscheint uns wichtiger, es geht um Sie, nicht um irgendeine abstrakte Durchschnittsperson. Es ist zudem präsenter, und so klammert sich unser innerer Idiot für seine Einschätzung nur an das Testergebnis und negiert alles andere. Die zugrunde liegende Wahrscheinlichkeit ist nur eine Statistik, das Testergebnis jedoch Teil Ihrer Geschichte. Trotzdem ist diese zugrunde liegende Wahrscheinlichkeit auch nach dem Test immer noch von Belang.

Stellen Sie sich zwei Personen vor, die jeweils von ihrem Arzt erfahren haben, dass ihr HIV-Test positiv ist. Der eine, nennen wir ihn Bart, ist homosexuell, denkt – um es mal derb auszudrücken – mit seinem Schwanz und vögelt alles, was nicht bei drei auf den Bäumen ist. Der andere, Frank, ist ein braver Familienvater, der noch nie einen Fehltritt begangen hat. Selbstredend hatte Bart, bevor sich die beiden entschieden, einen HIV-Test zu machen, ein viel größeres Risiko, infiziert zu sein, als Frank. Das gilt allerdings nach dem Test immer noch. Das Testergebnis löscht das vorhergehende Risiko einer Infektion nicht aus. Das Risiko, dass die Männer, nachdem sie positiv auf HIV getestet wurden, wirklich infiziert sind, wird von zwei Faktoren bestimmt: der Wahrscheinlichkeit, dass sie sich nie infiziert haben, sowie der Wahrscheinlichkeit, dass der Test korrekt ist. Die zweite Wahrscheinlichkeit ist für beide identisch, die erste indes nicht. Und darum besteht, auch nach dem positiven Test, bei Bart eine höhere Wahrscheinlichkeit für eine tatsächliche Infektion mit HIV.

(Bei meiner Bekannten ist übrigens alles gut ausgegangen. Speziellere Untersuchungen ergaben, dass es sich in der Tat um falschen Alarm gehandelt hatte.)

Base Rate Neglect ist für jeden verwirrend. Als man an der Harvard Medical School, einer der angesehensten medizinischen Fakultäten der Welt, Professoren ein vergleichbares Problem vorlegte, fand kaum einer die korrekte Lösung. Weniger als 20 Prozent der Professoren wussten die richtige Antwort zu geben. Ziemlich schockierend, wenn wir uns vor Augen führen, dass uns einer dieser Menschen vielleicht irgendwann mitteilt, dass wir seiner Untersuchung zufolge an Brustkrebs erkrankt oder mit HIV infiziert sind.

Fast alle Terroristen sind Moslems, aber sind dann auch alle Moslems Terroristen? Unsere armen kleinen Gehirne sind nicht dafür geschaffen, diese Art von Problemen zu lösen. Für unseren Idioten ist das Jacke wie Hose. Der subtile Unterschied zwischen der Wahrscheinlichkeit, dass man als Moslem Terrorist ist, und der Wahrscheinlichkeit, dass man als Terrorist Moslem ist, kümmert ihn nicht. Dennoch klafft zwischen diesen beiden Wahrscheinlichkeiten ein weiter Graben. Lassen Sie uns der Simplifizierung halber davon ausgehen, dass die meisten Terroristen (sagen wir 99 Prozent) tatsächlich Moslems sind. Die genaue Anzahl der Terroristen auf unserer Welt ist eher schwierig zu bestimmen; sie gehen damit schließlich nicht hausieren. Darüber hinaus ist der Begriff des Terroristen nicht klar definiert und außerdem abhängig von unseren jeweiligen politischen Vorlieben. Was für den einen Terroristen, sind für den anderen Freiheitskämpfer, und umgekehrt. Lassen Sie uns, um den Gedanken trotzdem durchzuspielen, der Einfachheit halber annehmen, dass 10 000 Terroristen unseren Erdball bedrohen. Ausgehend von der Tatsache, dass es weltweit ungefähr anderthalb Milliarden Moslems gibt, liegt das Risiko, dass einem auf der Straße einer begegnet, der in seiner Freizeit Flugzeuge kapert oder sich selbst in die Luft jagt, bei 0,00066 Prozent. Verwechselt man nun die Wahrscheinlichkeit, dass ein Terrorist Moslem ist (99 Prozent) mit der Wahrscheinlichkeit, dass ein Moslem Terrorist ist (0,00066 Prozent), liegt dazwischen ein Faktor von rund 150 000.

Wenn Sie aus einem positiven Brustkrebstest, der in 90 Prozent der Fälle richtigliegt, ableiten, dass Sie mit 90-prozentiger Wahrscheinlichkeit Brustkrebs haben, stolpern Sie in die gleiche Falle. Sie verwechseln die Wahrscheinlichkeit, mit der der Test positiv ist, wenn Sie Krebs haben, mit der Wahrscheinlichkeit, dass Sie Krebs haben, wenn der Test positiv ist. Die Wahrscheinlichkeit, dass der Test positiv ist, wenn Sie Krebs haben, liegt bei 90 Prozent. Aber das war es eigentlich gar nicht, was Sie wissen wollten. Sie interessieren sich für die Wahrscheinlichkeit, mit der Sie Krebs haben, sofern der Test positiv ist. Und diese Wahrscheinlichkeit fällt zum Glück deutlich geringer aus.

Wenn einem mitgeteilt wird, man hätte Krebs, obwohl man in Wirklichkeit gesund ist wie ein Fisch im Wasser, nennt man dies ein falsch positives Ergebnis, also einen Fehler 1. Art. Die Nullhypothese (»Sie haben keinen Krebs«) wurde zu Unrecht verworfen. Falsch positive Ergebnisse kommen umso öfter vor, je seltener das Gesuchte auftritt. Wenn wir in einem Heuhaufen nach Nadeln suchen, finden wir meist sehr viel Heu und wenig Nadeln – und vor allem sehr viel Heu, das wir auf den ersten Blick für Nadeln halten.

Wir streben mehr denn je nach einem Zusammenleben ohne Risiken. Und daher werden Stimmen laut, die fordern, dass jeder gescreent werden solle auf Prostata-, Brust- und Dickdarmkrebs und so ungefähr alle anderen denkbaren oder undenkbaren Erkrankungen obendrein. Je früher man damit anfängt, umso besser, scheint es. Seltsamerweise kann so ein Massenscreening auch gesundheitsschädlich sein. Im Moment plant der Belgische Fußballbund, sämtliche jungen Spieler auf angeborene Herzfehler untersuchen zu lassen. Wenn dadurch Leben gerettet werden könnten, wäre dies natürlich fantastisch. Was wir aber meist nicht begreifen, ist, dass das Vermeiden eines bestimmten Risikos wieder andere Risiken mit sich bringt. Wenn der Belgische Fußballbund seine Pläne umsetzt, werden aufgrund der Tatsache, dass angeborene Herzfehler nun mal äußerst selten sind, einige junge Spieler zu Unrecht mitgeteilt bekommen, dass ihr Herz zu schwach sei, um weiter Sport zu treiben. In der Folge werden diese ihre Freizeit auf dem Sofa liegend zubringen, mit einer Tüte Chips, einer Dose Cola sowie der Fernbedienung in Greifweite. Auch nicht gesund. Andere Massenscreenings haben denselben Effekt. Ganze Horden gesunder Menschen erfahren, dass sie anscheinend krank sind, und der Stress, den dies verursacht, ist ebenso wenig gesund wie all die überflüssigen Folgeuntersuchungen.

Es ist möglich, die Zahl der falsch positiven Ergebnisse zu minimieren, indem man den Test strenger anlegt. Man könnte beispielsweise in jedem unklaren Fall davon ausgehen, dass nichts dahintersteckt. Gute Idee. Die Zahl der falsch positiven Ergebnisse geht so in der Tat zurück. Doch leider bringt dies auch Nachteile mit sich: Denn je strikter man den Test gestaltet, umso größer wird die Anzahl der Menschen, die tatsächlich ein Problem haben, welches aber nicht erkannt wird. Brustkrebspatienten bekämen mitgeteilt, sie wären kerngesund, Jungs, deren Herz nicht in Ordnung ist, sie könnten nach Herzenslust Sport treiben. Verringert man die Anzahl der Fehler 1. Art, vergrößert man dadurch unglücklicherweise die Anzahl der Fehler 2. Art.

Beweise für *Base Rate Neglect* finden Sie fast täglich in Ihrer Zeitung. Sie kennen die Schlagzeilen: »Cannabiskonsum erhöht das Hodenkrebsrisiko um 70 Prozent«, »Rotes Fleisch erhöht das Darmkrebsrisiko um 30 Prozent«, »Der wöchentliche Konsum von Backfisch erhöht das Herzinfarktrisiko um 48 Prozent« – und somit gibt es immer jemanden, der es für nötig befinden wird, Ihnen mitzuteilen, wenn Sie gerade rotes Fleisch oder einen leckeren Backfisch verzehren, dass selbiges nicht gesund sei. Mein Tipp: Ignorieren Sie die Zeitungen oder zumindest, was diese über die Zusammenhänge von Ernährung und Gesundheit berichten. Meist handelt es sich um Humbug, der zu einer Geschichte aufgeblasen wurde. Eine Erklärung dafür könnte die Verwechslung von Korrelation und Kausalität sein – etwas, worauf wir später noch zurückkommen werden. Ein weiterer Grund ist, dass diese Zahlen nichts bedeuten, solange man die ihnen zugrunde liegende Wahrscheinlichkeit nicht kennt. Denn »70 Prozent mehr« kann viel sein, aber auch sehr wenig. Wenn 10 000 Euro auf Ihrem Bankkonto liegen, beträgt eine Zunahme um 70 Prozent 7000 Euro. Befand sich aber nur ein kümmerlicher Euro auf Ihrem Konto, bedeutet eine Zunahme um 70 Prozent gerade einmal 70 Cent. Geht es um Geld, finden wir das logisch, wenn es aber um Wahrscheinlichkeiten geht, bringt unsere Intuition uns wieder einmal völlig durcheinander. Angenommen, Hodenkrebs wäre eine äußerst seltene Erkrankung, die ungefähr zehn von einer Million Menschen trifft. »70 Prozent mehr« würde dann sieben zusätzliche Fälle pro einer Million Menschen bedeuten – halb so dramatisch. Wenn dagegen zehn Prozent der Bevölkerung von Hodenkrebs betroffen wären, dann brächten »70 Prozent mehr« sehr wohl mit sich, dass man sich darüber Sorgen machen sollte. Das wären dann nämlich gleich 70 000 zusätzliche Krebspatienten auf eine Million Menschen.

Falls Sie jemals in grauer Vorzeit einen Joint geraucht haben, kann ich Sie beruhigen: Hodenkrebs ist wirklich selten. Nur ungefähr 0,3 Prozent der Bevölkerung kommen damit je in Berührung. Und von diesen 0,3 Prozent sterben im Schnitt nur vier Prozent daran. 70 Prozent mehr wäre in diesem Fall also nicht besonders viel. Ich bin Raucher und werde von meiner lieben Umgebung regelmäßig an das Risiko erinnert, dass ich später eines langsamen, schmerzhaften Todes versterben könnte. Lungenkrebs. In der Tat verzehnfacht Rauchen das Risiko von Lungenkrebs. Es verdoppelt allerdings auch das Risiko von Herz-Kreislauf-Erkrankungen, und daher ist die Wahrscheinlichkeit, dass ich an einem Herzinfarkt sterbe, größer. Denn das ist sogar bei Nichtrauchern die häufigere Todesursache. Wie merkwürdig es auch klingen mag, manchmal ist eine Verzehnfachung weniger als eine Verdoppelung.

Unter den ungefähr dreißig »vergrößert das Risiko um x Prozent«-Artikeln, die ich zu Recherchezwecken gelesen habe, gab es gerade mal einen, der die zugrunde liegende Häufigkeit der Krankheit angab. Anscheinend gibt es nicht viele Journalisten, die begreifen, dass sie ihren Artikel ohne diese Information ebenso gut gar nicht erst hätten schreiben müssen. Zu ihrem Glück verstehen das auch ihre Leser nicht.

4. Geschichten, Geschichten, Geschichten

In diesem Kapitel stellen wir fest, dass unser Idiot süchtig ist nach Geschichten. Er schafft es, sich jederzeit eine Erklärung auszudenken, weshalb die Zukunft sehr viel vorhersehbarer wirkt, als sie es in Wirklichkeit ist, und weshalb dumme Entscheidungen manchmal sehr klug zu sein scheinen. Wir decken das Muster auf, das hinter dieser Sucht steckt: das Aufblasen einer Aneinanderreihung oder eines plausiblen Mechanismus zu einem vermeintlich validen kausalen Zusammenhang. Schließlich steigen wir tiefer ein in die Impfangst – eine Angst, in der beinahe alle Denkfehler unseres Idioten zusammenkommen.

Aufrichtig gelogen

Die Schädeldecke wird angehoben, das Gehirn auseinandergeschnitten. Dies ist keine Szene aus einem Horrorfilm, sondern eine mögliche Maßnahme gegen Epilepsie. Unser Gehirn besteht aus zwei Teilen: der linken und der rechten Hemisphäre. Durchtrennt man nun die Nerven, die die beiden Hemisphären miteinander verbinden, kann sich der epileptische Anfall nicht auf das ganze Gehirn ausbreiten. Die epileptischen Anfälle dieser *Split-Brain*-Patienten hören so zwar nicht komplett auf, aber sie werden seltener, und ihre Intensität nimmt ab. Der Eingriff hat auch noch einen weiteren Vorteil: Die Patienten sind danach ideale Versuchskaninchen. Mit ein paar kleinen Kniffen werden Sie also zum ultimativen Schizophrenen – zwei Personen in einem Körper. Das sieht dann folgendermaßen aus: Die Objekte, die Sie mit Ihrem linken Auge sehen, werden von der rechten Hemisphäre verarbeitet, und umgekehrt. Zeigen Sie dem linken Auge nun ein Foto, beispielsweise von einem Kaninchen, und fragen den Patienten, was er gesehen hat, wird er darauf keine Antwort geben können. Unser Sprachzentrum ist in der linken Hemisphäre angesiedelt und weiß nichts von dem Kaninchenfoto. Zeigen Sie nun dem linken Auge ein Foto von einem nackten Mann, wird der Patient, sofern es sich um ein junges Mädchen handelt, zu kichern beginnen. Wenn Sie das Mädchen jedoch fragen, warum es kichert, wird es mitnichten das Foto des nackten Kerls nennen. Die linke Hemisphäre, in der unser Sprachzentrum liegt, weiß nämlich nicht, dass die Patientin ihn gesehen hat. Sie erfindet einfach einen Grund, der ihr Verhalten erklärt: »Ich fand die Frage lustig«, oder: »Ich musste gerade an etwas anderes denken.« Es handelt sich dabei keineswegs um eine Lüge. Sie glaubt ihrer eigenen Erklärung. Sie beobachtet ihr Verhalten und versucht schlichtweg, die bestmögliche Begründung dafür zu finden. Sie lügt in aufrichtiger Weise. Im Fachjargon heißt dies »Konfabulation«. Zeigen Sie dem linken Auge von *Split-Brain*-Patienten den Befehl »Geh!«, fangen sie an zu laufen. Wenn sie aber gefragt werden, warum sie es getan haben, antworten sie: »Ich hatte Durst und wollte mir etwas zu trinken holen.« Beim Befehl »Kratz dich an deiner Schulter« entgegnen sie: »Mich hat es gejuckt.« Die Erklärungen sind vollkommen aus der Luft gegriffen, doch die Patienten glauben die Geschichte, die sie sich selbst zurechtlegen.

Ein komplizierterer Test: Forscher zeigten dem rechten Auge eines *Split-Brain*-Patienten ein Foto von einer Hühnerkeule, während sie sein linkes Auge ein Bild von einer Schneelandschaft sehen ließen. Danach baten sie den Patienten, aus einer Reihe von Fotos auszuwählen, welches Bild am besten zu dem passte, was er zuvor gesehen hatte. Seine rechte Hand (die von der linken Hemisphäre kontrolliert wird) wählte ein Foto von einem Huhn, seine linke Hand das Bild einer Schneeschaufel. Danach baten sie ihn zu erläutern, warum er diese Bilder ausgesucht habe. Die linke Hemisphäre hatte sofort eine Erklärung parat: »Ich brauche die Schneeschaufel, um den Hühnerkot wegzuräumen.«

Nicht nur *Split-Brain*-Patienten konfabulieren. Wir alle tun es, und zwar täglich. Unser Idiot ist immer auf der Suche nach einer Erklärung für das, was er wahrnimmt. Wir glauben gerne, dass wir genau wissen, warum wir irgendetwas tun. Dass all unsere Handlungen die Folge von bewussten Entscheidungen sind. Doch das ist nicht der Fall. Unser Verhalten und unsere Emotionen werden in viel höherem Maße, als wir glauben, von Umgebungsfaktoren beeinflusst, die uns nicht bewusst sind. Ebenso wie *Split-Brain*-Patienten kennen wir oft nicht den genauen Grund für unser Handeln. Aber nachdem er die Fakten wahrgenommen hat, denkt sich unser Idiot eine Geschichte aus, die unser

Verhalten erklären könnte. Viele Menschen weigern sich, das zu akzeptieren. Sie sind zwar bereit zu glauben, dass es anderen so ergeht, aber nicht, dass es sie selbst betrifft. Sie stehen schließlich über den Dingen. Aber das ist nicht wahr, und es gibt stapelweise Studien, die das beweisen.

Ein Beispiel: Capilano Canyon, Vancouver, Kanada. Die Hängebrücke, die diesen Canyon überspannt, ist 140 Meter lang, gerade mal einen Meter breit und baumelt 70 Meter über dem Grund der Kluft. Am Ende der Brücke steht eine hübsche junge Frau. Sie fragt sämtliche männlichen Fußgänger, die gerade die Brücke überquert haben, ob sie bereit seien, ihr bei einer Studie zu helfen. Das Einzige, was sie tun müssen, sei, ein paar einfache Fragen zu beantworten. Die meisten Männer wollen sie gerne unterstützen. Am Ende des Gesprächs gibt die Forscherin den Männern ihre Telefonnummer mit dem Hinweis, dass sie jederzeit anrufen dürfen, falls sie noch irgendetwas Studienrelevantes mit ihr besprechen wollen.

Ein paar Kilometer weiter gibt es noch eine Brücke über den Canyon. Diese Brücke ist ein ganzes Stück breiter, weniger hoch und deutlich kürzer. Es handelt sich auch nicht um eine Hängebrücke, sie ist somit ein ganzes Stück stabiler. Eine Woche, nachdem sie die Erhebung bei der Hängebrücke durchgeführt hat, befragt dieselbe Psychologin Männer, die über die zweite Brücke gehen. Auch diesen Männern gibt sie am Ende des Gesprächs ihre Telefonnummer.

Die ausgefüllten Fragebögen – sie enthielten Fragen über den Einfluss von Landschaften auf den künstlerischen Ausdruck – wanderten nach der Untersuchung in den Papiermüll. Die Studie hatte nicht zum Ziel, den Effekt von Landschaften auf den kreativen Ausdruck zu untersuchen, sondern den Effekt von Umgebungsfaktoren auf unser Verhalten und unsere Emotionen. Die Antworten auf den Fragebögen waren für die Forscher nicht von Belang. Was sie viel mehr interessierte, war, wie viele Anrufe die Psychologin bekommen würde. Sie gingen davon aus, dass die Männer, die über die schwankende Hängebrücke gelaufen waren, häufiger anrufen würden als diejenigen, die die sichere Brücke überquert hatten.

Aber warum? Stellen Sie sich vor, Sie wären gerade über eine hohe, schmale und wackelige Brücke gegangen. Sie hätten sich ein wenig gefürchtet, Ihr Herzschlag wäre noch immer beschleunigt, und es flösse eine große Menge Adrenalin durch Ihren Körper – Empfindungen, die verdächtig jenen ähneln, die man hat, wenn plötzlich eine bildschöne Frau vor einem steht und einen kokett ansieht. Der Idiot sucht nach einer Erklärung für diese Gefühle, und die ist schnell bei der Hand: die Psychologin. Die Aufgeregtheit, deren eigentliche Ursache das Überqueren der Brücke war, wird als Interesse für die Frau interpretiert.

Das Ergebnis der Studie bestätigte diese Annahme: Zwölf Prozent der Männer, die befragt wurden, nachdem sie über die solide, sichere Brücke gegangen waren, riefen bei der Psychologin an, während von den Männern, die über die wackelige Brücke gelaufen waren, ganze 50 Prozent zum Hörer griffen, also mehr als viermal so viele.

»Ist es Liebe, oder habe ich einfach nur Höhenangst?« Das ist eine scheinbar leicht zu beantwortende Frage, aber die tatsächliche Antwort ist komplexer, als wir glauben. Natürlich waren die Männer davon überzeugt, dass es die spontane Ausstrahlung, das bezaubernde Lächeln oder die sinnlichen Rundungen der Psychologin gewesen waren, die sie umgehauen hatten. Nach dem Grund für ihren Anruf gefragt, gab es nicht einen Mann, der antwortete: »Weil ich, kurz bevor ich Sie traf, eine wackelige Brücke überquert habe.« Genau wie die *Split-Brain*-Patienten glauben sie nur mehr die Geschichte, die sie sich selbst einreden, auch wenn sie nur teilweise stimmt.

In einem anderen Experiment wurde durch Hypnose erreicht, dass Testpersonen beim Lesen eines völlig alltäglichen Wortes, wie beispielsweise »nehmen« oder »regelmäßig«, anfingen, sich zu ekeln. Nachdem sie aus der Hypnose erwacht waren, wurde ihnen ein Text über einen Mann namens Dan vorgelegt, der darin als sympathischer und toleranter Kerl dargestellt war. Sobald im Text ein ekelerregendes Wort auftauchte, entwickelten die Testpersonen eine fürchterliche Abscheu vor ihm. Und natürlich hatten sie keinerlei Probleme damit zu begründen, warum er ihrer Meinung nach ein Dreckskerl war: »Er ist ein aufmerksamkeitsgeiler Snob«, oder: »Ich spüre einfach, dass der Typ irgendwas im Schilde führt.«

Untersuchungen haben ergeben, dass wir raffgieriger werden, nachdem wir über Geld gesprochen haben. In einem Raum, in dem es nach Windeln stinkt (um es klarzustellen: Die Forscher hatten keine inkontinente Person eingestellt, sondern einfach Ammoniumsulfide versprüht), nehmen wir eine konservativere moralische Haltung ein. Und das Lesen der Zehn Gebote bewirkt, auch wenn wir nicht gläubig sind, dass wir uns aufrichtiger verhalten.

Unser Verhalten wird verursacht durch eine komplexe Mischung aus bewussten Entscheidungen und unbewussten Impulsen. So kommt es uns jedoch nicht vor. Es scheint uns, als wüssten wir genau, warum wir etwas tun. Wir erzählen uns selbst eine einfache Geschichte: eine Geschichte, in der es für all unsere Handlungen einen plausiblen Grund gibt, und in der wir die volle Kontrolle haben über alles, was wir tun oder bleiben lassen. Diese Geschichte ist keine richtige Lüge. Die Gründe, die wir darin anführen, um unser Verhalten zu erklären, spielen tatsächlich oftmals eine Rolle, allerdings ist sie in Wahrheit eine Vereinfachung – eine Vereinfachung, in der Faktoren wie der Adrenalinpegel in unserem Körper oder der Geruch eines Zimmers, in dem wir uns aufhalten, nicht die geringste Rolle spielen. Geschichten sind nicht nur eine der einfachsten Methoden, um unseren Idioten in die Irre zu führen, wir denken sie uns auch mitunter aus, um das, was wir um uns herum sehen, erklären zu können.

Ich nenne jetzt keine Namen, aber es gibt auf dieser Welt durchaus ein paar Menschen, die ich wirklich verabscheue. Ganz oben auf dieser Liste steht einer meiner Exchefs. Ich kann die Antipathie vor mir selbst wunderbar rechtfertigen. Der Kerl ist ein Charakterschwein und hat regelrecht psychopathische Züge. Ich könnte unzählige Beispiele dafür aufzählen, wie unfair er mich behandelt hat. Der Kern dieser Erklärung ist richtig, aber wenn ich ehrlich bin, muss ich zugeben, dass dies nicht die ganze Wahrheit ist. Vielleicht sind die Gründe, die ich anführe, einfach nur nachträgliche Rationalisierungen, also Erklärungen, die ich mir ausdenke, um mir und anderen meine intuitive Reaktion erklären zu können. Es gibt aber noch einen weiteren Faktor, der eine Rolle spielen könnte. Mein Exchef und ich hatten eine Reihe von Zusammenstößen, aus denen er aufgrund der Tatsache, dass er nun einmal mein Chef war, als erklärter Sieger hervorging. Auch dies ist ein Muster in den Geschichten, die wir uns selber auftischen: Sie schmeicheln unserem Ego. Wir sind die Guten. In unserer eigenen Geschichte sind wir die Helden. Wenn Sie ein Examen abgelegt haben, und alles lief gut, ist dies natürlich Ihr Verdienst. Ihr Erfolg ist, davon sind Sie überzeugt, das Ergebnis Ihrer Intelligenz und Ihres Arbeitseifers. Haben Sie dagegen weniger gut abgeschnitten, so hat das Scheitern selbstredend nichts zu tun mit Ihren Fähigkeiten. Der Professor hatte Sie auf dem Kieker, oder Sie hatten einfach schreckliches Pech mit den Fragen. Machen wir selbst einmal etwas Dummes, dann konnten wir einfach nicht anders, es war nicht unsere Schuld. Wenn aber jemand anders, zum Beispiel mein Exchef, etwas Dummes macht, ist er ein Dreckskerl.

Experten in der erzählenden Geschichte

11. März 2012. Jede flämische Zeitung berichtete darüber: Die separatistische Neu-Flämische Allianz (N-VA) hatte in Meinungsumfragen beeindruckende 38,4 Prozent erzielt. Ihr Anführer Bart De Wever ist einer der populärsten Politiker Flanderns, und den Medien zufolge war der flämische

Wähler von der wenig inspirierenden Regierung Di Rupo enttäuscht. Die Regierungsparteien hatten bei der Regierungsbildung schmerzhafte Kompromisse eingehen müssen und schienen keine klare Vision mehr zu haben. Der flämische Wähler aber bevorzugt Geradlinigkeit – wie beispielsweise den kompromisslosen Stil der N-VA. Natürlich spielen auch Bart De Wevers zackige Parolen und sein Humor eine Rolle.

Kaum eine Woche später die nächste Umfrage: Jetzt schaffte die N-VA gerade noch 33,5 Prozent, und Bart De Wever wurde in der Beliebtheit vom flämischen Ministerpräsidenten Kris Peeters überholt. Die Zeitungen vermeldeten, dass der flämische Wähler der Regierung noch mal eine Chance geben wollte. Die N-VA wurde vom Wähler abgestraft, weil die Partei keine Verantwortung zu übernehmen suchte und sich in Zurückhaltung übte. Die gesunkene Popularität Bart De Wevers wurde mit Verweisen auf sein polarisierendes Verhalten erklärt. Ein Kommentator ging noch weiter: »De Wever hat das Image des sympathischen Dickerchens eingebüßt, das so wichtig war für seine Popularität. Bis vor Kurzem noch konnten sich viele Flamen mit dem N-VA-Frontmann identifizieren. Er ist volksnah, bescheiden, ein Mann von der Straße. Er ging jede Woche in die Pommesbude, was man ihm auch ansah. Doch seine strenge Diät erlaubt ihm das nicht mehr.«

Ein etwas extremeres Beispiel: An dem Tag, als Saddam Hussein gefangen genommen wurde, stieg der Wert der US-amerikanischen Staatsanleihen. Anscheinend machten die Investoren sich auf die Suche nach sicheren Geldanlagen, und so titelte das Pressebüro Bloomberg: »Amerikanische

Staatsanleihen steigen – Gefangennahme Husseins vermag Terrorismus nicht zu stoppen.« Gerade mal eine halbe Stunde später fielen die Staatsanleihen im Wert, und Bloomberg passte seine Titelzeile an: »Amerikanische Staatsanleihen sinken – Gefangennahme Husseins macht riskante Investitionen wieder attraktiv.«

Auf den ersten Blick scheinen die beiden Titelzeilen zu erklären, was an jenem Tag mit dem Kurs der Staatsanleihen passierte. Bei genauerer Betrachtung merkt man jedoch, dass Erklärungen dieser Art nicht allzu viel nützen. Theorien, die alles zu erklären vermögen, sogar widersprüchliche Tatsachen, erklären rein gar nichts. Sie ähneln der Erklärung, die irgendein Radrennfahrer in einem Interview mal gab: »Ich habe gewonnen, weil ich so schnell gefahren bin.« Formal wirkt es wie eine Erklärung, aber klüger wird man dadurch nicht.

Ebenso wie wir uns immerzu Erklärungen für unser eigenes Verhalten ausdenken, erfinden wir auch Erklärungen für so ziemlich alles, was uns unterkommt. Geschichten sind für unseren Idioten wie Heroin für den Junkie: Er ist fortwährend auf der Suche danach. Geschichten erklären, warum die Dinge so sind, wie sie sind. Sie decken auf, was hinter allem steckt, das uns umgibt. Sehen Sie sich um: Sie sind umgeben von einem Meer von Daten. Die einzige Möglichkeit, das alles in den Griff zu bekommen, etwas Ordnung in dieses Chaos zu bringen, ist, nach der Ursache, also nach Geschichten zu suchen. Sie machen die Welt verständlich und vorhersehbar. Das Problem ist, dass Menschen ein außerordentliches Talent dafür besitzen, nachträglich Geschichten zu erfinden. Wir sind Experten der erzählenden Geschichte. Anhand von Ereignissen lassen wir uns jederzeit problemlos eine plausible Erklärung einfallen. Der Schriftsteller Nassim Taleb nennt dies die *»Narrative Fallacy«*, zu Deutsch: narrative Verzerrung, narrativer Denkfehler. Es handelt sich um einen Denkfehler, weil wir seinetwegen meinen, wir wüssten mehr, als wir in Wirklichkeit wissen. Ebenso wie wir glauben, uns selbst zu verstehen, weil wir uns im Nachhinein immer einen plausiblen Grund für unser Verhalten zurechtlegen, glauben wir, die Welt zu verstehen, weil uns *a posteriori* natürlich eine plausible Geschichte einfällt, die erklärt, warum irgendetwas so und nicht anders geschehen ist. Unserem Idioten reicht eine solche Geschichte völlig aus. Sein Hunger ist gestillt, seine Welt ist wieder schlüssig und kohärent. Aber es ist nicht so, dass wir die Welt tatsächlich begreifen, nur weil wir das glauben.

Die meisten Ökonomen lehnten sich Ende 2007 gelangweilt zurück. Die Wirtschaft florierte, und es sah ganz so aus, als würde dies auch noch eine ganze Weile so bleiben. Nicht einmal ein Jahr später wurde unser gesamtes Wirtschaftssystem in den Grundfesten erschüttert, und wir erlebten die schwerste Finanzkrise seit den Dreißigerjahren. Kein einziger Ökonom hatte es kommen sehen. Trotzdem gab es – selbstredend *nach* dem Zusammenbruch – eine ganze Reihe Finanzexperten, die auf einmal behaupteten, es schon lange vorhergesehen zu haben. Und selbstverständlich hatten sie auch eine Erklärung parat: die amerikanische Immobilienblase, die toxischen Derivate, die mangelhafte Regulierung der Banken und so weiter und so fort. Aufrichtige Ökonomen fragten sich, wie in aller Welt es möglich gewesen sei, dass sie das alles *nicht* hatten kommen sehen. Vielleicht ist die Antwort sehr viel einfacher, als sie glauben. Vielleicht war die Krise einfach nicht annähernd so vorhersehbar, wie es im Nachhinein scheinen mag.

Der ultimative Test für eine Erklärung ist das Maß, in dem sie die Zukunft im Voraus vorhersehbar macht. Wenn wir wissen, dass Rauchen Lungenkrebs verursacht, heißt dies, dass wir in der Lage sind vorherzusagen, dass ein Raucher mit größerer Wahrscheinlichkeit an Lungenkrebs sterben wird als jemand, der sein Leben lang keine Zigarette angefasst hat. Es ist gut möglich, dass die mangelhafte Gesetzeslage eine der Ursachen für die Finanzkrise war. Aber die Tatsache, dass wir uns im Nachhinein eine plausible Erklärung ausdenken konnten, der zufolge die mangelhafte Gesetzeslage zur Finanzkrise führte, ist an sich kein Beweis. Wenn die Erklärung nämlich so plausibel ist, warum konnte dann kein einziger Ökonom die Krise vorhersehen?

Im Nachhinein kann man mit ein wenig Kreativität alles erklären. Angenommen, wir hätten 2007 keine Wirtschaftskrise erlebt, sondern eine Periode noch nie dagewesenen ökonomischen Wachstums. Ich zweifle nicht daran, dass in diesem Fall eine Anzahl rechtskonservativer Ökonomen eine überzeugende Geschichte ersonnen hätten – eine Geschichte, mit der sie bewiesen hätten, dass die Wirtschaft nur deshalb so brummte, weil sie nicht von allerhand Gesetzen eingeschränkt wurde. Diese Illusion von Vorhersehbarkeit beeinflusst auch die Art und Weise, wie wir Entscheidungen evaluieren. Warren Buffett beschloss im Jahr 1987, eine große Zahl Coca-Cola-Aktien zu kaufen, was den

Grundstein für seinen enormen Erfolg darstellen sollte. Was bis heute als genialer Schachzug Buffetts gilt, hätte aber ebenso gut anders enden können. Der Coca-Cola-Kurs hätte ein paar Monate nach Warrens Entscheidung genauso gut fallen können, und dann hätten ihn alle ausgelacht: »Wie konnte er nur so dumm sein, Coca Cola zu kaufen? Er hätte doch wissen müssen, dass Pepsi das Wettrennen gewinnen würde!« Oder – was noch wahrscheinlicher ist – wir hätten nie von Warren Buffett gehört.

Im Nachhinein sehen wir nur mehr das Wirklichkeit gewordene Szenario. Wir negieren alles, was hätte passieren können, aber nicht passiert ist. Sobald wir wissen, wie etwas abgelaufen ist, gelingt es uns nicht mehr, die Vergangenheit unabhängig von unserem Wissen zu betrachten. Doch ob nun eine Entscheidung gut war oder schlecht, darf man nicht nachträglich entscheiden, wenn man bereits weiß, wie die Geschichte verlaufen ist, sondern man muss sie anhand der Informationen beurteilen, die zum Zeitpunkt der Entscheidung zur Verfügung standen. Denn trotz einer unklugen Entscheidung kann sich, wenn man Glück hat, noch alles zum Guten wenden, ebenso wie trotz einer sehr intelligenten Entscheidung alles gründlich danebengehen kann, wenn man fürchterliches Pech hat.

Das Leben ist nicht gerecht. Ein Politiker, General oder Firmenchef geht ein enormes Risiko ein und hat Glück. Es läuft gut für ihn, und er wird für seine Weitsicht und seinen Ruhm gepriesen. Alle anderen, die ein ähnliches Risiko eingehen, damit aber scheitern, werden mit Kritik überschüttet: »Was hat sie nur geritten, ein solches Risiko auf sich zu nehmen?«

Das gleiche Phänomen ließ sich nach dem 11. September beobachten. Damals wurde in jeder Zeitung und in jeder Zeitschrift die Frage gestellt, wie so etwas hatte geschehen können. Wie konnte es sein, dass es niemand vorhergesehen hatte? Schnell kamen belastende Details ans Licht. So hatte der Präsident während eines täglichen Briefings erfahren, dass das FBI verdächtige Aktivitäten registriert habe. Diese schienen darauf hinzuweisen, dass Vorbereitungen für eine Flugzeugentführung getroffen würden. Der ägyptische Geheimdienst hatte die CIA bereits im Juli davon in Kenntnis gesetzt, dass sich auf US-amerikanischem Boden Al-Qaida-Anhänger befanden, die dort möglicherweise an Pilotenausbildungen teilnahmen. Es lag auf der Hand: Die Geheimdienste hatten Mist gebaut. Sie hatten sämtliche Hinweise negiert und dadurch den Tod Tausender Menschen zugelassen.

Die CIA und das FBI erhalten täglich Hunderte, wenn nicht Tausende Warnungen. Das Spektrum reicht von möglichen Terroranschlägen über die Mafia und versuchte Ankäufe von nuklearem Material bis hin zu – wer weiß – einer Invasion durch Marsmännchen. Es ist nicht immer leicht, die Wichtigkeit solcher Warnungen einzuschätzen. Gut möglich, dass der CIA-Mitarbeiter, der davon erfuhr, dass Araber in den USA Flugstunden nahmen, keine Ahnung hatte, was er mit dieser Information anfangen sollte. Heute, da wir wissen, was passiert ist, besteht kein Zweifel, was er hätte tun müssen, aber in jenem Moment, als die CIA die Warnung erhielt, konnte niemand ahnen, dass die Information Tausende Menschenleben zu retten vermochte. Manche Menschen sind sogar so fest davon überzeugt, dass die

CIA und das FBI die Ereignisse hätten vorhersehen müssen, dass sie noch einen Schritt weiter gehen. Weil sie es für unmöglich halten, dass die Zuständigen die Ereignisse nicht kommen sahen, gibt es nur eine Erklärung: Sie handelten ganz bewusst so. Die amerikanische Regierung habe also vor den Anschlägen Bescheid gewusst, aber ganz bewusst nichts unternommen, um sie zu verhindern.

Vielleicht kann Sie diese Erkenntnis trösten, wenn Sie, so wie jeder Mensch, ab und zu eine unkluge Entscheidung treffen. Sie müssen begreifen, dass diese Entscheidung in dem Moment, da Sie sie getroffen haben, womöglich überhaupt nicht idiotisch erschien, sondern sich erst dann als unklug entpuppte, als Ihnen die Folgen bekannt waren. Folgen, die in dem Moment, als Sie die Entscheidung gefällt haben, unmöglich vorherzusehen waren.

Post hoc ergo propter hoc

»Der König starb, und dann starb die Königin.«

»Der König starb, und dann starb die Königin aus Kummer.«

Der Schriftsteller E. M. Forster verwendete dieses Beispiel, um den Unterschied zwischen einer bloßen Aufzählung von Fakten und einer Geschichte zu verdeutlichen. Der zweite Satz beinhaltet, im Gegensatz zum ersten, eine innere Logik. Es wird eine Ursache benannt, wir lernen, wie das eine zum anderen führt.

Es ist, wie wir noch sehen werden, verflixt schwierig herauszufinden, ob A eventuell die Ursache von B ist. Jedoch nicht für unseren Idioten. Der kann sich immer eine Geschichte zurechtlegen, wobei ihm ein Körnchen Wahrheit genügt, um felsenfest von einer kausalen Verbindung auszugehen. Dabei handelt es sich um denselben Denkfehler, der beispielsweise auch Tauben zu schaffen macht.

Der amerikanische Psychologe Frederic Skinner, der in den Dreißigerjahren den Behaviorismus mitbegründete, brachte, wann immer er irgendwo einen Vortrag halten musste, gerne einen Käfig mit Tauben mit. Vor dem Vortrag stellte er den Käfig aufs Podium und bedeckte ihn dann mit einem Tuch. Hinterher nahm er das Tuch wieder ab und zeigte dem Publikum stolz das Ergebnis seines Experiments: abergläubische Tauben. Eine der Tauben pickte unaufhörlich in der linken Ecke des Käfigs, eine andere nickte rhythmisch mit dem Kopf, eine Dritte drehte sich ständig im Kreis. Alle Tiere verfolgten mit ihrem Verhalten das gleiche Ziel: Sie glaubten, dadurch an Futter zu gelangen.

Es funktioniert folgendermaßen: Im Käfig war eine kleine Klappe, aus der alle paar Sekunden ein paar Körner rieselten. Kurz nachdem sie in den Käfig gesetzt wurde, drehte sich eine Taube zufällig um die eigene Achse. Unmittelbar danach öffnete sich die Klappe. »Aha«, dachte sich der Vogel, »wenn ich mich drehe, bekomme ich Futter.« Und sie machte es noch einmal. Und tatsächlich, auch dieses Mal wurde ihr Verhalten belohnt. Und so drehte sie weiter ihre Runden, in der Hoffnung, damit die Futterklappe öffnen zu können.

Skinner beschrieb sein Experiment im Jahr 1948. In den darauffolgenden Jahren wurde sein Versuch viele Male wiederholt. Nicht nur mit Tauben, auch mit Ratten, Hunden und schließlich auch mit Menschen.

Koichi Ono von der Universität in Tokio bat ein paar Studenten darum, sich an einem Experiment zu beteiligen. Jeder Student wurde in ein kleines Zimmer geschickt. Dort sollte er sich an einen Tisch setzen, an dem drei Hebel befestigt waren. An der Wand gegenüber des Tischs befanden sich eine Punkteanzeige und eine Lampe, die auf Grün, Rot und Orange schalten konnte. Ono forderte seinen Studenten dazu auf, innerhalb einer Dreiviertelstunde einen möglichst hohen Punktestand zu erzielen. Dann verließ er den Raum und überließ den Studenten seinem Schicksal. Ab und zu wurde ein Punkt registriert – mal in regelmäßigen Intervallen, dann wieder völlig unerwartet –, und auch die Lampe wechselte immer wieder die Farbe. Die Hebel waren jedoch nirgends angeschlossen. Die Studenten hatten keinerlei Möglichkeit, den Punktestand zu beeinflussen. Trotzdem glaubten die Studenten nach dem Experiment, dass die Hebel auf die eine oder andere Weise die Punktezahl bestimmt hätten. Manche waren sogar fest davon überzeugt zu wissen, wie es funktioniert hatte. Einer der Studenten hatte beispielsweise viermal schnell hintereinander am rechten Hebel gezogen und ihn anschließend ein wenig heruntergedrückt. Ein anderer hatte auf den linken Hebel gedrückt, wenn ein rotes Licht aufgeleuchtet hatte, auf den mittleren Hebel bei Grün, und war die Lampe auf Orange gesprungen, hatte er den rechten Hebel betätigt. Fast alle Studenten entwickelten ein Muster, nach dem sie die Hebel bedienten, und glaubten wirklich, dass dies den Punktestand beeinflusste. Bei einer Studentin war dieses Muster allerdings überaus bizarr: Sie bekam zufällig einen Punkt, als sie ihre Hand auf den Tisch legte. Ab da fing sie systematisch an, alle Gegenstände im Raum zu berühren in der Hoffnung, den Punktestand damit beeinflussen zu können. Schließlich ergatterte sie einen Punkt, nachdem sie es gerade so geschafft hatte, mit einem Sprung die Decke zu berühren. Über eine Viertelstunde lang sprang sie danach auf und nieder, um an die Decke zu tippen, bis sie es schließlich aufgab.

Die ehemalige belgische Tennisspielerin und siebenmalige Grand-Slam-Gewinnerin Justine Henin absolvierte vor einem Wettkampf immer die gleichen Übungen, und zwar immer in exakt der gleichen Reihenfolge. »Und wenn ich am Abend vor einem Sieg in einem bestimmten Restaurant gegessen hatte, ging ich beim nächsten Mal wieder dorthin, um wieder das Gleiche zu essen. Bis ich verlor: Dann aß ich dort nie wieder.« Die russische Tennisspielerin Sharapova hütet sich davor, vor einem Wettkampf auf die Linien zu treten. Die ehemalige belgische Sprinterin und Europameisterin Kim Gevaert trug bei jedem Wettkampf denselben rosafarbenen Stringtanga, während die belgische Tennisspielerin und achtfache Grand-Slam-Finalistin Kim Clijsters die Schnürsenkel ihres rechten Schuhs stets mit einem Doppelknoten versah. Der Meister des Aberglaubens aber war Baseballspieler Wade Boggs. Am Vorabend eines Wettkampfs aß er immer Huhn – und das war erst der Anfang. Am Tag des Wettkampfs absolvierte er ein Ritual, das bis zu fünf Stunden dauern konnte: Um 17 Minuten nach fünf schlug er exakt hundert Übungsbälle, genau um 17 Minuten nach sieben sprintete er über das Feld, danach stellte er sich auf die erste, die zweite und die dritte Base, lief in exakt vier Schritten zur Ersatzbank, schrieb das hebräische Wort *»chai«* – »Leben« – auf das Feld und so weiter und so fort. Viel Arbeit – aber Wade Boggs war davon überzeugt, dass all das nötig war, damit er einen guten Wettkampf ablieferte.

Post hoc ergo propter hoc bedeutet wörtlich übersetzt: »danach, also deswegen«. Wenn B auf A folgt, wird B von A verursacht. Skinners Taube wagte ein Tänzchen, kurz bevor sie Futter bekam, und daher, so dachte die Taube, war ihr Tanz die Ursache für die Fütterung. Kim Gevaerts rosafarbener Stringtanga wurde zur Ursache ihrer Siege. Pure Heuristik, die fest in unserem Gehirn verankert ist. Es handelt sich um eine der wichtigsten Methoden, die unser Idiot auf seiner ständigen Suche nach Ursachen anwendet. Wenn er feststellt, dass B auf A folgt, zieht er unmittelbar den Schluss, dass A die Ursache von B sein muss. *Post hoc ergo propter hoc* beschränkt sich jedoch nicht allein auf Aberglauben. In unserem Streben, die Welt um uns herum zu verstehen, verwenden wir diese Heuristik ständig. Lesen Sie nur die folgenden Worte:

- Kohlrabi
- Kotzen

Man kann einfach nichts dagegen machen: Man entdeckt sofort einen kausalen Zusammenhang. Jemand musste kotzen, weil er zu viel Kohlrabi gegessen hatte. Sobald wir eine Aufeinanderfolge sehen, sogar bei völlig willkürlich gewählten Worten, unterstellt unser innerer Idiot automatisch, dass es einen kausalen Zusammenhang zwischen den Begriffen geben muss. Ihr Baby ist krank, Ihnen fällt wieder ein, dass Sie es kurz zuvor zum ersten Mal mit Blumenkohl gefüttert haben, und schon kommen Sie zu dem Schluss, dass der Blumenkohl der Übeltäter ist. Hans Van Themsche spielte gewaltverherrlichende Computerspiele, bevor er zu seinem mörderischen Streifzug aufbrach, bei dem er eine schwangere Frau und ein zweijähriges Mädchen in Antwerpen erschoss. Daher mussten die Computerspiele die Ursache des Gewaltexzesses gewesen sein. Eine Firma stellt einen neuen CEO ein, wenig später schreibt sie wieder schwarze Zahlen, und sofort schließen wir daraus, dass der CEO die Ursache für den wachsenden Erfolg ist. Es ist praktisch unmöglich, aufeinanderfolgende Ereignisse zu betrachten, ohne sofort einen Kausalzusammenhang dahinter zu vermuten.

Am 25. November 2011 stufte die Ratingagentur Standard & Poor's die belgische Kreditwürdigkeit von AA+ auf AA herunter. Keine zwei Wochen später hatte Belgien – nach 541 Verhandlungstagen – wieder eine Regierung. Für die Zeitungen war es sonnenklar: Es war die Herabstufung der Kreditwürdigkeit, aufgrund derer man es endlich schaffte, doch noch eine Regierung zu bilden. Mitunter abwertend sprachen sie von einer S&P-Regierung. Doch bald wurde deutlich, dass sie ihre Schlüsse vielleicht doch ein wenig voreilig gezogen hatten: Guy Verhofstadt hatte bereits vor der Entscheidung von S&P in aller Diskretion zwischen den verhandelnden Parteien vermittelt. Die Grundzüge des Regierungsbündnisses hatten bereits festgestanden, noch ehe von einer Herabstufung die Rede war.

Post hoc ergo propter hoc erklärt ebenfalls, warum so viele Menschen an Homöopathie, Bachblüten und dergleichen glauben. Ich war neulich auf einer Party und kam dort ins Gespräch mit einem Mann, der mit Feuereifer Oscillococcinum verteidigte, ein homöopathisches Grippemittel. Seiner Ansicht nach wirkt es, denn – und dann kam die Geschichte, die man immer zu hören bekommt – er hat es selbst erlebt. Vor ein paar Wochen hatte er sich grippig gefühlt, Oscillococcinum eingenommen – und prompt ging es ihm besser. *Post hoc ergo propter hoc.* Als ich ihn auf all die Hunderte, Tausende Studien hinwies, die darlegten, dass Homöopathie ebenso wirksam sei wie ein Glas Leitungswasser oder das Opfern einer Ziege, konnte ihn das nicht überzeugen. »Vielleicht wirkt es nicht bei jedem, aber bei mir wirkt es in jedem Fall.« Statistik macht selten das Rennen vor einer guten Anekdote. Ebenso wie all die Heuristiken, die unser Idiot anwendet, liegt *post hoc ergo propter hoc* nämlich meistens richtig. Wenn ich ein Streichholz anstecke und an die Gardine halte und im Anschluss daran mein Haus in Flammen aufgeht, dann war das Anzünden des Streichholzes die Brandursache. Wenn ich verdorbene Muscheln esse und wenig später kotzend über der Kloschüssel hänge, dann waren höchstwahrscheinlich die Muscheln die Ursache meiner Übelkeit. Aber genau wie jede Heuristik hat auch *post hoc ergo propter hoc* seine Grenzen. Wenn morgens der Hahn des Nachbarn kräht und wenig später die Sonne aufgeht, bedeutet dies natürlich nicht, dass der Hahn den Sonnenaufgang verursacht hat. Und wenn ich Cha-Cha-Cha tanze und es kurz darauf zu regnen beginnt, folgt daraus natürlich nicht, dass mein Tanz die Ursache des Regenschauers war. Die Ursache kommt immer vor ihren Folgen. Wenn ich in meinem niedergebrannten Haus ein Streichholz anzünde, kann das Streichholz natürlich nicht den Brand verursacht haben. Dass A vor B kommt, ist demnach eine notwendige Voraussetzung der Behauptung, dass A B verursacht. Das bedeutet allerdings nicht, dass dies allein eine hinreichende Bedingung darstellt.

Nehmen Sie beispielsweise den folgenden Satz: »Besonders intelligente Frauen haben meistens einen weniger intelligenten Freund.«

Ihr Idiot hat selbstredend sofort damit angefangen, sich eine Erklärung dafür auszudenken. Vielleicht suchen sich intelligente Frauen einen weniger intelligenten Mann aus, damit sie ihn dominieren können. Oder vielleicht ist es umgekehrt, und intelligente Frauen wünschen sich insgeheim einen ebenso intelligenten Mann, doch Letztere ziehen nun mal dümmere Frauen vor. All diese Erklärungen sind plausibel – aber falsch. Es gibt eine andere Erklärung, und zwar die, dass keine Erklärung nötig ist: Es handelt sich abermals um eine der merkwürdigen Erscheinungsformen von Zufall. Einer Erscheinungsform, die man im Fachjargon »Regression zum Mittelwert« nennt.

Im belgischen Fernsehen gab es von 1983 bis 1989 eine populäre Spielshow mit dem Namen *Hoger Lager* (zu Deutsch »Höher, niedriger«). Der Showmaster Walter Capiau zeigte den Kandidaten und dem Publikum eine Karte. Anschließend mussten die Kandidaten mithilfe des unbändig brüllenden Publikums entscheiden, ob die nächste Karte höher oder niedriger sein würde. Als er eine Kreuz zwei zog, rief das Publikum natürlich »höher«, und als er die Herz Dame zeigte, rief die Menge »niedriger«. Sie waren sich dessen nicht bewusst, aber das Publikum von *Hoger Lager* passte die Regression dem Mittelwert an – ein Konzept, das so kontraintuitiv ist, dass Wissenschaftler erst zweihundert Jahre nach der Entdeckung der Differenzial- und Integralrechnung darauf stießen.

Angenommen, eine besonders intelligente Frau wählte sich ihren Partner, indem sie mit Dartpfeilen auf eine Liste mit Männernamen wirft. Angesichts der Tatsache, dass man selbst sehr intelligent ist, ist die Wahrscheinlichkeit gering, dass der Pfeil auf dem Namen eines Mannes landet, der noch intelligenter ist – ebenso wie die Wahrscheinlichkeit, dass Walter Capiau nach einer Herzdame noch eine höhere Karte zieht. Nun überlässt glücklicherweise niemand die Wahl seines Partners völlig dem Zufall, aber selbst die hartnäckigsten Romantiker unter uns müssen zugeben, dass der Zufall gleichwohl eine Rolle spielt. Und so haben besonders intelligente Frauen im Durchschnitt einen weniger intelligenten Freund – ebenso wie besonders intelligente Männer im Durchschnitt eine weniger intelligente Freundin haben und die Kinder sehr großer Eltern im Durchschnitt etwas weniger groß sind.

Die Regression zum Mittelwert führt auch dazu, dass wir oftmals eine Aufeinanderfolge von Ereignissen sehen, die wir selbstredend, *post hoc ergo propter hoc,* als ursächlich zusammenhängend interpretieren, die in Wahrheit aber komplett auf Zufall basiert. Nehmen Sie eine Dartscheibe und zwei Pfeile. Werfen Sie nun nacheinander die beiden Pfeile und notieren Sie den Abstand zum Mittelpunkt. Wiederholen Sie das Ganze einige hundert Mal. Wenn Sie die Ergebnisse jetzt analysieren, werden Sie ein Muster entdecken. War Ihr erster Wurf schlecht, gelang Ihr zweiter Versuch im Schnitt immer besser. Aber jedes Mal, wenn Ihr erster Pfeil in die Nähe des Mittelpunktes traf, war Ihr zweiter Wurf im Schnitt weniger gut.

Man kann sich dafür sehr einfach eine kausale Erklärung ausdenken. War Ihr erster Wurf ziemlich schlecht, mussten Sie danach alles daran setzen, die Scharte auszuwetzen, und haben beim zweiten Wurf Ihr Bestes gegeben. Wenn Sie aber beim ersten Versuch schon knapp neben den Mittelpunkt trafen, zeigten Sie beim zweiten Wurf womöglich einfach weniger Einsatz. Gut gedacht – aber auch hier liefert die Regression zum Mittelwert die Erklärung. Wenn Ihr erster Versuch in der Nähe des Mittelpunkts auftraf, war die Chance gering, dass Sie danach noch besser würden. Wenn Ihr erster Wurf dagegen grottenschlecht war, standen die Chancen gut, dass Ihr zweiter Wurf gleich etwas besser gelang. Nach einem Ausrutscher – weit jenseits des Durchschnitts, sei es in Form eines besonders guten oder besonders schlechten Wurfs – besteht eine hohe Wahrscheinlichkeit, dass das nächste Ereignis näher am Durchschnitt liegen wird. Die Regression zum Mittelwert spielt nicht nur bei der Partnerwahl oder beim Dartspiel eine Rolle, sie findet sich in jeder Aktivität wieder, bei der der Zufall mit von der Partie ist.

Lassen Sie uns noch einmal einen Projektleiter bemühen. Ich will ihn dieses Mal im Andenken an einen meiner Exkollegen Pieter nennen. Pieter hat gerade ein enorm erfolgreiches Projekt abgeschlossen. Es war bereits Wochen vor der Deadline fertig, die Kunden waren zufrieden, und nicht einmal das Budget wurde überschritten. Wahrscheinlich spielten nicht nur Pieters Fähigkeiten als Projektleiter, sondern auch der Zufall dabei eine Rolle. Die Wahrscheinlichkeit ist also groß, dass Pieters nächstes Projekt nicht mehr so erfolgreich ausfallen wird, denn Pieters Fähigkeiten bleiben vermutlich unverändert, doch wenn er beim ersten Projekt extrem viel Glück hatte, ist die Wahrscheinlichkeit groß, dass er beim nächsten Projekt etwas weniger Glück hat. Das ist die Regression zum Mittelwert. Pieters Kollegen sehen das natürlich etwas anders. Sie sehen die Aufeinanderfolge eines erfolgreichen und eines weniger erfolgreichen Projektes und begeben sich auf die Suche nach einer Ursache. Ich bezweifle nicht, dass sie einen Sündenbock finden werden.

Auch beim Glauben an die Homöopathie, bei Ziegenopfern und dergleichen mehr spielt die Regression zum Mittelwert eine Rolle. Selbst beim Verlauf einer Krankheit. Einen Tag geht es ein wenig besser, am nächsten Tag wieder etwas schlechter, und schließlich gehen die meisten Krankheiten von alleine wieder weg. Meist nimmt man etwas ein, wenn die Beschwerden am schlimmsten sind. Man opfert der einen oder anderen Gottheit eine Ziege oder man schluckt ein homöopathisches Mittelchen. Das ist, in Anbetracht der Regression zum Mittelwert, natürlich genau der Moment, in dem die Chance am höchsten ist, dass die Beschwerden abklingen – und doch folgert man im Nachhinein, dass man wieder genesen ist, weil man eine Ziege geopfert hat.

Ein letztes Beispiel. Angenommen, Sie arbeiten bei der Polizei, und in Ihrer Gemeinde gibt es eine gefährliche Kreuzung. Im Durchschnitt sterben an dieser Stelle zwei Menschen im Monat. Eines Tages ist das Maß voll, nach einem Monat mit fünf tödlichen Unfällen beschließen Sie, dort eine

Blitzerkamera zu installieren. Die Maßnahme scheint von Erfolg gekrönt: Die Zahl der tödlichen Unfälle sinkt. Im Monat nach der Kamerainstallation sind gerade mal zwei tödliche Unfälle zu beklagen. Aber liegt das wirklich an der Kamera oder an der Regression zum Mittelwert? Nach einem Ausschlag nach oben in Form von fünf Toten ist es unwahrscheinlich, dass es im nächsten Monat noch mehr Tote geben wird. Es ist sehr viel wahrscheinlicher, dass sich im darauffolgenden Monat die Zahl der Toten wieder im Durchschnittsbereich bewegt. Genau in dem Moment, da wir eingreifen, weil die Not am größten ist, erscheinen unsere Maßnahmen meist viel effektiver, als sie es in Wirklichkeit sind.

WC-Reiniger heilt Krebs und andere Geschichten

Bevor Hans Van Themsche seinen mörderischen Streifzug startete, hatte er nicht nur *Mortal Combat* und *Doom* gespielt, sondern sich wahrscheinlich am Morgen angezogen, eine Schüssel Kellogg's Honey Pops verschlungen und sich die Zähne geputzt. Dennoch gab es nach den Morden niemanden, der behauptete, Hans Van Themsche habe die Morde begangen, weil er zuvor Honey Pops gegessen hatte.

Die Aufeinanderfolge von A und B reicht unserem Idioten mitunter nicht aus, um zu dem Schluss zu kommen, dass A B verursacht hat. Er muss sich auch etwas darunter vorstellen können. Er braucht einen Mechanismus, eine Geschichte, die erklärt, wie A zu B führt.

Hier eine kurze Blütenlese aus den Zeitungsartikeln über die Relation zwischen Alkoholkonsum und Gesundheit:

- »Zwei Gläser Wein am Tag heilen Brustkrebs« (*Het Laatste Nieuws,* 15. Februar 2011)
- »Rotwein verringert das Risiko von Gehirnschäden« (*Gazet van Antwerpen,* 26. April 2010)
- »Ein Glas Rotwein hilft beim Nachdenken« (*Het Laatste Nieuws,* 1. April 2009)

Aber auch:

- »Wein schadet dem Gehirn mehr als Bier« (*Het Nieuwsblad,* 17. März 2008)
- »Zwei Gläser Wein am Tag erhöhen Brustkrebsrisiko« (*Het Laatste Nieuws,* 24. August 2010)
- »Wein kann Krebs verursachen« (*Het Nieuwsblad,* 27. September 2010)

Sollte man nun jeden Abend eine Flasche Wein kippen, oder wäre es besser, völlig enthaltsam zu leben? Man könnte darüber ins Zweifeln geraten, aber die Journalisten saugen sich diese Artikel nicht aus den Fingern. Sie alle basieren auf wissenschaftlichen Studien. Nun ja, basieren ... Dass die Artikel und die Studien vage etwas miteinander zu tun haben, wäre wohl die treffendere Umschreibung.

Lassen Sie uns einen der Artikel näher betrachten. »Zwei Gläser Wein am Tag heilen Brustkrebs«, beispielsweise. In diesem Artikel erfahren wir, dass Frauen mit Brustkrebs, die sich einer Chemotherapie unterziehen, am besten täglich zwei Gläser Rotwein trinken sollten, weil dieser den Stoff Resveratrol enthält, der angeblich die Wirkung des

Rapamycins verstärkt – eines Medikaments, das in der Chemotherapie verwendet wird. Es ist eines meiner Hobbys, nach der wissenschaftlichen Quelle zu suchen, auf der derartige Artikel basieren. (Okay, ich gebe zu, ich bin ein Nerd.) In diesem Fall lieferte Google Folgendes, nachdem ich »Rapamycin« und »Resveratrol« eingegeben hatte: *»Resveratrol enhances the anti-tumor activity of the mTOR inhibitor rapamycin in multiple breast cancer cell lines mainly by suppressing rapamycin-induced AKT signaling.«* Der englischsprachige Artikel erschien im Fachblatt *Cancer Letters.*

Meine erste Feststellung war: Der Begriff »Wein« taucht in dem Artikel nirgends auf, ganz zu schweigen von den zwei Gläsern am Tag. In der Untersuchung kommen nicht einmal Menschen mit Brustkrebs vor, wohl aber Brustkrebszellen, welche die Forscher in einem Labor mit einer Kombination von Rapamycin und Resveratrol behandelt hatten. Rapamycin kann das Wachstum von bestimmten Krebszellen hemmen. Es sorgt allerdings auch für die Aktivität von AKT, einem Enzym, das das Wachstum von Krebszellen anregt. Die Forscher wiesen nach, dass Resveratrol die Aktivität ebendieser AKT-Enzyme in beschränktem Umfang zu unterbinden vermag – und somit möglicherweise auch das Wachstum der Krebszellen. Das klingt vielversprechend, aber als Brustkrebspatient würde ich doch noch ein wenig warten mit dem Anlegen eines Weinkellers.

Die Standardargumentation eines Zeitungsartikels über Gesundheit lautet ungefähr wie folgt: Stoff X beeinflusst Zellen im Labor. Lebensmittel Y enthält Stoff X. Folglich kann Lebensmittel Y Krebs heilen/ist krebserregend/führt zu einem vorzeitigen Tod/ist sehr gesund ...

Bei Punkt eins stimmt unser Beispiel noch. Aus der Untersuchung ging tatsächlich hervor, dass Resveratrol die Krebszellen im Labor beeinflusst hat. Zwar nur in beschränktem Maße, aber egal. Auch Punkt zwei ist korrekt. Obwohl in dieser Untersuchung nicht erwähnt, worauf *Het Nieuwsblad* jedoch verweist, enthält Rotwein eine variable Menge Resveratrol, und hier schleicht sich ein Fehler ein.

Denn Wein besteht nicht allein aus Resveratrol. Er enthält auch eine enorme Anzahl weiterer Stoffe, die ebenfalls eine Auswirkung auf den Brustkrebs haben könnten. Alkohol zum Beispiel, der von unserem Körper in Acetaldehyd umgewandelt wird. Und in Anbetracht der Tatsache, dass Acetaldehyd im Labor DNA-Schäden verursacht und DNA-Schäden zu Krebs führen können, könnten wir, der Argumentation der Medien folgend, ebenso gut daraus schließen, dass zwei Gläser Wein am Tag Brustkrebs verursachen.

Zudem sind Krebszellen in einer Petrischale keine Menschen.

Wenn Sie selbst ewigen Ruhm erlangen möchten als derjenige, der ein Wundermittel gegen Krebs entdeckt hat, dann ist dies überaus einfach – vorausgesetzt, die Argumentation in den Zeitungen ist stimmig: Versuchen Sie, irgendwo eine Petrischale mit Krebszellen aufzutreiben. Suchen Sie nun in Ihrem Badschrank nach einer geeigneten Medizin. Mit WC-Reiniger oder Terpentin haben Sie garantiert Erfolg. Wenn Sie beides gerade nicht zur Hand haben, klappt es wahrscheinlich auch mit einer Flasche Flüssigwaschmittel. Fügen Sie nun ein wenig WC-Reiniger (oder was auch immer Sie in Ihrem Badschrank gefunden haben) zu den Krebszellen. Staunen Sie über die Geschwindigkeit, mit der die Krebszellen das Zeitliche segnen, schreiben Sie ein kurzes Protokoll Ihres Versuchs und schicken es an alle möglichen Zeitungen und Zeitschriften.

Es gibt Tausende Stoffe, die in einem Labor Krebszellen vernichten, aber deswegen eignen diese sich noch lange nicht als Krebsmedikament. Ein solches Medikament muss nicht nur Krebszellen abtöten, es darf auch keine anderen Körperzellen vernichten. Das Mittel muss außerdem gut verträglich sein, es muss an die richtige Stelle im Körper gelangen, darf sich nicht zu schnell zersetzen und so weiter. Allein aus der Tatsache, dass ein bestimmter Stoff Krebszellen abtötet, lassen sich also kaum Schlüsse ziehen. Der menschliche Körper ist schließlich ein klein wenig komplexer als eine Petrischale mit Krebszellen.

Viele dieser Artikel, die Sie zum Thema Gesundheit in Ihrer Zeitung finden, haben vergleichbare Schwachstellen. Sie beschreiben einen möglichen Mechanismus, eine Geschichte, die erklärt, wie A zu B führen könnte. Etwas, das sehr interessant ist und der Auftakt zu weiteren Untersuchungen sein kann. Doch plötzlich wird dieser Mechanismus zu einem sicheren Kausalzusammenhang aufgeblasen. Aus »Resveratrol hemmt möglicherweise das Wachstum von Krebszellen« wird »Rotwein heilt Krebs«.

Antioxidantien beispielsweise sind nach Ansicht der Nahrungsergänzungsmittelindustrie so etwas wie der Heilige Gral unserer Gesundheit. Man kann Tabletten mit Antioxidantien einnehmen, aber in letzter Zeit ist so ziemlich alles damit angereichert. Sie können »Coca Cola light plus antioxidants« trinken. Sie genießen damit nicht nur ein Erfrischungsgetränk, sondern verwöhnen sich obendrein mit einer Extraportion Antioxidantien. Und wenn Sie Lust auf Schokolade haben, können Sie »Guylian Meeresfrüchte-Pralinen Extra Dunkel« »mit 74 Prozent Kakaoanteil und Extra Antioxidantien« genießen. Selbst Ihr Haustier muss auf diese essenziellen Nährstoffe nicht verzichten. Nur ein Beispiel von vielen: »*Hill's Science Plan Feline Adult Optimal Care* mit Huhn« enthält »klinisch erprobte Antioxidantien, hochwertige Proteine und Omega-3-Fettsäuren zur Unterstützung der optimalen Gesundheit. (...) Mit einer wertvollen Antioxidantien-Formel erhält Ihre Katze einen Extra-Schutz zur Vorbeugung von Krankheiten. Eine einzigartige Verbindung von Antioxidantien unterstützt das Immunsystem. (...) Enthält Taurin zur Unterstützung einer normalen Herzfunktion und Netzhautstruktur. Eine genau dosierte Phosphormenge unterstützt die Nierenfunktion.« Den Mechanismus kennen wir alle zur Genüge. Er wird uns fast täglich von den Gesundheitsgurus dieser Welt um die Ohren gehauen. Freie Radikale sind böse: Sie lassen die Zellen altern und beschädigen Ihre DNA. Zum Glück gibt es Antioxidantien, die wie eine Art Polizeikorps durch Ihren Körper patrouillieren. Begegnen diese solch einem bösen freien Radikal, wird dieses neutralisiert, und Sie werden lang und glücklich weiterleben bis ans Ende Ihrer Tage. Denn Antioxidantien beschützen uns vor Alterung, Krebs und Herz-Kreislauf-Erkrankungen. Wem immer die Gesundheit am Herzen liegt, ahnt daher, was Sache ist: Das Zeug schlucken!

Die Industrie weiß unsere Neigung, eine plausible Geschichte oder einen möglichen Mechanismus zu einem Kausalzusammenhang aufzublasen, geschickt für ihre Zwecke auszunutzen. Es stimmt, dass sich Antioxidantien mit freien

Radikalen verbinden, und es stimmt auch, dass freie Radikale beim Alterungsprozess eine Rolle spielen. Aber daraus folgt nicht, dass Antioxidantien essenziell für ein langes und gesundes Leben sind. Der menschliche Körper ist hochkomplex. In unserem Inneren laufen ständig Hunderte, ja Tausende chemischer Prozesse ab. Sie könnten sich also – wie die Antioxidantienlobby – einen herauspicken und als Werbeslogan verwenden, um Ihr Produkt an den Mann zu bringen. Das klingt dann gut – beweist aber rein gar nichts, denn es fände sich jederzeit ein anderer Prozess, mit dem sich darlegen ließe, dass Antioxidantien ungesund sind.

Freie Radikale spielen im Alterungsprozess in der Tat eine Rolle, allerdings haben sie auch positive Eigenschaften. Wenn weiße Blutkörperchen Bakterien unschädlich machen wollen, bombardieren sie diese mit freien Radikalen. Wenn Sie sich nun auf diesen Mechanismus stützten, könnten Sie behaupten, dass ein Zuviel an Antioxidantien das Immunsystem seiner Munition beraube. Vielleicht ist Letzteres sogar tatsächlich der Fall. Aus einer groß angelegten Metaanalyse (dazu später mehr) geht hervor, dass Menschen, die zusätzliche Antioxidantien einnahmen, im Schnitt früher starben als Menschen, die das nicht taten. Antioxidantien? Ich würde die Finger davon lassen.

Kausale Simplifikation

Die Pharmaindustrie versucht bereits seit Jahren, uns davon zu überzeugen, dass es sich bei einer Depression ganz einfach um eine Störung des Serotoninspiegels im Gehirn handelt. Schnell ein paar Pillen schlucken, und Sie fühlen sich wieder pudelwohl. Die Wirklichkeit ist allerdings ein bisschen komplizierter. Jährlich werden Tausende Artikel über die biologischen Grundlagen von Depressionen publiziert, in denen es nur so wimmelt vor Zungenbrechern wie *Hypothalamic-pituitary-adrenocortical axis, Brain-derived neurotrophic factor, Tryptophan kynurenine metabolism* und Monoaminooxidase-A. All diese Faktoren sind zu einem kaum mehr zu entwirrenden Knäuel von Kausalzusammenhängen verknüpft. A verursacht B, das seinerseits von C und D beeinflusst wird, die möglicherweise eine Rolle bei der Entstehung von E spielen, wobei wir nicht vergessen dürfen, F, G und H mit einzubeziehen ... Und das ist erst die Biologie. Darüber hinaus gibt es noch Umgebungsfaktoren wie Beziehungsprobleme, Stress, Einsamkeit, die wiederum auf die eine oder andere unklare Weise mit den biologischen Faktoren interagieren. Und schließlich spielt auch noch die genetische Veranlagung eine Rolle. Wir haben bislang erst einen sehr geringen Bruchteil dieser höchst komplexen Zusammenhänge erfasst, doch laut pharmaindustrieller Propaganda ist das Ganze kinderleicht: Depression ist eine Störung des Serotoninspiegels. Es handelt sich hierbei um eine groteske Simplifizierung, die sich allerdings äußerst positiv auf die Verkaufszahlen auswirkt. Unser Idiot hat nämlich eine Vorliebe für einfache Geschichten. Je einfacher sie sind, umso höher die Chance, dass er sie glaubt.

Auch die Nahrungsergänzungsmittelindustrie versucht, uns eine einfach gehaltene Geschichte zu verkaufen: Unser ungesunder Lebensstil führe zu einem Mangel an essenziellen Nährstoffen, und dieser Mangel mache krank und unglücklich. Wenn Sie gesund und glücklich leben wollen, müssen Sie Ergänzungsmittel schlucken. Fühlen Sie sich ab und zu müde und antriebslos? Dann leiden Sie an einem Mangel an Q10. Gewichtsprobleme? Zu wenig Glukosamine. Wechseljahresbeschwerden deuten auf einen Isoflavonoidmangel hin. Und für jedes Problem gibt es eine Pille. Wäre es doch nur so einfach!

Albert Einstein hat einmal gesagt, es sollte alles so einfach wie möglich gehalten werden – niemals jedoch einfacher. Und genau Letzteres ist ein Problem. In seinem unermüdlichen Versuch, die Welt um ihn herum zu verstehen, hat unser Idiot es gerne übersichtlich. Antioxidantien sind entweder gut oder böse. Ein Stoff heilt entweder Krebs oder er ist krebserregend. Alles ist schwarz oder weiß, Grautöne und Nuancen kennt unser Idiot nicht. Der Hang zur Einfachheit ist auch der Schlüssel für einen weiteren Denkfehler: unsere unermüdliche Suche nach der einen, allein selig machenden Ursache.

Nach dem mörderischen Streifzug von Hans Van Themsche wurden ganze Zeitungsseiten gefüllt mit Antworten auf die Frage, wie es nur dazu hatte kommen können. Meinungsmacher widersprachen einander auf ihrer Spurensuche nach der Ursache. Die einen machten seine rassistische Erziehung verantwortlich. Nein, es war die Waffengesetzgebung. Hätte er sich nicht einfach so eine Waffe kaufen können, wäre das alles nie passiert. Mal hieß es, Hans Van Themsche sei gestört, mal wurde gemutmaßt, es habe an den gewalttätigen Computerspielen gelegen. Eine sinnlose Debatte.

Ein Apfel fällt von einem Baum. Selbst bei einem so banalen Ereignis ist es unmöglich, die Ursache zu bestimmen.

War es die Schwerkraft? Oder war sein Stiel ausgetrocknet, sodass er schließlich abgerissen ist? Wurde der Apfel zu schwer? War es der Wind? In der Tat können all diese Faktoren eine Rolle spielen. Was war die Ursache für Hans Van Themsches Morde? Was verursacht eine Depression? Was Übermüdung? Was war die Ursache der Finanzkrise? Auf keine dieser Fragen gibt es eine eindeutige Antwort. Der Fehler steckt bereits in der Fragestellung. Hans Van Themsches Verhalten hatte nicht nur eine einzige Ursache. Das Gleiche gilt für die Depression oder die Müdigkeit. Wir leben in einer komplexen Welt, in der fast alles von einer Vielzahl von Faktoren verursacht wird, durch ein ganzes Netz kausaler Zusammenhänge.

Nun ist unser Idiot aber von Haus aus ein kausaler Simplifizierer, und daher suchen wir jedes Mal erneut nach der einen, einzigen Ursache.

Impfangst (manchmal kommt alles zusammen)

Impfen ist ein Thema, das bei Eltern kleiner Kinder zu hitzigen Diskussionen führen kann. Soll man sein Kind wirklich impfen lassen? Was ist mit den Nebenwirkungen all dieser Mittel? Dieses Chemiezeug in so einem kleinen Körper – das kann doch nicht gesund sein! Werden die Impfstoffe nicht allein deshalb von den Pharmafirmen beworben, weil sich damit Geld verdienen lässt?

Begibt man sich im Internet auf die Suche nach Antworten, kommt man mitunter zu dem Schluss, dass es keine besonders gute Idee ist zu impfen. Man könnte dem Baby, mag man einigen Internetforen Glauben schenken, ebenso gut eine Mischung aus Terpentin und Rattengift injizieren. Obendrein ist laut zahlreichen Webseiten unumstößlich bewiesen, dass Impfungen – insbesondere die Impfstoffe gegen Masern, Mumps und Röteln – Autismus verursachen.

Die Zahl der Fälle von Autismus ist seit den Sechzigerjahren stark angestiegen: von 0,5 Fällen unter 1000 Menschen im Jahr 1996 auf fast fünf von 1000 im Jahr 2007. Niemand kann mit Sicherheit sagen, was die Auslöser für Autismus sind. Es gibt sicherlich eine genetische Komponente, denn Kinder autistischer Eltern haben öfter Autismus als andere. Darüber hinaus tastet man jedoch größtenteils noch immer im Dunkeln. Schwermetalle, Phthalate, Phenole, Pestizide, Rauchen, pränataler Stress, bromhaltige Feuerschutzmittel – all diese Substanzen und Faktoren standen irgendwann schon einmal im Verdacht, Autismus auszulösen. Und zurzeit gibt es noch einen weiteren Verdächtigen: das Impfen.

Der Zusammenhang zwischen Autismus und Impfen war Anfang der 2000er Jahre *die* wissenschaftliche Neuigkeit in Großbritannien und den USA schlechthin. 2002 erschienen in britischen Zeitungen 1257 Artikel zu diesem Thema. Nach Darstellung der meisten von ihnen war der Zusammenhang zwischen Impfen und Autismus bereits bewiesene Sache. Nicht nur die Journalisten waren davon überzeugt. Es wurden Petitionen verfasst und Aktionsgruppen gegründet, die forderten, dass die Impfstoffe gegen Masern, Mumps und Röteln sofort vom Markt genommen werden sollten. Es war daher nicht verwunderlich, dass immer weniger Eltern ihre Kinder impfen ließen. In England und Wales sank die Impfrate von 92 Prozent im Jahr 1996 auf 72 Prozent im Jahr 2008. In manchen Teilen Londons waren es sogar nur noch 60 Prozent. Die Folge: In England und Wales verzehnfachte sich im selben Zeitraum die Anzahl der Masernfälle. Auch in Belgien und den Niederlanden sind die Masern wieder auf dem Vormarsch. 2011 brach in Gent eine regelrechte kleine Epidemie aus. 66 Kinder hatten sich infiziert. Die Mehrzahl der Fälle verteilte sich auf zwei Waldorfschulen – was kein Zufall war: Nach Rudolf Steiner sind Masern eine unschuldige Kinderkrankheit, die zu durchleben wichtig für die Entwicklung eines Kindes ist. Viele Eltern, die ihr Kind auf eine Rudolf Steiner-Schule schicken, lassen ihr Kind daher auch nicht impfen.

Und die Ursache der Hysterie? Eine Mischung aus *post hoc ergo propter hoc,* unserem blinden Glauben an kausale Mechanismen und einer ordentlichen Dosis Halo-Effekt. Lassen Sie uns beginnen mit *post hoc ergo propter hoc:*

»Mein Sohn war ein wundervolles Baby. Immer zufrieden und immer lachend. Nach sechs Monaten konnte er sitzen und nach einem Jahr sprach er seine ersten Worte. Wir waren überglücklich. Als er 15 Monate alt war, wurde er geimpft. Er weinte auf dem ganzen Weg nach Hause, was nicht sehr verwunderlich war, schließlich hatte man ihm gerade erst eine Nadel in den Po gestochen. Ein paar Tage später wurde er plötzlich sehr blass und hörte überhaupt nicht mehr auf zu weinen. In den folgenden Wochen wurde es immer schlimmer: Er wollte keine feste Nahrung mehr zu sich nehmen, konnte nicht mehr laufen und schien sich für nichts mehr zu interessieren. Erst Monate und unzählige Arztbesuche später bekamen wir eine Diagnose: Autismus. Für mich war klar: Mein Sohn wurde durch die Impfung autistisch. Hätte ich damals gewusst, was ich da tat, ich hätte ihn niemals impfen lassen.«

Googeln Sie »Autismus« und »impfen«. Sie werden auf zahllose ähnliche Geschichten stoßen. All diese Eltern vermuten, dass ihr Kind autistisch wurde, weil sie es impfen ließen. Wenn Eltern mit der Diagnose Autismus konfrontiert werden, wollen sie natürlich die Ursache kennen, und fangen an, in ihrem Gedächtnis zu kramen. Was ist mit dem kleinen Liebling passiert? Schnell wird ein möglicher Schuldiger gefunden: War ihnen nicht aufgefallen, dass etwas nicht in Ordnung war, gerade als er kurz zuvor geimpft worden war? Und könnte es daher nicht sein, dass die Impfung den Autismus verursacht hat?

Diese Vermutung wurde im Februar 1998 durch einen Artikel in der medizinischen Fachzeitschrift *The Lancet* bestärkt. Der Verfasser des Artikels war Andrew Wakefield, ein Darmspezialist am Londoner Royal Free Hospital. Wakefield behauptete darin, dass die Impfung gegen Masern, Mumps und Röteln gewisse Risiken berge. Er hatte zwölf Patienten untersucht, die mit autistischen Symptomen an ihn überwiesen worden waren: »Bei acht der Kinder wurde der Beginn der Verhaltensauffälligkeiten von den Eltern oder dem behandelnden Arzt mit der Impfung gegen Masern, Mumps und Röteln in Verbindung gebracht. Bei diesen Kindern betrug die Dauer zwischen der Injektion des Impfstoffes und den ersten Verhaltensauffälligkeiten im Durchschnitt 6,3 Tage.« Der Artikel schlug ein wie eine Bombe. Er schaffte es auf die Titelseiten des *Guardian* und des *Independent*. Jeder machte sich Sorgen. Doch möglicherweise war dies völlig unnötig. Es gibt nämlich auch noch eine andere Erklärung für die zeitliche Aufeinanderfolge des Impfens und der Diagnose Autismus: Die meisten Kinder werden gegen Masern, Mumps und Röteln geimpft, wenn sie ungefähr ein Jahr alt sind. Dies ist auch genau der Moment, da ein Kind anfängt, seine ersten Worte zu sprechen, zum ersten Mal bewusst seinen Eltern zuwinkt und zu einem kleinen sozialen Wesen wird. Ist ein Kind aber autistisch, ist genau dies auch der Zeitpunkt, an dem die Eltern zum ersten Mal den Verdacht hegen, dass in der Entwicklung ihres Kindes irgendetwas nicht stimmt. Es kann daher sein, dass die Diagnose Autismus aufgrund einer rein zufälligen zeitlichen Übereinstimmung nach der Impfung erfolgt und es gar keinen Kausalzusammenhang gibt. Wenn die Eltern jedoch meinen, beobachtet zu haben, dass sich das Verhalten ihres Kindes nach der Impfung veränderte, reicht diese Erklärung natürlich nicht aus.

Im März 2001 nahm die Überzeugungskraft ebendieser Erklärung weiter ab, als nämlich ein weiterer potenzieller Zusammenhang zwischen Impfen und Autismus entdeckt wurde – abermals von Andrew Wakefield: Er stieß im Verdauungsapparat einiger autistischer Kinder auf Spuren des Masernvirus RNA, der aus dem Masernimpfstoff stammte. Wakefield mutmaßte, das Vorhandensein des Masernvirus könne im Darm zu Entzündungen führen, was möglicherweise die Durchlässigkeit des Darms für giftige Substanzen erhöhe. Weil bei geimpften Kindern mehr Giftstoffe ins Blut gelangen, sei die Wahrscheinlichkeit, dass sie an Autismus erkranken, nach Ansicht Wakefields dementsprechend höher. Jetzt war beinahe jeder überzeugt. Andrew Wakefield wurde zum Helden. *The Telegraph* nannte ihn den »Anwalt aller Patienten, deren Angst ignoriert wurde«. Es gab zwar auch Wissenschaftler, die darlegten, dass der Impfstoff sehr wohl ungefährlich sei, nur wurde ihnen kaum noch Glauben geschenkt, und sie wurden sogar verdächtigt, mit der Pharmaindustrie unter einer Decke zu stecken – einer Industrie, die nach Ansicht der Aktivisten nur auf Gewinn bedacht war und die ohne Rücksicht auf Verluste so viele Impfstoffe wie möglich verkaufen wollte. Dass Tony Blair die Antwort auf die Frage, ob er denn seinen kleinen Sohn Leo habe impfen lassen, schuldig blieb, trug wenig zur Beruhigung des Volkes bei. Wenn nicht einmal mehr der Premierminister seine Kinder impfen ließ ...

Dennoch gab es Grund genug, Wakefields Annahmen anzuzweifeln. 2005 beschloss auch der Virologe M. A. Afzal, nach RNA im Gewebe autistischer Kinder zu suchen, die zuvor eine Impfung erhalten hatten. Im Mai 2006 veröffentlichte Afzal das Ergebnis seiner Nachforschungen im *Journal of Medical Virology.* Der Artikel lässt sich wie folgt zusammenfassen: Er wurde nicht fündig. Im Oktober 2006 machten sich auch D'Souza und seine Kollegen auf die Suche. Wieder ohne Erfolg. Alle darauffolgenden Studien führten zum gleichen Ergebnis. Es ist natürlich möglich, dass sämtliche Virologen außer Andrew Wakefield ein Brett vor dem Kopf hatten, es kann aber auch sein, dass Wakefield schlichtweg unrecht hatte.

Es gab noch einen dritten Faktor, der in der Sorge all

dieser Eltern eine Rolle spielte – ein alter Bekannter: der Halo-Effekt.

»Amylacetat, Amylvalerat, Anisyl-Format, Benzyl-Isobutyrat, Cinnamyl Isobutyrat, Diacetyl, Ethylacetat, Ethylbutyrat, Ethylheptanoat, Ethyllactat, Ethylnitrat, Ethylvalerat, Hydroxyphenyl-2-Butanon, Isobutyl Anthranilat, 4-Methylacetophenon, Methylbenzoat, Methylheptincarbonat, Amylbutyrat, Anethol, Benzylacetat, Butansäure, Cinnamylvalerat, Dipropylketon, Ethylamylketon, Ethylcinnamat, Ethyl Heptylat, Ethyl-methylphenylglycidat, Methylpropionat, Heliotropin, Alpha-Jonon, Isobutyl Butyrat, Methylanthranilat, Methylcinnamat, Methyl-Naphthylketon, Methylsalicylat, Phenethylalkohol und gamma-Undekalakton.« Würden Sie zulassen, dass Ihr Kind irgendetwas aus den oben stehenden Zutaten zu sich nähme? Bestimmt nicht. Und dennoch tun Sie es. Vor allem im Sommer. Mit Sahne, gezuckert oder einfach pur. Es handelt sich um die Zusammensetzung von zu 100 Prozent natürlichen, ungespritzten Erdbeeren.

»Natürlich« ist gut. Es weckt Assoziationen von Reinheit, unberührten Landschaften, Tieren und Blumen. Hat etwas eine gute Eigenschaft, dann müssen auch alle anderen Eigenschaften davon gut sein. Daher ist für unseren Idioten alles, was natürlich ist, automatisch auch gesund, lecker und vor allem ungefährlich. »Chemisch« dagegen assoziieren wir mit toxischen Substanzen und Umweltzerstörung, daher ist alles Chemische schlecht. Auch hier haben wir es wieder mit einer der Heuristiken unseres Idioten zu tun: Wenn etwas einen langen, komplizierten chemischen Namen hat, muss es gefährlich sein. Ist etwas pflanzlichen Ursprungs, ist es ungefährlich. Diese Heuristik wird von der Werbung nur zu gerne ausgenutzt. Es ist inzwischen schwierig geworden, im Supermarkt noch irgendetwas zu finden, bei dem man nicht schon aus zehn Metern Entfernung auf der Verpackung lesen könnte, es enthalte »nur natürliche Inhaltsstoffe«.

Die Angst vor allem, was chemisch ist, lieferte einen weiteren Grund dafür, warum so viele Menschen der Masern-Mumps-Röteln-Impfung misstrauten. Blickt man auf die Vereinigten Staaten, wird dies besonders deutlich: Masern-RNA bereiteten hier niemandem schlaflose Nächte. Man glaubte hier an einen anderen Mechanismus: Thimerosal. (Das illustriert noch einmal sehr schön, dass man durch ein wenig Suchen garantiert auf irgendeinen potenziellen Übeltäter stoßen wird.) Thimerosal ist ein quecksilberhaltiger Stoff, der seit den Dreißigerjahren sowohl in Europa als auch in den USA Impfstoffen als Konservierungsmittel beigefügt wird. Nach Ansicht US-amerikanischer Initiativen gegen das Impfen kann diese Substanz Autismus verursachen. Safe Minds, eine dieser Bürgerinitiativen, nannte Autismus sogar »eine neue Form der Quecksilbervergiftung«. Safe Minds geht davon aus, dass nicht nur Thimerosal für diese »Epidemie von Autismusfällen« verantwortlich sei, sondern auch ganz im Allgemeinen die »giftige chemische Suppe, die unseren Kindern verabreicht wird«. Aber ist chemisch wirklich immer auch gefährlich und natürlich immer gesund?

Grüner Knollenblätterpilz, Fingerhut, Schlangengift, Viren und Bakterien ... Die Welt ist voll von Dingen, die zwar durch und durch natürlich sind und trotzdem, nimmt man sie auf die eine oder andere Weise ein, dafür sorgen, dass man eines langsamen, qualvollen Todes stirbt. Natürlich ist also ganz klar nicht immer gleichbedeutend mit gesund. Der Duden definiert natürlich als »zur Natur gehörend; in der Natur vorkommend, nicht künstlich vom Menschen nachgebildet, hergestellt«. Aber ob eine Substanz von Menschen hergestellt wurde oder nicht, hat keinerlei Auswirkung auf ihre Gefährlichkeit. Man kann Vitamin C, L-Ascorbinsäure, aus biologisch angebauten, sonnengereiften Orangen gewinnen. Man kann Vitamin C aber auch in einem Labor voller Teströhrchen und allerlei komplizierter Apparate synthetisch herstellen. Das Resultat ist exakt das gleiche: L-Ascorbinsäure. Was man auch tut, wie man sie auch untersucht, es gibt nicht den geringsten Unterschied zwischen der chemischen und der natürlichen Variante. Auch Ihr Körper reagiert in beiden Fällen auf exakt die gleiche Weise: Für Ihren Körper ist L-Ascorbinsäure einfach L-Ascorbinsäure, wie auch immer sie hergestellt wurde.

Jeder Stoff ist chemisch. Jeder Stoff besteht aus Atomen und Molekülen. Und es ist diese chemische Zusammensetzung, die die Gefährlichkeit einer Substanz bestimmt, und nicht die Art ihrer Herstellung. Unser Idiot denkt darüber anders. Chemisch ist schlecht, und daher müssen Impfstoffe, die tatsächlich – es ist gar nicht anders möglich – aus einer Vielzahl chemischer Substanzen bestehen, gefährlich sein.

Wenn Sie paranoid sind, schützt Sie dies noch lange nicht vor Verfolgung. Wenn die Gründe, weswegen Sie an etwas glauben, hinten und vorne nicht stimmen, ist es trotzdem möglich, dass das, woran Sie glauben, wahr sein kann. *Post hoc ergo propter hoc,* irgendein potenzieller Mechanismus und der negative Halo-Effekt all dieser chemischer Stoffe –

dies alles sind keine guten Gründe, um zu glauben, dass Impfungen Autismus auslösen. Allerdings beweisen sie genauso wenig das Gegenteil. Die Frage, ob Impfungen nun Autismus auslösen oder nicht, bleibt daher unbeantwortet.

2001 wurde in den USA das Immunization Safety Review Committee eingerichtet, dessen Ziel es war, unparteiisch und wissenschaftlich fundiert Empfehlungen zur Sicherheit von Impfstoffen auszusprechen. Die Gemüter waren damals derart erhitzt, dass die Wissenschaftler, die dem Komitee beisaßen, Drohungen erhielten. Ihre E-Mail-Eingangsordner quollen über von Hasstiraden, und auch telefonisch wurden sie bedroht. Für die letzte öffentliche Sitzung, in der sie ihre Resultate vorstellen sollten, musste sogar Sicherheitspersonal eingestellt werden, um sie vor der Öffentlichkeit zu schützen. Nachdem sich die Wissenschaftler sämtliche existierenden Untersuchungen über eine Verbindung zwischen Impfung und Autismus akribisch angesehen hatten, kam das Komitee im Mai 2004 zu dem Schluss, dass »die derzeitige epidemiologische Untersuchung darauf hinweist, dass zwischen den Impfstoffen gegen Masern, Mumps und Röteln und Autismus kein Kausalzusammenhang besteht«. Das Komitee befand also den Impfstoff für unproblematisch und erteilte den Rat, nichts am gegenwärtigen Impfschema zu verändern.

Auch das Cochrane-Zentrum, eine unabhängige Non-Profit-Organisation, die auf der Basis vorhandener Untersuchungen medizinischen Rat zu erteilen versucht, besah sich 2005 den Zusammenhang zwischen Impfen und Autismus. Das Institut kam ebenfalls zu dem Ergebnis, es gebe keinen verlässlichen Beweis dafür, dass Impfstoffe bei der Entwicklung von Autismus eine Rolle spielen.

5. Endlich ein wenig Sicherheit

Mithilfe einer Barbiepuppe werden wir in diesem Kapitel darlegen, warum Autismus nicht durch Impfungen ausgelöst wird. Wir werden erfahren, dass die Erderwärmung nicht die Folge einer sinkenden Anzahl von Plattenspielern ist, und lernen, zwischen Korrelation und Kausation zu unterscheiden. Schließlich hören wir noch vom idealen Experiment, werden jedoch sogleich feststellen, dass auch dieses seine Grenzen hat.

Das Barbiepuppenexperiment

»Unser Körper wird täglich zahlreichen Arten der Verunreinigung ausgesetzt. Das Tempo unserer modernen Gesellschaft hat häufig zur Folge, dass wir Komfort über Gesundheit stellen. Denken Sie zum Beispiel an Junkfood und Fertigmahlzeiten: lecker, aber voller Konservierungsmittel, Farbstoffe und Geschmacksverstärker. Nikotin, Alkohol und die verschmutzte Luft, die wir einatmen, schaden unserer Gesundheit. Abfallstoffe, auch Schlacken genannt, häufen sich im Körper an.« Wieder so eine herrlich einfache Quatschgeschichte, die wir - gerade weil sie so einfach ist und weil sie so herrlich an unsere »Chemisch ist schlecht«-Heuristik appelliert – allzu gerne glauben wollen. Man findet sie auf der Webseite von powerdetox.nl. Glücklicherweise hat die Firma gleich eine Lösung für all diese Probleme parat: Entschlacken. Und zwar mit dem einzigartigen Aqua-Detox-System: »Nach jahrelangen Entwicklungen und Studien wurde 2002 das Aqua-Detox-System eingeführt. Das Aqua-Detox-System ist die Lösung, um auf eine sichere, praktische und vor allem komfortable Weise den Körper zu entschlacken, die Zellen zu säubern und dadurch unsere Gesundheit zu fördern.«

Wie funktioniert das nun? Sie begeben sich in ein Wellnesszentrum, in dem die einzigartige Aqua-Detox-Methode angeboten wird, lassen sich auf einem bequemen Sessel nieder und stecken die Füße in das einzigartige Aqua-Detox-Fußbad. Dieses besteht aus lauwarmem Salzwasser. In der Mitte befindet sich eine Elektrode. Wenn der Therapeut den Apparat einschaltet, wird schwacher elektrischer Strom durch das Wasser geleitet. Schnell sehen Sie, wie sich das Wasser verfärbt. Es wird braun, und Sie riechen plötzlich einen unangenehmen chemischen Geruch. Das ist ein gutes Zeichen, denn »die Giftstoffe lösen sich aus Ihrem Körper«.

Aber kommt die braune Farbe wirklich von den Schlacken in unserem Körper? Es gibt eine einfache Methode, dies herauszufinden. Gehen Sie einige Tage später zu einer zweiten Behandlung dorthin. Diesmal nehmen Sie allerdings ein entscheidendes Hilfsmittel mit: eine Barbiepuppe. Bevor Sie mit der Behandlung beginnen, jagen Sie den Therapeuten mit einer kleinen Ausrede aus dem Zimmer (»Meine Chakren sind immer noch empfindlich«, oder: »Ich habe noch ein paar Probleme mit der bioenergetischen Feldspannung«). Jetzt stecken Sie nicht Ihre eigenen Füße, sondern die der Barbie in das Fußbad. Und was stellt sich heraus? Auch diesmal wird das Wasser ekelhaft braun. Leiden also auch Barbiepuppen unter den Giften der modernen Gesellschaft? Essen Barbies zu viel Junkfood? Oder war jenes »Entschlacken« vielleicht doch nur reiner Mechanismen-Nonsens, und es gibt gar keinen kausalen Zusammenhang zwischen den Füßen im Wasser und der ekelhaft braunen Brühe? Wiederholen Sie die Prozedur und stecken diesmal gar nichts in das Fußbad. Auch da werden Sie bemerken, dass – sobald sich das einzigartige Aqua-Detox-System einschaltet – das Wasser seine Farbe wechselt. Jetzt haben Sie Gewissheit: Es sind nicht die Giftstoffe in unserem Körper, die die Verfärbung des Wassers verursachen. Es gibt dafür eine andere Erklärung. Und die heißt: Elektrolyse. Vielleicht erinnern Sie sich daran noch vage aus der weiterführenden Schule. Kurz zusammengefasst: Durch elektrischen Strom wird das Salz (Natriumchlorid) im Wasser in Natrium und Chlor aufgespaltet. Chlor ist gasförmig und verursacht einen unangenehmen chemischen Geruch. Des Weiteren sorgt eben jene Elektrolyse dafür, dass die eisernen Elektroden zu rosten beginnen. Der Rost erklärt die braune Farbe des Wassers.

Angenommen, Sie wollten untersuchen, ob Muscheln krank machen. Sie laden zehn Freunde zum Muschelessen ein. Einige Stunden später hängen sie samt und sonders todkrank über der Toilettenschüssel. Beweis erbracht. Oder etwa nicht? Vielleicht wurde ihnen ja nicht von den Muscheln schlecht, sondern von dem billigen Wein aus dem

Discounter, den Sie ihnen serviert haben. Oder vielleicht hatten sie alle ganz schön einen in der Krone und hätten jegliche Nahrung, ob nun Muscheln oder nicht, wieder von sich gegeben. Ein besseres Beispiel: Fünf Freunde dürfen sich innerhalb eines Menüs an Muscheln gütlich tun, die anderen fünf bekommen das gleiche Menü ohne Muscheln. Wieder wird ihnen allen schlecht. Jetzt ist es klar: Die Muscheln waren nicht die Ursache der Übelkeit.

Die fünf Freunde, die keine Muscheln aßen, werden in wissenschaftlichen Untersuchungen »Kontrollgruppe« genannt. Bei dem Aqua-Detox-Experiment erfolgte die Kontrolle über Barbies Fußbad; denn wären es die Toxine in Ihrem Körper, die dafür sorgten, dass das Wasser braun wird, würde man davon ausgehen können, dass während Barbies Fußbad das Wasser klar bliebe. Dies war jedoch nicht der Fall. Daher dürfen Sie zu dem Schluss kommen, dass die Giftstoffe in Ihrem Körper nicht die Ursache für die Verfärbung des Wassers waren.

Wenn Sie zeigen wollen, dass A B verursacht, müssen Sie also nicht nur beweisen, dass A vor B kommt, sondern auch, dass B nicht auftreten wird, falls A nicht stattfindet.

Ich will ganz ehrlich sein: Aqua Detox behauptet inzwischen nicht mehr, die braune Farbe des Fußbads rühre von den vom Körper freigesetzten Giftstoffen. Sie finden die Behauptung allerdings noch immer auf den Webseiten zahlreicher Wellnesstempel, die diese Behandlung anbieten. Nachdem der Autor und Arzt Ben Goldacre die Produzenten von Aqua Detox mit den Ergebnissen seines Barbiepuppenexperiments konfrontiert hatte, adaptierten sie ihre Erklärung wie folgt: »Durch die Stimulation der Mikrozirkulation über das biomagnetische Feld wird das Energieniveau der Zellen sowie der Organe wiederhergestellt. Dadurch wird die Funktion von abführenden Organen wie Nieren und Leber optimiert. Der Körper wird gewissermaßen dazu angeregt, sich selbst zu entschlacken.« Ob es sich bei all dem vielleicht nur um Cargo-Kult-Wissenschaft handelt, dürfen Sie selbst entscheiden.

Den Barbiepuppentrick können wir auch anwenden, um herauszufinden, ob die Impfstoffe gegen Masern, Mumps und Röteln Autismus verursachen. Man nehme eine Gruppe geimpfter Menschen und eine Kontrollgruppe, die aus nicht geimpften Personen besteht. Dann untersuchen Sie, ob in der ersten Gruppe mehr Menschen autistisch veranlagt sind als in der Kontrollgruppe. Kreesten Madsen vom Danish Epidemiology Science Center führte eine solche Studie durch und untersuchte hierfür sämtliche Kinder, die zwischen Januar 1991 und Dezember 1998 in Dänemark geboren worden waren. Mit insgesamt mehr als einer halben Million Testpersonen war seine Stichprobe hinreichend groß, und da sie sämtliche dänischen Kinder umfasste, gab es auch keinen Grund, die Repräsentativität der Stichprobe anzuzweifeln.

Im genannten Zeitraum wurden 440 665 dänische Kinder gegen Masern, Mumps und Röteln geimpft; 96 648 Kindern wurde der Impfstoff nicht verabreicht. Madsen verglich das Auftreten von Autismus in beiden Gruppen. Das Ergebnis war eindeutig: Für geimpfte Kinder war das Risiko, an Autismus zu erkranken, kein bisschen höher als für Kinder, die nicht geimpft worden waren. Es gibt daher keinen Grund anzunehmen, dass ein Zusammenhang zwischen Impfen und Autismus besteht. *Quod erat demonstrandum.* Impfungen sind nicht die Ursache von Autismus. Zwischen Impfen und Autismus besteht keinerlei Korrelation. Wenn A und B korrelierten, bedeutete dies: Wenn A vorkommt, tritt B öfter auf, als wenn A nicht vorkommt. Es besteht eine Korrelation zwischen Rauchen und Lungenkrebs ebenso wie zwischen zu viel Alkohol und dem Kater am nächsten Tag. Wenn Wissenschaftler herausfinden möchten, ob A B verursacht, überprüfen sie zuerst, ob eine Korrelation zwischen beidem besteht. Wenn die Hypothese »A verursacht B« stimmt, dann sollte sich auch die Annahme »Wenn A vorkommt, tritt B öfter auf, als wenn A nicht vorkommt« bestätigen. Ist dies nicht der Fall, wird selbige zu den Akten gelegt, denn dann ist klar, dass A nicht die Ursache von B sein kann.

Kreesten Madsen war nicht der Einzige, der den Zusammenhang zwischen Impfen und Autismus untersuchte. Anfang des neuen Jahrtausends gab es noch verschiedene weitere Forscher, die sich dem Thema widmeten. Sie kamen allesamt zu dem gleichen Schluss: Impfen und Autismus korrelieren nicht miteinander.

Auch Wakefields Behauptung, das Masern-RNA-Virus könne Darmentzündungen hervorrufen, wurde entkräftet. Nicht nur, dass es keinem einzigen Wissenschaftler glückte, das Virus aufzuspüren, es kam obendrein ans Licht, dass Wakefield Dreck am Stecken hatte. So hatte er vor dem Verfassen seiner berühmten Artikel 50 000 Dollar von einer Anwaltskanzlei erhalten, die einen Prozess gegen die Produzenten des Impfstoffs anstrengen wollten. Sie hofften auf massenhafte Schadenersatzforderungen. Doch Wakefields

Pläne, mit der Impfangst Geld zu machen, gingen noch weiter. Er hatte die Absicht gehegt, ein Diagnoseset auf den Markt zu bringen, mit dem Eltern herausfinden konnten, ob ihr Kind durch die Impfung bereits Schaden genommen hatte. Einem Kollegen erzählte er, er gehe davon aus, dass damit mehr als 43 Millionen Dollar im Jahr zu verdienen seien. Voraussetzung für den Erfolg dieser Unternehmung war laut Wakefield, dass das Vertrauen der Menschen in den derzeitigen Impfstoff zerstört werde. Am 2. Februar 2010 zog *The Lancet* Wakefields Artikel zurück und entfernte ihn aus der Liste seiner Veröffentlichungen. Im Mai desselben Jahres wurde Wakefield wegen Betrugs verurteilt, außerdem wurde ihm die Doktorwürde aberkannt.

Eine Kontrollgruppe heranzuziehen ist nicht immer möglich. Wenn Sie herausfinden möchten, ob es wirklich die Anstellung eines neuen CEOs in einem Betrieb war, die zu steigenden Gewinnen führte, können Sie unmöglich einen zweiten Betrieb errichten, der mit dem ersten identisch ist und sich nur durch einen anderen CEO unterscheidet. Wenn Sie wissen möchten, ob Bart De Wevers sinkende Popularität tatsächlich auf seine Diät zurückzuführen ist, können Sie Bart De Wever schlecht klonen, um herauszufinden, ob ein dicker Bart De Wever beliebter wäre als sein magerer Klon. Und selbst wenn dies möglich wäre, könnten Sie immer noch keine besonders sinnvollen Aussagen über die Verbindung zwischen der Anstellung eines neuen CEOs und der Rendite beziehungsweise zwischen dem Gewicht eines Politikers und seiner Popularität machen. Wir kennen die Gründe dafür bereits: Ihre Stichprobe ist viel zu klein, und Sie können den Zufall nicht ausschließen. Um wirklich alles richtig zu machen, müssten Sie Bart De Wever also nicht nur einmal klonen, sondern gleich ein paar hundert Mal. Die eine Hälfte dick, die andere Hälfte schlank. Erst dann könnten Sie untersuchen, in welchem Maß das Gewicht die Beliebtheit eines Politikers beeinflusst.

Wir stoßen an dieser Stelle an eine wichtige Grenze unseres Wissens. Wir alle sind uns im Klaren darüber, dass Rauchen Lungenkrebs verursachen kann. Aber in der Relation zwischen Rauchen und Lungenkrebs spielt auch der Zufall eine Rolle. Nicht alle Raucher erkranken an Lungenkrebs, und nicht alle Lungenkrebspatienten haben irgendwann einmal geraucht. Es gibt Raucher, die im Alter von 110 Jahren an Altersschwäche sterben, ebenso wie es Lungenkrebspatienten gibt, die noch nie eine Zigarette angerührt haben. Das Schicksal eines individuellen Rauchers lässt sich schwer vorhersagen. Dies gilt jedoch nicht für eine große Gruppe von Rauchern. Wir wissen, dass ungefähr 17,2 Prozent einer solchen Gruppe irgendwann an Lungenkrebs erkrankt. Vergleichen Sie es mit dem Werfen einer Münze. Wenn Sie eine Münze werfen, ist es unmöglich vorherzusagen, auf welcher Seite sie landen wird. Werfen Sie dagegen Tausende Münzen, können Sie sich ziemlich sicher sein, dass 50 Prozent Kopf zeigen werden und 50 Prozent Zahl.

Sicherheit auf individueller Ebene ist ein Ding der Unmöglichkeit. Es gibt sie nur auf der Ebene einer ganzen Population gemäß des Gesetzes der großen Zahlen, das uns im zweiten Kapitel bereits begegnet ist. Bei einer kleinen Stichprobe – ein Münzwurf, ein einziger Raucher – können Sie den Zufall niemals ausschließen. Dies ist lediglich bei einer groß angelegten Stichprobe möglich. Ereignisse, die

an sich völlig unberechenbar sind, lassen sich in einer großen Gruppe meist trotzdem gut vorhersehen – und je größer die Gruppe, umso besser.

Wir werden daher nie mit Sicherheit sagen können, ob
die Popularität eines Politikers mit seiner Diät zusammen-
hängt oder nicht. Das Einzige, was wir eventuell herausbe-
kommen können, ist, ob dünnere Politiker im Schnitt popu-
lärer sind als ihre korpulenteren Kollegen.

Bis jetzt haben wir uns vor allem mit dem Zusammenhang
zweier Ereignisse (dem Tragen eines rosafarbenen String-
tangas beim Sieg, Impfen und Autismus) beschäftigt. Möglich wäre aber auch eine Korrelation zwischen zwei kontinuierlichen Variablen. Zwischen der Menge an CO_2 in der
Atmosphäre und der Temperatur auf der Erde beispielsweise
oder zwischen der Anzahl der Zigaretten, die jemand täglich
raucht, und seiner Lebenserwartung. Eine Korrelation bedeutet in diesem Fall, dass man den Wert der einen Variablen auf Basis des Werts der anderen Variablen vorhersagen
kann. Dass Sie zum Beispiel wissen: Wenn die eine Variable
hoch ist, muss die andere niedrig sein, oder umgekehrt. Einer der Vorteile der kontinuierlichen Variablen ist, dass sie
sich in einer Grafik darstellen lassen. Weiter unten finden
Sie zwei solcher Grafiken, einmal über den Zusammenhang
zwischen der Anzahl Hundertjähriger in Belgien und der
Anzahl der Dopingsünder sowie eine zur Anzahl der Hun-
dertjährigen in Belgien und der Anzahl derer, die jährlich
in Belgien wegen Heroinbesitzes verhaftet werden. Auf der
Grundlage einer solchen Grafik lässt sich meist sehr schnell
erkennen, ob es zwischen zwei Variablen eine Verbindung
gibt. So sehen Sie, dass es keinen Zusammenhang zwischen

der Anzahl Hundertjähriger in Belgien und dem prozentualen Anteil der Dopingsünder gibt, dass aber die Anzahl Hundertjähriger und die Anzahl der Verhaftungen wegen Heroinbesitzes sehr wohl miteinander korrelieren.

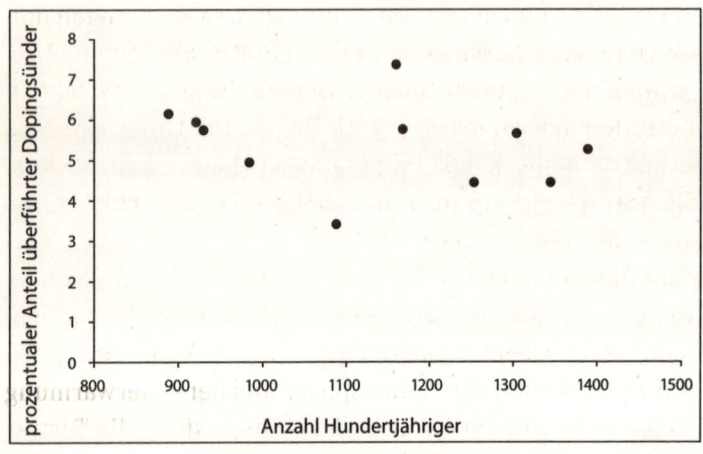

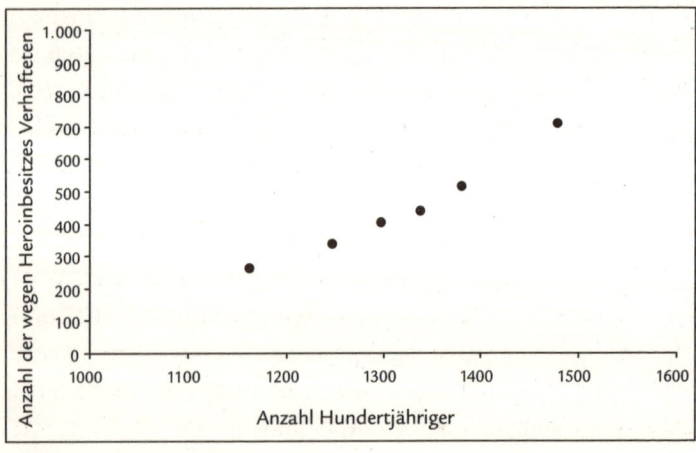

In Kleidern zu schlafen kann einen Kater verursachen

In neben stehender Grafik sahen wir, dass die Anzahl Hundertjähriger und der wegen Heroinbesitzes Verhafteten miteinander korrelieren. Sind Hundertjährige also für den Drogenhandel verantwortlich? Schmuggeln sie, versteckt in ihren Rollatoren, massenweise Heroin ins Land, wenn sie von ihrer alljährlichen Pilgerfahrt aus Lourdes zurückkehren? Setzen sie sich abends, wenn die Pfleger schlafen, gelegentlich einen Schuss?

Es gibt unendlich viele Daten auf dieser Welt, und mit ein wenig Geduld lassen sich die faszinierendsten Zusammenhänge entdecken. So gibt es eine deutliche Verbindung zwischen der Anzahl der Plattenspieler und der Erderwärmung (seit die Anzahl der Plattenspieler sinkt, steigt die Temperatur auf der Erde) oder zwischen der Anzahl verkaufter iPods und der Geburtenzahl. Dies bedeutet jedoch nicht, dass wir der Erderwärmung entgegenwirken könnten, indem wir wieder massenhaft Plattenspieler produzierten – ebenso wenig wie ein Verbot von iPods das Weltbevölkerungswachstum eindämmen würde. Nicht jede Verbindung deutet auf eine ursächliche Relation hin.

Um zu beweisen, dass A B verursacht, ist die Korrelation zwischen A und B eine notwendige Voraussetzung. Wenn Sie also entdecken, dass A und B nicht miteinander korrelieren, dürfen Sie daraus folgern, dass A B nicht verursacht. Entdecken Sie aber, dass A und B sehr wohl korrelieren, ist dies immer noch kein Beweis dafür, dass auch ein Kausalzusammenhang besteht. Im Fachjargon: Korrelation ist nicht gleich Kausation.

Die Existenz einer Korrelation kann auf einem Zufall beruhen, wie beispielsweise bei der Korrelation zwischen der Anzahl von Piraten und dem Klima. Meist steckt dahinter gar nichts – ein Umstand, der Wissenschaftlern schlaflose Nächte bereiten kann. Ein leidiges Problem, das fast allen wissenschaftlichen Studien Sand ins Getriebe streut und den Beweis eines Kausalzusammenhangs extrem schwierig macht: die Zufallsvariablen.

Stellen Sie sich vor, Sie wären ein Forscher und wollten den Einfluss eines Restaurantbesuchs auf die Häufigkeit von Zahnfäule untersuchen. Sie nehmen sich eine hinreichend große Stichprobe vor – um die tausend Menschen dürften genügen –, und von jeder Person messen Sie sowohl die Anzahl der monatlichen Restaurantbesuche als auch die Zahl ihrer schlechten Zähne. Sie stellen beide Variablen in einer Grafik dar, nehmen ein paar Berechnungen vor, um sich sicher zu sein, dass die Korrelation, die Sie gefunden haben, nicht auf dem Zufall beruht, und was stellen Sie fest? Menschen, die häufiger ein Restaurant besuchen, haben im Schnitt ein besseres Gebiss als Personen, die selten oder nie auswärts essen gehen. Schützt ein Restaurant auf die eine oder andere Weise also vor Zahnfäule? Bedienen sich Restaurantköche einer geheimen Substanz, die Zahnschäden wie Schnee in der Sonne verschwinden lässt? Und sollte man daher, will man nicht in jungen Jahren bereits mit einem künstlichen Gebiss herumlaufen, den Zahnarzttermin einfach absagen und stattdessen so oft wie möglich essen gehen?

Es gibt natürlich eine andere, wesentlich plausiblere Erklärung: Wenn jemand über wenig Geld verfügt, ist die Wahrscheinlichkeit gering, dass er oder sie regelmäßig Speiselokale frequentiert. Dazu kommt, dass ärmere Menschen seltener zum Zahnarzt gehen, ein ungesünderes Essverhalten an den Tag legen und daher auch häufiger schlechtere Zähne haben. Der entscheidende Faktor ist also nicht der Restaurantbesuch an sich, sondern die finanzielle Situation. In diesem Fall ist das Geld die entscheidende Zufallsvariable, denn sie bestimmt sowohl die Zahl der Restaurantbesuche als auch die Qualität des Gebisses. Es gibt eine Korrelation zwischen A und B, die jedoch die Folge der Zufallsvariablen C ist, die sowohl A als auch B beeinflusst.

Wenn Sie die Zufallsvariable nicht mit einbeziehen und Korrelation und Kausation miteinander verwechseln, könnten Sie ebenso gut zu dem Schluss kommen, dass angezogen ins Bett zu gehen einen Kater verursacht. Diese Korrelation zwischen »in Kleidung schlafen« und »an einem Kater leiden« gibt es wirklich: Menschen, die morgens in den Kleidern vom Vortag erwachen, haben häufiger einen Kater als Menschen, die sich am Abend, wie es sich gehört, einen Schlafanzug angezogen haben. Aber daraus folgt natürlich nicht, dass das eine die Ursache des anderen ist. Ebenso wenig, wie man aus der Korrelation zwischen grauem Haar und allerlei unheimlichen Krankheiten darauf schließen kann, dass man sich schnellstmöglich die Haare färben sollte, sobald die ersten grauen Strähnen sichtbar werden.

Forscher stellten fest, dass Paare, die mindestens zweimal in der Woche Sex hatten, ein um 50 Prozent verringertes

Herzinfarktrisiko aufwiesen. Es steht zwar nicht da – trotzdem interpretiert unser Idiot den Satz als einen kausalen Zusammenhang: Das Risiko dieser Paare, einen Herzinfarkt zu erleiden, ist geringer, weil sie viel Sex haben. Genau dies ging auch aus einem Artikel hervor, den *Het Laatste Nieuws* der Untersuchung widmete: »Regelmäßiger Sex halbiert Herzinfarktrisiko.« Bevor Sie Ihrem Partner nun aber auf den Leib rücken und ihn dazu verpflichten, dreimal täglich mit Ihnen in die Kiste zu springen, sollten Sie vielleicht erst einmal über mögliche andere Erklärungen nachdenken. Vielleicht haben jüngere Menschen mehr Sex als ältere. Zudem laufen junge Menschen seltener Gefahr, einen Herzinfarkt zu erleiden. Die Zufallsvariable könnte in diesem Fall also das Alter sein.

Journalisten scheinen blind zu sein für den Unterschied zwischen Korrelation und Kausation:

- »Regelmäßiger Alkoholgenuss verringert das Risiko, an rheumatoider Polyarthritis zu erkranken« (*Het Nieuwsblad*, 28. Juli 2010)
- »Bewiesen: Glückliche Ehe = langes Leben« (*Het Laatste Nieuws*, 21. September 2011)
- »Ein Glas Bier am Tag macht gesund und schlank« (*Het Nieuwsblad*, 13. Januar 2011)

Es werden ganze Zeitungen mit derlei Verwechslungen gefüllt. Am 29. Juli 2008 titelte *Het Nieuwsblad:* »Red Bull regt zu riskantem Verhalten an.« Folgendes stand in dem Artikel geschrieben: »Studenten, die regelmäßig Energy-Drinks zu sich nehmen, zeigen öfter riskante Verhaltensweisen. Sie rauchen mehr, missbrauchen Arzneimittel, beteiligen sich an Schlägereien und haben ungeschützten Geschlechtsverkehr. Das haben amerikanische Forscher jetzt herausgefunden.« Studenten, die nach etwa sieben Wodka Red Bull total auf 180 sind und eine Schlägerei anzetteln oder unter dem Einfluss von fünf Flaschen Pils und drei Dosen Red Bull im Eifer des Gefechts das Kondom vergessen – klingt plausibel. Wenn wir also nicht wollen, dass unsere Straßen von einer Meute wild gewordener Jugendlicher unsicher gemacht werden und wir eine Epidemie von Teenager-Schwangerschaften verhindern wollen, sollten wir Red Bull wohl besser aus den Supermarktregalen verbannen.

Die ursprüngliche Untersuchung lässt sich leicht aufspüren: »Energy Drinks, Race and Problem Behaviors Among College Students.« Die Forscherin Kathleen Miller befragte 795 Studenten zu ihrem Konsum von Energy-Drinks. Außerdem fragte sie die Studenten, ob sie rauchten, Alkohol tranken, ungeschützten Geschlechtsverkehr hatten, riskante Sportarten betrieben und so weiter. Und was ergab die Analyse durch die Kommission? Studenten, die regelmäßig Energy-Drinks zu sich nahmen, zeigten riskantere Verhaltensweisen. Trotzdem können wir nicht daraus schließen, dass Red Bull diese Verhaltensweisen verursacht. Man misst ein paar Parameter (Konsum von Energy-Drinks, sexuelles Verhalten, Drogenkonsum, wie oft man in eine Schlägerei gerät ...) und stellt fest, dass dies alles miteinander korreliert. Lässt sich daraus folgern, dass der Verursacher von all dem Red Bull ist?

Angesichts der Daten, aus denen ebenfalls hervorgeht, dass Studenten, die sich regelmäßig prügeln, auch öfter ungeschützten Geschlechtsverkehr haben, hätte man ebenso gut darauf schließen können, dass Schlägereien ungeschützten Geschlechtsverkehr verursachen. Oder dass ungeschützter Sex zu Schlägereien führt. Oder gar, dass Schlägereien den Genuss von Red Bull anregen.

Wenn Sie jemals Reklame für Red Bull gesehen haben, wissen Sie Bescheid. Das Getränk ist nichts für Schlaffis – die Zielgruppe sind starke Männer, echte Kerle, die sich ohne zu zögern in Gefahren stürzen und immer auf der Suche nach dem noch extremeren Kick sind. Wäre es nicht möglich, dass die Studenten, die sich von dieser Botschaft angezogen fühlen, eine von der Norm abweichende Persönlichkeit haben? Dass sie einen höheren Adrenalinbedarf haben, das Risiko lieben? Und somit auch mehr Alkohol und Drogen konsumieren und öfter in Schlägereien geraten? Die Interpretation der Forscherin: »Es ist sicherlich möglich, dass beispielsweise bei einem sensationshungrigen Charakter oder der Zugehörigkeit zu einer risikoorientierten Subkultur sowohl der Konsum von Energy-Drinks als auch das Risikoverhalten beeinflusst werden.« Und weiter: »Ein Kausalzusammenhang zwischen dem Konsum von Energy-Drinks und Risikoverhalten konnte nicht nachgewiesen werden. Es besteht kein Grund für die Annahme, dass das Trinken von Red Bull zu übermäßigem Alkoholgenuss, ungeschütztem Geschlechtsverkehr oder zum Experimentieren mit harten Drogen führt.« Letzteres haben die Journalisten von *Het Nieuwsblad* allerdings anscheinend nicht mehr gelesen.

Leider ist es kaum möglich, mit absoluter Gewissheit auszuschließen, dass man alle Zufallsvariablen berücksichtigt hat. Anfang 2000 waren immer mehr Wissenschaftler davon überzeugt, dass die Hormontherapie nicht nur die leidigen Folgen der Menopause verhindere, sondern auch gegen Herz-Kreislauf-Erkrankungen schütze. Alle möglichen Zufallsvariablen – Alter, Einkommen und so weiter – wurden untersucht und, soweit möglich, ausgeschlossen. Folgendes Resultat blieb am Ende übrig: Will man als Frau das Risiko, während der Menopause an einem Herzinfarkt zu sterben, minimieren, sollte man zusätzliche Hormone einnehmen. Trotzdem ergaben spätere Untersuchungen, dass Hormontherapien das Herzinfarktrisiko leicht erhöhten, anstatt es, wie zuvor angenommen, zu senken. Scheinbar hatte man bei der ersten Untersuchung doch ein paar Faktoren übersehen.

Dieses Problem lässt sich zum Glück sehr einfach lösen – und es war ein Flame, ein gewisser Johannes Baptista van Helmont, der im 17. Jahrhundert als einer der Ersten die Lösung präsentierte. Ärzte glaubten damals, dass der Mensch über verschiedene Körperflüssigkeiten verfügte: Blut und Schleim und schwarze sowie gelbe Galle. War man krank, so bedeutete dies, dass die Flüssigkeiten aus dem Gleichgewicht geraten waren, man nahm einen Aderlass vor und zapfte das überflüssige Blut ab. Johannes Baptista van Helmont war einer der wenigen, die von dieser Methode – zu Recht, wie wir heute wissen – nicht überzeugt waren. Um zu beweisen, dass der Aderlass nicht half, stellte er folgende These auf: »Lasst uns aus den Krankenhäusern zweihundert oder dreihundert arme Menschen nehmen, die an Fieber oder Pleuritis (Rippenfellentzündung) leiden. Lasst sie uns in zwei Gruppen einteilen, lasst uns Lose ziehen, sodass die eine Hälfte von mir behandelt werden kann und die andere Hälfte von euch. Ich werde sie ohne Aderlass heilen und ihr mit. (...) Wir werden sehen, bei wem es schließlich die meisten Begräbnisse gibt.«

Ich weiß nicht, ob das Experiment je durchgeführt wurde, aber was Johannes Baptista van Helmont vorschlug, war eine der ersten randomisierten Interventionsstudien. Die Studien, über die wir bisher gesprochen haben, waren Observationsstudien: Sie messen bei Testpersonen einige Parameter und finden heraus, ob diese miteinander korrelieren. Bei einer Observationsstudie ist es zugegebenermaßen schwierig sicherzustellen, dass tatsächlich alle Zufallsvariablen in Betracht gezogen wurden. Bei einer randomisierten Interventionsstudie hingegen ist das möglich. Bei einer solchen Studie greift man als Forscher aktiv in einen Aspekt des Lebens seiner Testpersonen ein. Erst teilt man die Testpersonen nach dem Zufallsprinzip in eine Kontrollgruppe und eine Experimentalgruppe ein. Der Experimentalgruppe lässt man dann eine bestimmte Behandlung zuteilwerden – ein Arzneimittel, das man untersuchen oder was auch immer man testen will –, der Kontrollgruppe nicht. Wenn beide Gruppen hinreichend groß sind und Sie Ihre Testpersonen willkürlich den beiden Gruppen zugewiesen haben, besteht der einzige systematische Unterschied in der Wirksamkeit dessen, was Sie untersuchen wollen. Wenn Sie dann nach einiger Zeit zwischen den Gruppen einen deutlichen Unterschied erkennen, wissen Sie, was diesen Unterschied verursacht hat. Und wenn Ihre Stichprobe repräsentativ war, dürfen Sie davon ausgehen, dass dieses Ergebnis nicht nur für die untersuchte Stichprobe, sondern auch für den Rest der Population gilt.

Endlich haben wir das ideale Experiment gefunden, und zwar ein sehr vielversprechendes: die randomisierte Interventionsstudie, basierend auf einer hinreichend großen und repräsentativen Stichprobe.

Randomisierte Interventionsstudien (ich gebe zu, das klingt langweilig)

Das können Sie selbst auch: Angenommen, Sie wollten herausfinden, ob Visualisierung funktioniert. Visualisierung ist eine Methode, auf die man vor allem in Selbsthilfebüchern und auf dubiosen Webseiten trifft. Die Grundidee: Wollen Sie etwas erreichen, dann stellen Sie sich mental vor, *wie* Sie das Ziel erreichen. Wenn Sie dies tun, ist die Wahrscheinlichkeit größer, dass es Ihnen tatsächlich gelingt. Sie können ohne Weiteres an die Wirkung glauben, weil es Ihnen plausibel erscheint oder weil Sie es selbst erlebt haben, aber wenn Sie herausfinden wollen, ob wirklich mehr dahintersteckt als bloß Geschwätz, sollten Sie auch eine randomisierte Interventionsstudie dazu durchführen. Sie könnten zum Beispiel untersuchen, ob man durch Visualisierung ein besserer Jongleur werden kann. Sie rekrutieren ausreichend Freiwillige und teilen diese willkürlich in zwei Gruppen ein. Die eine Gruppe muss täglich eine halbe Stunde jonglieren üben. Die andere Gruppe macht das Gleiche, aber sie muss sich zudem täglich eine halbe Stunde lang vorstellen, wie sie fehlerlos die Bälle durch die Luft schweben lässt, ohne dabei auch nur einen einzigen fallen zu lassen. Nach einem Monat testen Sie alle Teilnehmer und untersuchen, ob sich die Kontrollgruppe von der Experimentalgruppe hinsichtlich der Jonglierfertigkeiten unterscheidet. Sie müssen allerdings dafür sorgen, dass die Randomisierung korrekt abläuft. Wenn Ihre Experimentalgruppe vor allem aus Menschen besteht, die irgendwann einmal eine Zirkusschule besucht haben, verzerrt dies natürlich Ihre Ergebnisse. Sie müssen außerdem eine Methode finden, mit der sich die Jonglierkünste Ihrer Teilnehmer objektiv testen lassen. Und selbstverständlich müssen Sie Ihr Ergebnis zudem mit ein wenig Statistik befeuern, damit Sie sich ganz sicher sein können, dass Ihr Ergebnis nicht zufällig zustande gekommen ist. Wenn nun alle Voraussetzungen erfüllt sind, und Sie stellen fest, dass die Experimentalgruppe signifikant besser ist als die Kontrollgruppe, gibt es nur mehr eine mögliche Erklärung: Visualisierung wirkt – zumindest wenn man seine Jonglierkünste verbessern will.

Derlei Untersuchungen zur Visualisierung wurden bereits Hunderte Male durchgeführt. Visualisierung scheint tatsächlich zu funktionieren. Probanden, die sich vorstellten, wie sie Obst aßen und es genossen, aßen in der Tat in den darauffolgenden Tagen mehr Obst. Golfspieler, die sich vorstellten, wie sie den perfekten Schlag ausführten, verbesserten sich. Und wenn sich Posaunenspieler täglich eine halbe Stunde lang vorstellten, wie sie spielten, spielten sie danach tatsächlich virtuoser. Leider ergibt sich aus diesen Studien ebenfalls, dass sich mithilfe der Visualisierung nur das eigene Verhalten ein Stückweit korrigieren lässt. Es hat daher keinen Sinn, sich vorzustellen, dass Sie nächste Woche aus heiterem Himmel von einem Supermodel angerufen werden, das fragt, ob Sie nicht Lust hätten, eine Nacht lang wilden Sex mit ihr zu haben. So angestrengt Sie auch darüber nachdenken – auf die sexuellen Begierden eines Supermodels hat Ihre Visualisierung keinen Einfluss.

Sie können sich für das Funktionieren der Visualisierung natürlich herrliche Cargo-Kult-Erklärungen ausdenken: irgendwas mit Frequenzen oder bioenergetischen Feldern zum Beispiel. Aber um herauszufinden, *ob* etwas funktioniert, ist es nicht nötig zu wissen, *wie* es funktioniert. Wenn Sie zwischen der Kontroll- und der Experimentalgruppe einen signifikanten Unterschied feststellen, dürfen Sie daraus folgern, *dass* es funktioniert, auch wenn Sie nicht die geringste Ahnung haben, warum.

Bringen Meetings im Stehen mehr als solche, in denen man sich auf einem Stuhl bequem zurücklehnt? In der Tat, wie eine randomisierte Interventionsstudie ergab. Kann man schwererziehbare Quälgeister in anständige Jugendliche verwandeln, indem man sie in ein militärisches Trainingslager schickt? Auch das kann man untersuchen. Studien haben jedoch ergeben, dass sogenannte Bootcamps keine besonders hilfreiche Maßnahme darstellen. Was man sich auch fragt, was man auch wissen will: Eine randomisierte Interventionsstudie ist der beste Weg, um herauszufinden, ob es einen kausalen Zusammenhang zwischen A und B gibt. Endlich haben wir ein wenig Sicherheit.

Supermärkte sind voll von Produkten, die einem ewiges Leben versprechen: Yakult ist gut für Ihr Immunsystem. Omega-3-Fettsäuren erhöhen das Konzentrationsvermögen. Die Pflanzensterole in Becel pro activ senken den Cholesterinspiegel. 2006 beschloss die Europäische Behörde für Lebensmittelsicherheit, ein Regelwerk für derartige Claims zu erstellen. Seit 2013 müssen Produzenten, die einen solchen Claim auf der Verpackung zu platzieren beabsichtigen, zunächst seinen Wahrheitsgehalt darlegen, und zwar mittels korrekt durchgeführter randomisierter Interventionsstudien. Die Resultate waren desaströs. Es gibt keinen einzigen Beweis dafür, dass Yakult »mit aktiven Bifidus-Kulturen« gut für das Immunsystem ist, ebenso wenig wie für die Behauptungen, dass Omega 3 das Konzentrationsvermögen stärkt, beruhigend wirkt, die Sehkraft verbessert oder gut ist für das Gedächtnis. Und bezüglich Antioxidantien folgerte die Kommission: »Es wurde kein Beweis dafür gefunden, dass das Vorhandensein einer antioxidierenden Wirkung die Gesundheit positiv beeinflusst.« Gerade einmal 220 Claims wurden bis heute akzeptiert, Tausende hingegen verworfen. Die Produzenten brachten allerhand plausible Argumente und allerlei Korrelationen vor, aber im entscheidenden Test – der randomisierten Interventionsstudie – fielen die Claims durch. Und so entschied die Kommission in all diesen Fällen, dass »eine kausale Verbindung zwischen der Einnahme des Produkts und der unterstellten Wirkung nicht bewiesen ist«. Die Industrie fand das wenig lustig und sprach von einer »Verletzung des Rechts auf freie Meinungsäußerung«.

Auch wenn Sie ein Medikament auf den Markt bringen wollen, geht dies nur, sofern Sie einige korrekt durchgeführte Studien vorlegen können, aus denen hervorgeht, dass es dem Patienten nach Einnahme des Mittels tatsächlich besser geht als vorher. Diese Studien werden dann von einer

Kommission überprüft (in Amerika von der Food and Drug Administration, in Europa von der Europäischen Arzneimittel-Agentur), die darüber entscheidet, ob das Medikament in den Handel gelangen darf oder nicht. Selbstverständlich versucht die Pharmaindustrie mit verschiedensten Methoden, ihre Produkte ins beste Licht zu rücken – schließlich geht es um viel Geld. So versuchen sie, wie bereits erwähnt, Studien, die kein besonders gutes Ergebnis für ihre Produkte lieferten, unter den Teppich zu kehren. Manchmal versuchen sie auch, die Randomisierung zu manipulieren, sodass die Testpersonen der Experimentalgruppe im Schnitt gesünder sind als die der Kontrollgruppe. Oder sie versuchen mittels allerhand Spitzfindigkeiten zu beweisen, dass ihr Medikament tatsächlich besser ist als das der Konkurrenz. Glücklicherweise ist es nicht so einfach, randomisierte Interventionsstudien zu manipulieren. Wenn eine Pille ebenso wirksam ist wie ein Glas Leitungswasser, dann ist es verdammt schwierig, daraus ein positives Ergebnis abzuleiten.

Es geht aber noch besser. Bei jeder einzelnen Studie besteht wegen des Signifikanzkriteriums immer noch eine Wahrscheinlichkeit von fünf Prozent, dass das Ergebnis auf einem Zufall beruht. Anstatt sich auf eine einzige Studie zu stützen, kann man auch einfach sämtliche Studien, die jemals zu einer bestimmten Fragestellung durchgeführt wurden, zusammentragen. Die unbrauchbaren Studien – falsche Randomisierung, keine objektive Messung des Endergebnisses und so weiter – sortieren Sie vorher aus. Die Ergebnisse aller anderen Studien tragen Sie in eine große Tabelle ein und erhalten auf diese Weise – durch ein bisschen Statistik – statt unzähliger kleiner Studien eine Megastudie oder Metaanalyse. Eine solche Metaanalyse ist die beste Methode, um zu verhindern, dass man sich von Zufallstreffern in die Irre leiten lässt. Zur Wirkung von Homöopathie beispielsweise wurden bereits Hunderte randomisierter Interventionsstudien durchgeführt. Darunter finden sich einige, die tatsächlich ein positives Ergebnis erbrachten. Es sind natürlich diese Studien, aus denen Homöopathen immer wieder zitieren, wenn sie belegen wollen, dass das Wasser, das sie verkaufen, tatsächlich eine Wirksamkeit besitzt. Wenn man aber eine Metastudie durchführt und alle Untersuchungen über Homöopathie zusammenträgt, erhält man ein niederschmetterndes Urteil: Homöopathie wirkt nicht.

Das bereits erwähnte Cochrane-Institut ist eine unabhängige Non-Profit-Organisation, ein Zusammenschluss Hunderter Akademiker, die versuchen, medizinische Fragen bestmöglich zu beantworten. Für jede Frage wird ein Expertenteam zusammengestellt, das sämtliche bereits existierenden Studien zu einem bestimmten Thema zurate zieht und, nachdem es die mangelhaft durchgeführten Studien aussortiert hat, eine Metaanalyse durchführt. Das Beste daran ist, dass die Ergebnisse dieser Metaanalysen fein säuberlich auf der Cochrane-Webseite aufgeführt werden. Setzen Sie sich also ruhig an den Computer und speichern Sie www.cochrane.org unter Ihren Lesezeichen ab. Verhilft Ihnen die Einnahme von Antioxidantien zu einem längeren Leben? Eine Metaanalyse des Cochrane-Instituts hat ergeben, dass dies nicht der Fall ist. Schlimmer noch: Es wurde festgestellt, dass Menschen, die täglich große Mengen von Antioxidantien zu sich nahmen, im Schnitt früher starben als Menschen, die keine Antioxidantien futterten. Verringert grüner Tee das Krebsrisiko? Grünen Tee zu trinken ist völlig ungefährlich, aber es gibt keine stichhaltigen Beweise für die Behauptung, dass grüner Tee das Krebsrisiko senke. Sind Antidepressiva ein geeignetes Mittel bei Autismus? Wieder reichen die Beweise nicht aus. Ist es hilfreich, bei depressiven Verstimmungen Johanniskraut einzunehmen? Aus der Metaanalyse des Cochrane-Zentrums ergibt sich – sieh einer an – eine positive Antwort.

»Kommen Sie zum errechneten Geburtstermin ins Krankenhaus, wir werden dann die Wehen einleiten«, sagte unser Gynäkologe, als Sara hochschwanger war. Seiner Ansicht nach war es völlig verantwortungslos, eine schwangere Frau auch nur einen Tag über den errechneten Termin kommen zu lassen. Er tischte uns allerlei Horrorgeschichten auf: über Fruchtwasser, das wie Erbsensuppe aussah, und Babys, die halb tot zur Welt kamen. Ich fing also an zu recherchieren. Auf der Cochrane-Webseite fand ich einen Überblick über die vorhandenen Studien zum Einleiten einer Geburt. Daraus ging hervor, dass eine Einleitung nach der 41. Schwangerschaftswoche, also eine Woche nach dem errechneten Termin, zu einem minimalen Rückgang von Totgeburten führt. Vorteile bei einer Einleitung in der 40. Woche gab es überhaupt keine. Der Ratschlag der Cochrane-Forscher: Erklären Sie der Schwangeren die Vor- und Nachteile und lassen Sie sie selbst entscheiden. Unser Gynäkologe war jedoch unerbittlich: 40. Woche und keinen Tag länger.

Nicht alles, was Ihnen der Arzt verschreibt oder rät, basiert auf Beweisen. Auch Ärzte geben mitunter ihrem inneren Idioten nach. Sie tun Dinge, weil sie es nun mal so gelernt haben, weil es plausibel klingt oder weil sie in ihrer praktischen Arbeit schon dutzendfach erlebt haben, dass es funktioniert. Manchmal zieht das schreckliche Folgen nach sich. Ich erinnere mich noch gut, dass irgendwo im Bücherregal meiner Eltern Dr. Spocks *Säuglings- und Kinderpflege* stand, der meistverkaufte Erziehungsratgeber aller Zeiten und lange Zeit die Bibel all derer, die gerade Eltern geworden waren. Darin riet Dr. Spock den Eltern, ihr Kind stets auf dem Bauch schlafen zu lassen. Das hatte seiner Ansicht nach zwei Vorteile: Musste das Baby sich übergeben, verringerte sich das Risiko, dass es an seinem Erbrochenen erstickte. Außerdem sollte es verhindern, dass der Hinterkopf des Babys platt gedrückt wurde. Die Vorteile der Bauchlage wurden nie nachgewiesen, Dr. Spocks Argumentation klang trotzdem plausibel. Tausende Ärzte übernahmen seinen Rat. Und genau dies hat – selbstverständlich ungewollt – den Tod Tausender Babys verursacht. Die Bauchlage führt nämlich zu einem signifikant erhöhten Risiko für den plötzlichen Kindstod.

Sich nach der eigenen Decke strecken

Randomisierte Interventionsstudien sind, ebenso wie Metaanalysen, fantastische Instrumente, um Kausalzusammenhänge offenzulegen. Dennoch haben sie ihre Grenzen. Wenn Sie herausfinden wollten, ob eine Vergewaltigung Depressionen hervorrufen kann, glaube ich kaum, dass es irgendeine ethische Kommission gäbe, die eine randomisierte Interventionsstudie zu diesem Zweck gutheißen würde. Auch wenn Sie nachweisen wollten, dass längere Gefängnisstrafen effizienter sind als kurze, wäre eine randomisierte Interventionsstudie kaum zu rechtfertigen. Sie müssten die Verurteilten nach dem Zufallsprinzip aufteilen in eine Kontrollgruppe, deren Probanden eine kürzere Strafe absitzen, und in die Experimentalgruppe, in der die Testpersonen länger im Knast bleiben müssten. Man stelle sich vor: ein Mörder, der Glück hat und nur ein paar Wochen einsitzen muss – damit wäre die Öffentlichkeit sicherlich nicht glücklich.

In manchen Fällen ist eine Interventionsstudie nicht so sehr unethisch als vielmehr unpraktisch. Hat die Ernährung einen Einfluss auf die Gesundheit? In Zeitungen findet man dazu täglich seitenweise Korrelationen und plausible Mechanismen. Erwiesene Kausalzusammenhänge hingegen sind äußerst selten. Es wäre zugegebenermaßen kompliziert, zu diesem Thema eine Interventionsstudie durchzuführen. Die Probanden der Experimentalgruppe müssten ihre Ernährungsgewohnheiten komplett umstellen, und zwar nicht nur für ein paar Tage, sondern für die Dauer mehrerer Jahre. Jeder, der irgendwann schon mal eine Diät gemacht hat, weiß, wie schwierig das ist. Obendrein müssen Sie damit rechnen, dass auch die Personen der Kontrollgruppe ihre Ernährung umstellen. Es ist außerdem gar nicht einfach herauszufinden, was eigentlich gemessen werden soll. Die Anzahl der verzehrten Hamburger? Die Menge an Fett? Müssen Sie dabei zwischen ungesättigten und gesättigten Fettsäuren unterscheiden? Oder müssen Sie noch genauer arbeiten und überprüfen, wie viel Buttersäure, Laurinsäure und alle möglichen anderen Fettarten die Testpersonen zu sich nehmen? Schließlich können Sie nur hoffen, dass Ihre Probanden hinsichtlich ihrer Ernährung ehrlich sind und nicht »zufällig« vergessen, den täglich verdrückten Hamburger mit Pommes zu erwähnen. Interventionsstudien über die Relation zwischen Ernährung und Gesundheit gibt es daher äußerst selten, und die Handvoll Studien, die dazu durchgeführt wurden, lieferten zumeist eher unklare Ergebnisse. 1982 wurde beispielsweise eine der umfangreichsten Studien der Welt organisiert: Knapp 13 000 Männer mit erhöhtem Risiko für Herz-Kreislauf-Erkrankungen erklärten sich bereit, am *Multiple Risk Factor Intervention Trial* teilzunehmen. Sie wurden willkürlich in zwei Gruppen eingeteilt. Um die eine Gruppe kümmerte man sich nicht, die andere wurde sieben Jahre lang intensiv begleitet, auf dass die Probanden ihre Essgewohnheiten verändern und gesünder leben sollten. Es wurden sogar Kochkurse für die Ehefrauen organisiert. Dennoch blieb der erwartet starke Rückgang von Herz-Kreislauf-Erkrankungen aus. Vielleicht gab es also gar keinen Kausalzusammenhang zwischen der Ernährung und dem Herzinfarktrisiko. Oder aber es gelang den Testpersonen der Experimentalgruppe allen Maßnahmen zum Trotz nicht, ihren Lebensstil in ausreichendem Maße zu verändern. Das letzte Wort ist hier noch nicht gesprochen.

Ist die Erderwärmung eine Folge des vom Menschen verursachten CO_2-Ausstoßes? Eine weitere Frage, zu der sich eine randomisierte Interventionsstudie schwierig gestaltet. Im Idealfall nähmen wir ein paar Hundert artverwandte Planeten und teilten diese willkürlich in zwei Gruppen ein. Bei der ersten Gruppe pumpten wir jahrelang zusätzliches CO_2 in die Atmosphäre, die andere Hälfte ließen wir in Ruhe. Anschließend würden wir einige Jahrhunderte lang die Temperatur der Planeten messen und untersuchen, ob die Temperatur der CO_2-Planeten weiter angestiegen ist als bei denen der Kontrollgruppe. Kaum zu realisieren. In diesem Fall kann man sich wohl nur nach der eigenen Decke strecken. Darin, dass die Erde sich erwärmt, sind sich alle einig. Diskutiert wird über die Ursache dieser Erwärmung (nun ja, was heißt diskutiert ... Klimatologen, die den Zusammenhang zwischen CO_2-Ausstoß und Erderwärmung nach wie vor anzweifeln, kann man mittlerweile an einer Hand abzählen). Wird die Erwärmung durch den Menschen oder durch erhöhte Sonnenaktivität verursacht, oder handelt es sich um eine natürliche Abweichung? Der Vorteil einer randomisierten Interventionsstudie besteht darin, dass ihr eine sehr spezifische Annahme zugrunde liegt – eine Annahme, die alle anderen Erklärungen ausschließt. Und nach einer solchen Annahme könnte man auch hier suchen. Wenn Sie in der Schule aufgepasst haben, erinnern Sie sich bestimmt, dass die Erdatmosphäre aus verschiedenen Schichten besteht. Kurz über der Erdoberfläche beginnt die Troposphäre, nach ungefähr zehn Kilometern geht diese in die Stratosphäre über. Nehmen wir an, die erhöhte Sonnenaktivität wäre die Ursache für die Erderwärmung. In diesem Fall würde man erwarten, dass sich sowohl die Troposphäre als auch die Stratosphäre erwärmten. Wenn jedoch der Treibhauseffekt und damit der CO_2-Ausstoß der Übeltäter wäre, würde man erwarten, dass sich vornehmlich die Troposphäre erwärmte. Aus den Untersuchungen von Ben Santer und seinen Kollegen geht hervor, dass Letzteres der Fall zu sein scheint.

Natürlich war dies gerade eine viel zu stark vereinfachte Darstellung eines überaus komplexen Problems, doch die Botschaft ist klar: Obwohl das ideale Experiment – eine randomisierte Interventionsstudie – nicht durchführbar ist, können trotzdem spezifische Annahmen getroffen werden. Und wenn diese Annahmen in dieselbe Richtung verweisen, wie es bei der Verbindung zwischen dem CO_2-Ausstoß und dem Klima der Fall ist, kann man mit an Sicherheit grenzender Wahrscheinlichkeit davon ausgehen, dass zwischen beiden Faktoren ein Kausalzusammenhang besteht.

Kein einziger Arzt hat jemals seine Probanden dazu verpflichtet, täglich mehrere Schachteln Zigaretten zu rauchen. Zum Zusammenhang zwischen Rauchen und Lungenkrebs gibt es also ebenfalls keine Interventionsstudie. Aber auch in diesem Fall kann man einigermaßen spezifische Annahmen treffen und andere Erklärungen ausschließen. Austin Bradford Hill, Mediziner und Statistiker, der in den Fünfzigerjahren den Zusammenhang zwischen Rauchen und Lungenkrebs entdeckte, erstellte eine Liste dieser Annahmen. Sind alle Kriterien dieser Liste erfüllt, darf man sich so gut wie sicher sein, dass sich hinter der gefundenen Korrelation ein Kausalzusammenhang verbirgt. Dafür muss die gefundene Korrelation hinreichend stark sein, das heißt, die Lungenkrebsrate von Rauchern muss nicht nur um ein paar mickrige Prozentpunkte höher, sondern beispielsweise doppelt so hoch sein. Die gefundene Korrelation muss überdies konsistent sein. Ob man nun Männer oder Frauen, korpulente oder schlanke Menschen, US-Amerikaner oder Finnen testet: Es muss sich jedes Mal die gleiche deutliche Korrelation ergeben. Darüber hinaus muss es sich um einen plausiblen Mechanismus handeln, der durch Experimente untermauert wird. Am besten wäre eine zusätzliche Relation zwischen Dosis und Respons: Die Menschen, die täglich mehr als zwanzig Zigaretten rauchen, müssen dementsprechend ein höheres Lungenkrebsrisiko haben als diejenigen, die sich nur ab und zu mal eine anstecken. Der vermeintliche Kausalzusammenhang muss zudem kohärent zu den übrigen wissenschaftlichen Erkenntnissen sein. Und schließlich muss man auch alle übrigen möglichen Erklärungen für eine solche Korrelation auf Stichhaltigkeit überprüfen. Leider erfüllt die Korrelation zwischen Rauchen und Lungenkrebs all diese Voraussetzungen, und mir bleibt nichts übrig, als zu akzeptieren, dass jede Zigarette, die ich mir anzünde, mein Risiko, irgendwann einmal an Lungenkrebs zu erkranken, wieder ein Stück erhöht.

Die Durchführung randomisierter Interventionsstudien ist häufig nicht nur unethisch, unpraktisch oder unmöglich, sondern in vielen Fällen auch zu kostspielig. Eklampsie – Schwangerschaftsvergiftung – ist eine lebensbedrohliche Komplikation. Jährlich sterben ungefähr 50 000 Schwangere daran. Bereits 1906 vermutete man, dass Magnesiumsulfat der Schlüssel zu diesem Problem sein könnte. Trotzdem wurde nicht weiter nachgeforscht, und es gab dafür nur eine Erklärung: zu wenig Geld. Vor allem in der Dritten Welt sterben viele Frauen an Eklampsie. Kein sehr guter Absatzmarkt, denn die Menschen dort können sich keine Medikamente leisten. Obendrein ist Magnesiumsulfat in kommerzieller Hinsicht uninteressant. Es ist spottbillig in der Produktion und allgegenwärtig. Es kommt sogar in Badesalzen und Düngemitteln für Rosen oder für den Rasen vor. Man kann es nicht patentieren lassen, und kein einziger Pharmabetrieb ist erpicht darauf, eine Studie durchzuführen, die keine Umsatzsteigerung nach sich zieht. In den Neunzigerjahren beschloss die WHO daher, selbst eine Studie zu finanzieren. Aus dieser ging nicht nur hervor, dass Magnesiumsulfat tatsächlich hilft. Die Forscher errechneten zudem, dass Millionen von Frauenleben hätten gerettet werden können, wäre diese Studie nur wenige Jahrzehnte früher durchgeführt worden.

Die Pharmaindustrie investiert ebenfalls kaum in Studien zu Medikamenten gegen die Chagas-Krankheit (ca. 13 Millionen Fälle, mehr als 20 000 Tote jährlich), die Schlafkrankheit (ca. 50 000 Millionen Todesfälle jährlich) oder Elefantitis (ca. 120 Millionen Fälle) – aus einem einfachen Grund: Man verdient damit nichts. Es wird lieber nach einem weiteren Antidepressivum geforscht oder nach einer weiteren Pille, die dem Mann eine Wahnsinnserektion verpasst. Denn dafür gibt es einen Absatzmarkt. Das Global Forum for Health Research errechnete, dass 90 Prozent der Forschungsgelder in zehn Prozent der medizinischen Leiden investiert werden. Ich habe kein Problem mit den Studien, die die Pharmaindustrie durchführt, aber ich habe durchaus ein Problem mit denen, die sie nicht durchführen.

Es gibt ein weiteres Thema, das bis dato von der Forschung fundamental vernachlässigt wurde. 2007 erschien im *British Medical Journal* ein Artikel, der eine randomisierte Studie beschrieb. In dieser Studie wurde eine Therapie gegen asoziales Verhalten Jugendlicher beschrieben, die zu signifikanten Ergebnissen führte. Die Therapie hatte obendrein keinerlei Nebenwirkungen. Die Studie wurde von den Medien schlichtweg totgeschwiegen: keine lobenden Zeitungsartikel, keine einzige Webseite zum Thema Gesundheit bedachte sie mit Aufmerksamkeit. Den Kindern dieser Studie wurden weder Omega-3-Fettsäuren noch Bachblüten, weder Ritalin noch Antidepressiva verabreicht. Stattdessen wurde den betroffenen Familien wöchentlich ein Sozialarbeiter vorbeigeschickt, der ein paar Erziehungstipps gab. Krankheitsbilder wie Übermüdung, Depression oder ADHS werden von einer komplexen Kombination aus physischen, psychischen und sozialen Faktoren verursacht. Studien zu Antidepressiva, Ritalin und anderen Medikamenten wurden zuhauf durchgeführt – soziale Maßnahmen hingegen werden höchst selten erforscht. Denn diese Maßnahmen kann man nicht in eine schöne, glänzende Verpackung stecken und für viel Geld in der Apotheke verkaufen.

6. Sehen, was man sehen will

In diesem Kapitel erfahren wir, wie unsere Erwartungen unsere Urteile, unsere Sinneswahrnehmungen und sogar unsere Gesundheit beeinflussen. Daher müssen wir unserem idealen Experiment noch etwas hinzufügen: die Verblindung. Wir werden erkennen, wie stur wir an unseren Überzeugungen festhalten, und entdecken, dass wir stets nach Bestätigungen suchen, weshalb wir nicht nur in unseren Überzeugungen immer festgefahrener werden, sondern auch Zusammenhänge sehen, wo keine sind. Schließlich werden wir erfahren, wie Daten sogar in einem idealen Experiment gedreht und gewendet werden können, bis sie das gewünschte Ergebnis erzielen.

Warum Sie für einen Perserteppich immer zu viel bezahlen

Der sogenannte »Ankereffekt« beschreibt eine weitere merkwürdige Grille unseres Idioten. Als ich zum ersten Mal etwas darüber las, konnte ich nicht glauben, dass es wirklich so funktionierte. Erst als ich selbst einmal beim Kauf eines Perserteppichs übers Ohr gehauen wurde, verstand ich, wie sich einfach jeder – meine Person mit eingeschlossen – zum Narren halten lässt. Ein Beispiel: In einer Studie der Psychologen Thomas Mussweiler und Fritz Strack sollte eine Gruppe von Testpersonen die folgenden zwei Fragen beantworten:

- Ist die durchschnittliche Temperatur in der Antarktis höher oder niedriger als $-17\,°C$?
- Wie hoch ist die durchschnittliche Temperatur in der Antarktis?

Der zweiten Gruppe wurden die gleichen Fragen vorgelegt – lediglich ein klitzekleines Detail wurde verändert:

- Ist die durchschnittliche Temperatur in der Antarktis höher oder niedriger als $-43\,°C$?
- Wie hoch ist die durchschnittliche Temperatur in der Antarktis?

Die Antworten der beiden Gruppen unterschieden sich eklatant voneinander. Die erste Gruppe schätzte die Durchschnittstemperatur der Antarktis auf $-25\,°C$, nach Ansicht der zweiten Gruppe war es dort im Schnitt jedoch deutlich kälter, nämlich $-41\,°C$. Psychologen tun nichts lieber, als Menschen auf eine falsche Fährte zu locken, und sie haben sich zig Varianten dieser Untersuchung ausgedacht. Ob man Probanden nun nach dem Alter fragt, in dem Mahatma Gandhi starb, oder danach, wie hoch der höchste Baum der Welt ist – es gibt dabei immer eine Konstante: Suggeriert man zuerst eine mögliche Antwort, bleibt die darauffolgende Einschätzung verdächtig nahe am sugge-

rierten Wert. Dies nennt sich Ankereffekt. Über den genau-
en Mechanismus sind sich die Forscher noch nicht ganz
einig, aber wahrscheinlich funktioniert er in etwa folgendermaßen: Eine Temperatur von –17 °C°C lässt uns an einen strengen Winter denken. Bitterkalt – aber wenn man
sich gut einpackt, gerade noch zu ertragen. –43 °C asso-
ziiert unser Idiot hingegen mit Unterkühlung, Eiszapfen
im Bart und erfrorenen Zehen. In Zeiten der Unsicherheit
klammert sich unser Idiot an diese Assoziation. Sie bildet
die Basis seiner Einschätzung. Die Welt unseres Idioten soll
schließlich möglichst konsistent und schlüssig sein. Daher
weicht er auch nicht weit von der suggerierten Antwort und
den hervorgerufenen Assoziationen ab.

Es geht sogar noch verrückter. Der Ankereffekt funktioniert auch dann, wenn die Testpersonen wissen, dass der
Anker, der ihnen präsentiert wird, nicht das Geringste mit
der eigentlichen Antwort zu tun hat. Tversky und Kahneman ließen Testpersonen an einem Rad drehen, das sie
ohne Wissen der Probanden so manipuliert hatten, dass
es entweder auf der Zehn oder auf der 65 stehen blieb. Sie
baten die Probanden, die Zahl zu notieren und danach folgende Frage zu beantworten: »Wie hoch ist der Prozentsatz der afrikanischen Länder, die Mitglied der Vereinten
Nationen sind?« Obwohl die Probanden wussten, dass die
Zahl, die sie sich zuvor aufgeschrieben hatten, nichts mit
der Antwort zu tun hatte, ließen sie sich dennoch davon
beeinflussen. Die Testpersonen, bei denen das Rad auf der
Zehn stehen geblieben war, schätzten den Anteil der Länder auf 25 Prozent. Bei der Gruppe, bei der das Rad auf der
65 stehen geblieben war, waren es im Schnitt 45 Prozent.

In einem anderen Experiment wurden Studenten darum gebeten, die letzten beiden Ziffern ihrer belgischen Identifikationsnummer zu notieren. Anschließend sollten sie den Maximalpreis nennen, den sie für bestimmte Produkte ausgeben würden. Sie ahnen es bereits: Der Maximalpreis, den sie angaben, wurde von den Ziffern beeinflusst, die sie zuvor niedergeschrieben hatten.

Anker funktionieren auch in der realen Welt. Während eines Experiments bat man einige staatlich anerkannte Gutachter, den Wert eines Hauses zu bestimmen. Die Gutachter durften das Haus besichtigen und erhielten eine Broschüre mit weiteren Informationen: der Gesamtfläche, der Anzahl der Schlafzimmer, dem Baujahr und so weiter. Die Broschüre enthielt auch den avisierten Preis. Die Hälfte der Gutachter bekam eine Broschüre, in der der Wunschpreis über dem Marktwert des Hauses lag. Den anderen Gutachtern wurde ein niedrigerer Preis genannt. Nachdem sie den Wert des Hauses geschätzt hatten, wurden sie gefragt, welche Faktoren ihre Einschätzung beeinflusst hatten. Kein einziger Gutachter nannte den Wunschpreis. Sie behaupteten unisono, dass dieser keine Rolle gespielt habe. Doch sie irrten sich: Die Gutachter, die den höheren Wunschpreis vor sich gehabt hatten, beurteilten das Haus deutlich wertiger als diejenigen, deren Broschüre einen niedrigeren Wunschpreis aufgeführt hatte.

Aber wie sieht es nun mit dem Perserteppich aus? Vor ungefähr zehn Jahren habe ich Urlaub in der Türkei gemacht. In Göreme (sehr empfehlenswert, sofern Sie gut darin sind, Touristenfallen zu entlarven) betrat ich eines der vielen Teppichgeschäfte. Das war natürlich dumm, denn ehe man sichs versieht, steht man auch schon wieder vor der Tür, und zwar mit einer ganzen Kollektion viel zu teurer Teppiche unterm Arm, von der man davor noch nicht mal ahnte, dass man sie brauchen würde. Zu meiner eigenen Verwunderung versuchte der Eigentümer nicht etwa, mir einen Teppich anzudrehen. Er bot mir stattdessen ein Glas Wein an. Im Gegenzug sollte ich zwei neuen Verkäufern, die höchstens 14 Jahre alt waren, ein paar Brocken Englisch beibringen – »Where are you from?«, »Very good price«, »Handmade by old lady«. Ich akzeptierte das Angebot und wurde in ein kleines Hinterzimmer geführt. Dort saß ich dann den ganzen Nachmittag, trank sehr viel Wein von zweifelhafter Qualität und lernte eine Menge über Verkaufspsychologie. Nach einigen gelungenen Transaktionen kamen die Verkäufer zu einer kleinen Verschnaufpause in das Hinterzimmer. Stolz nannten sie mir den Betrag, den ihr letztes Opfer zu viel bezahlt hatte. Vergessen Sie den Eindruck, Sie hätten gut gefeilscht, wenn es Ihnen gelungen ist, den Verkäufer bis auf die Hälfte des Wunschpreises herunterzuhandeln. Sie starteten nämlich – in Abhängigkeit vom geschätzten Reichtum ihres Opfers ausgehend – bei einem Wunschpreis, der den tatsächlichen Wert um das Zehnfache übersteigen kann. Ich schrieb es mir hinter die Ohren und nahm mir feierlich vor, mich nie wieder schröpfen zu lassen.

Ein paar Jahre später. Ich bin wieder in der Türkei. In Istanbul, genauer gesagt: auf dem Großen Basar, dem türkischen Epizentrum allen Feilschens. »Hello, my friend! Want to buy beautiful carpet?« Bevor mir klar wurde, was gerade passierte, fand ich mich auch schon in einem der unzähligen Teppichläden wieder. Tee, ein Gespräch über Gott und die Welt – bis der Verkäufer mich schließlich fragte, ob er mir ein paar Teppiche zeigen dürfe. Anschauen kann ja nicht schaden, dachte ich mir, und ehe ich wusste, wie mir geschah, war der Boden über und über mit allerhand Teppichen bedeckt. Einer von ihnen, ein Wandteppich, war wirklich sehr schön. Der Wunschpreis war exorbitant hoch. Der Lektion aus Göreme eingedenk bot ich zögerlich ein Zehntel. Empörte Blicke und eine lange Geschichte über eine arme Frau, die monatelang an diesem Teppich gearbeitet hatte, waren die Folge. Ich begann zu zweifeln. Vielleicht wollten sie in Kappadokien das Zehnfache haben, aber musste das auch für Istanbul gelten? Und der Teppich war doch wirklich wunderschön. Weitere zehn Minuten später stand ich wieder draußen. Mit dem Wandteppich. Ich hatte ihn auf 60 Prozent des Wunschpreises heruntergehandelt, aber immer noch viermal so viel wie geplant bezahlt. Idiot versus rationaler Denker 1:0. Der Ankereffekt funktioniert sogar, wenn man sich dessen vollauf bewusst ist.

Ich schreibe diesen Text übrigens, während ich auf besagten Wandteppich blicke. Weil es ein wirklich schöner Teppich ist ... und weil er mich daran erinnert, dass auch in mir ein Idiot steckt.

Um den Preis eines Teppichs zu bestimmen, benötigt man keine exakte Wissenschaft. Es gibt keine einfache Formel, mit der man den präzisen Preis eines Teppichs herausfinden kann. Das geht nur Pi mal Daumen. Und es gibt auch sehr wenige Menschen, die genau wissen, wie viele afrikanische Länder Mitglieder bei den Vereinten Nationen sind.

Genau in diesen Situationen kommt der Ankereffekt am deutlichsten zum Tragen. In Zeiten der Unsicherheit klammert sich unser Idiot an jeden Strohhalm – selbst wenn ein Strohhalm überhaupt nichts mit der Frage zu tun hat.

Eine kleine Szene aus der britischen Serie *Yes Minister*, in der das Kabinettsmitglied Humphrey seinem Minister darlegt, wie Meinungsumfragen funktionieren:

Humphrey: »Bereitet Ihnen die hohe Jugendarbeitslosigkeit Sorgen?«

Bernard: »Ja.«

Humphrey: »Bereitet Ihnen die steigende Jugendkriminalitätsrate Sorgen?«

Bernard: »Ja.«

Humphrey: »Glauben Sie, dass der Jugend zu wenig Disziplin beigebracht wird?«

Bernard: »Ja.«

Humphrey: »Glauben Sie, dass Jugendliche mehr Autorität und Führung in ihrem Leben brauchen?«

Bernard: »Ja.«

Humphrey: »Sind Sie für die Wiedereinführung der Wehrpflicht?«

Bernard: »Oh ... Na ja. Vielleicht.«

Humphrey: »Ja oder nein?«

Bernard: »Ja.«

Humphrey: »Sie werden die ersten vier Fragen unter den Tisch fallen lassen und nur die letzte Frage veröffentlichen.«

Bernard: »Arbeiten die wirklich so?«

Humphrey: »Nun ja, die angesehenen Firmen natürlich

nicht, aber davon gibt es auch nicht sehr viele. Sie können übrigens auch auf sehr einfache Weise zu einem gegenteiligen Ergebnis kommen.«

Bernard: »Und wie?«

Humphrey: »Bereitet Ihnen die steigende Anzahl von Waffen Sorgen?«

Bernard: »Ja.«

Humphrey: »Glauben Sie, dass es gefährlich ist, jungen Menschen Waffen in die Hand zu geben und ihnen beizubringen, damit zu töten?«

Bernard: »Ja.«

Humphrey: »Glauben Sie, dass es falsch ist, Menschen gegen ihren Willen zum Tragen von Waffen zu verpflichten?«

Bernard: »Ja.«

Humphrey: »Sind Sie gegen die Wiedereinführung der Wehrpflicht?«

Bernard: »Ja.«

Aufgrund seines Bedürfnisses nach Kohärenz ist unser Idiot sensibel für den Kontext, in dem eine Frage gestellt wird. Die vorangegangenen Fragen rufen Assoziationen hervor, die wie ein Anker wirken und so schließlich die Antwort beeinflussen. Geht man clever vor, kann man Menschen dazu bringen, fast alles zu sagen. Marketingmitarbeiter nutzen dies gekonnt aus. Eine kurze Blütenlese aus den Umfragen, die ich in den letzten Wochen in Zeitungen oder im Internet gefunden habe: Ein Drittel aller Belgier leidet wegen Regentropfen, die auf das Dach trommeln, unter gestörter Nachtruhe. Einer von zehn Geschäftsleuten wird irgendwann einmal während einer Geschäftsreise bestohlen. Und eine von drei Frauen gibt an, dass ihr im Bett die besten Ideen kommen. Angenommen, Sie wollten, dass die Zeitungen über Ihre Marke schreiben, hätten aber nicht sonderlich viel zu erzählen. Sie könnten natürlich Anzeigen schalten, aber das wäre teuer. Und es gibt eine einfachere Lösung: Organisieren Sie eine Meinungsumfrage. Oben stehende Beispiele wurden gesponsert von Velux, einem Unternehmen, das ein neues, geräuschdämmendes Dachfenster auf den Markt gebracht hatte, von BCD Travel, einem auf Geschäftsreisen spezialisierten Reisebüro, und von Nuance Communications, einer Firma, die in der Sprachtechnologie aktiv ist. Die belgische Presseagentur *Belga* bietet hierfür sogar einen speziellen Service an: E-Poll. Auf der E-Poll-Webseite steht nachzulesen: »Sie wollen Nachrichten rund um Ihre Firma oder Ihren Sektor kreieren? Ergreifen Sie mithilfe von E-Poll von *Belga* selbst die Initiative, um eine schnelle und verlässliche Meinungsumfrage durchführen zu lassen. Sie bestellen morgens Ihre Untersuchung, wir legen Ihre Fragen einem repräsentativen Segment der Bevölkerung vor, Sie erhalten die Ergebnisse noch am selben Tag und können diese via *Belga Media Support* an die Presse weiterleiten.« Auf derselben Webseite finden Sie auch den Erfahrungsbericht eines Kommunikationsunternehmens namens Blue Tattoo, das E-Poll in den Himmel lobt. Ein kleiner Satz springt ins Auge: »Wir haben die Resultate bekommen, die wir uns erhofft hatten, und hinterher hat die Presse diese genau so wiedergegeben.«

Die Resultate bekommen, die wir uns erhofft hatten? Ein Redakteur des Online-Magazins *DeWereldMorgen* wollte hierüber mehr erfahren. Er rief in der Marketingabteilung von *Belga* an und gab sich als interessierter Kunde aus.

DeWereldMorgen: »Mir wäre es sehr wichtig zu hören, dass mindestens die Hälfte aller Belgier längst auf unser Produkt warten. Ließe sich das einrichten?«

Belga: »Ja, natürlich. Das hängt nur ab von den Fragen und den Antworten, die Sie erstellen.«

Einer Gruppe von Ärzten von der Harvard Medical School wurde folgendes Problem vorgelegt: Sie sollten entscheiden, ob sie einen Patienten mit Lungenkrebs operieren würden oder nicht. Der einen Hälfte der Ärzte wurde erzählt, dass zehn Prozent der Patienten im ersten Monat nach der Operation versterben. Der anderen Hälfte wurde erzählt, dass 90 Prozent der Patienten den ersten Monat nach der Operation überleben. Sie haben gewiss sofort erkannt, dass die Aussagen identisch sind: Wenn zehn Prozent der Patienten im ersten Monat versterben, bedeutet dies natürlich, dass 90 Prozent überleben. Anscheinend dachten die Ärzte nicht wirklich darüber nach, denn von denjenigen, denen erzählt worden war, dass zehn Prozent der Patienten binnen eines Monats versterben, befanden 50 Prozent die Operation für keine gute Idee, während von denjenigen, die erfahren hatten, dass 90 Prozent den ersten Monat überleben, gerade mal 16 Prozent urteilten, dass eine Operation nicht ratsam war. Natürlich weiß jeder Arzt, dass ein zehnprozentiges Risiko zu sterben gleichbedeutend mit einer 90-prozentigen Überlebenschance ist, aber es fühlt sich einfach nicht gleich an. Ein zehnprozentiges Risiko zu sterben klingt schlechter, es weckt Assoziationen von Patienten, die noch auf dem OP-Tisch ihr Leben aushauchen. Eine 90-prozentige Überlebenschance klingt dagegen erfolgversprechend. Die Assoziationen fungieren als Anker und beeinflussen auf diese Weise das Urteil der Ärzte. Jeder trägt einen Idioten in sich. Nicht einmal ein Doktortitel bietet dagegen Schutz. Wir können nur hoffen, dass Ärzte, die tatsächlich eine Entscheidung über Leben und Tod fällen müssen, ein wenig länger nachdenken und sich nicht auf die Anker stützen, die sie in diesem Moment im Kopf haben.

Wie unser Idiot seinen Willen bekommt

Für mich gibt es drei Sorten Wein: guten Wein, weniger guten Wein und die saure Plörre vom Discounter. Staunend lese ich die ausführlichen Beschreibungen echter Weinkenner: »Feuerstein, Lychee, Melone, Zitronenschale und Honig auf beeindruckendem Bouquet«, »ausgewogen, elegant, mit spürbarer Note von Mineralien, dezent, aber reif, schwarze Frucht und samtige, leicht beißende Tannine«. Klingt beeindruckend – doch Professor Frédéric Brochet von der Universität Bordeaux entlarvte diese Weinkenner schonungslos. Während eines seiner Experimente ließ er zwei Weine, einen roten und einen weißen, von 54 Weinkennern verkosten und beschreiben. Der Rotwein wurde als »holzbetont«, »dunkel« und »trocken« beschrieben, außerdem faselte einer der Probanden irgendwas von »Impressionen roter Früchte«. Den Weißwein befanden sie als »fruchtig« und »trocken«.

Nicht einer der Probanden kam dahinter, dass Brochet ihnen zwei identische Weine aufgetischt hatte. Niemand bemerkte, dass der Rotwein, den sie tranken, eigentlich Weißwein war, dem Frédéric Brochet ein wenig geruchs- und geschmacksneutralen Farbstoff hinzugefügt hatte.

Für sein zweites Experiment besorgte Brochet ein paar Flaschen mittelmäßigen Bordeaux. Diese füllte er in zwei verschiedene Flaschen um: die eine Hälfte in eine ganz gewöhnliche Tafelweinflasche, die andere Hälfte in eine Flasche eines renommierten Grand Cru. Beim Wein aus der Grand-Cru-Flasche gerieten die Probanden ins Schwärmen: Sein Geschmack sei komplex, ausgeglichen, rund. Der Wein aus der billigen Flasche indes wurde als einfach, flach und unausgeglichen beschrieben.

Ein Spartipp für ökonomische Krisenzeiten: Wenn Sie mal ein paar Freunde zum Essen einladen, kaufen Sie im Supermarkt ein paar günstige Flaschen Wein und füllen Sie sie in leere Flaschen mit beeindruckenden Etiketten um. Sie werden sich zwar nicht selbst an der Nase herumführen können, doch die Wahrscheinlichkeit ist gering, dass Ihre Gäste herausfinden, dass es sich bei dem Wein, den sie gerade trinken, nicht um den wunderbaren Château Mouton Rothschild von 1996 handelt. Allein wegen des Etiketts wird ihnen der Wein gleich viel besser schmecken.

Wenn wir Wein verkosten, schmecken wir nicht nur den Wein. Das Etikett oder, wie im ersten Experiment, die Farbe des Weins fungiert dabei als Anker und lenkt auf diese Weise unsere Wahrnehmung. Anker beeinflussen also nicht nur unsere Einschätzungen oder Überzeugungen, sondern auch unsere Sinne.

Es gibt noch eine weitere mögliche Erklärung. Angenommen, Sie beteiligten sich an einem Experiment. Der Auftrag ist simpel: Man zeigt Ihnen die folgende Abbildung, und Sie sollen sagen, welche der rechten Linien genauso lang ist wie die linke.

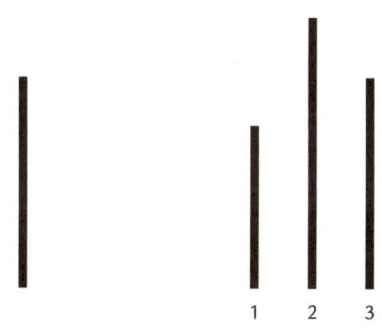

Nicht sehr schwierig. Dennoch gaben in dem Experiment des amerikanischen Psychologen Solomon Asch fast drei Viertel der Testpersonen die falsche Antwort. Es ist nämlich gleich ein wenig schwieriger, wenn man nicht der einzige Teilnehmer eines Experiments ist. Angenommen, es wären noch zig andere Testpersonen im Raum, die zu Ihrer grenzenlosen Verblüffung alle die falsche Antwort geben. Ist es vielleicht doch nicht Linie drei? Sehen die anderen irgendetwas, was Sie nicht sehen? Was würden Sie in diesem Fall antworten, wenn Sie an der Reihe wären?

Bei Solomon Aschs Experiment steckten die anderen Teilnehmer unter einer Decke und gaben bewusst die falsche Antwort – und die Probanden trauten prompt ihren Augen nicht mehr und schlossen sich der Mehrheitsmeinung an. Menschen sind Herdentiere. Es fällt ihnen unbeschreiblich schwer, in einer Gruppe eine anderslautende Meinung zu äußern.

Diese Neigung zum Konformismus könnte möglicherweise ebenfalls eine Erklärung für den Ausgang des Experiments mit den Weinkennern liefern. Vielleicht waren sie sich voll und ganz bewusst, dass sie nur Weißwein und keinen Rotwein tranken. Vielleicht war ihnen sonnenklar, dass es sich bei dem Zeug aus der teuren Flasche eigentlich um billigen Tafelwein handelte. Doch aus Angst, vor der Gruppe möglicherweise wie ein Idiot dazustehen – stellen Sie sich vor, Sie behaupteten, dass es Weißwein sei, während all Ihre Kollegen darauf beharrten, es handle sich um Rotwein! –, gaben sie wissentlich die verkehrte Antwort. Beeinflusst nun das Etikett oder die Farbe des Weins tatsächlich unseren Geschmackssinn oder doch nur das, was wir darüber zu äußern wagen?

Bier schmeckt besser, wenn man einige Tropfen Balsamico hinzufügt. (Nun ja, Bier ... Es handelte sich um ein amerikanisches Experiment, und ich als Belgier weiß nicht recht, ob man Budweiser wirklich als Bier bezeichnen sollte.) Zu diesem Ergebnis kam die Studie, die der Psychologe Dan Ariely mithilfe von Studenten des Massachusetts Institute of Technology durchführte. Während des ersten Experiments wurden den Studenten zwei Gläser Bier angeboten. Ein gewöhnliches Bier und eines, dem Ariely ohne Wissen der Studenten ein paar Tropfen Balsamico hinzugefügt hatte. Die Mehrzahl bevorzugte das Balsamico-Bier. Es ging Dan jedoch nicht darum, den Geschmack des Bieres zu verfeinern; er wollte herausfinden, welchen Einfluss unsere Erwartungen auf den Geschmackssinn haben. Deshalb führte er ein weiteres Experiment durch: Er informierte die Studenten, bevor sie das Bier testeten, über die Zusammensetzung desselben. Jetzt entschied sich eine übergroße Mehrheit für das Bier ohne den Zusatz. Ihre Erwartungen färbten demnach auf ihre Beurteilungen ab. Trotzdem gibt es noch eine weitere Erklärung. Vielleicht lehnten sie in Experiment zwei das Balsamico-Bier eher ab, weil es doch ziemlich seltsam ist, Bier mit Balsamico zu mögen. Veränderte das Wissen über den zugesetzten Balsamico wirklich den Geschmack oder doch nur das, was sie sich darüber zu sagen trauten? Um das herauszufinden, dachte sich Dan Ariely ein drittes Experiment aus. Auch hier sollte sich eine bestimmte Anzahl Studenten zwischen gewöhnlichem Bier und Bier mit Balsamico entscheiden. Doch diesmal erzählte er ihnen erst kurz nach dem Probieren, dass er einem der Biere Balsamico zugefügt habe. Wenn das Wissen nur das beeinflusst, was man sich darüber zu erzählen traut, nicht aber den Geschmack, sollte man erwarten, dass es keine Rolle spielt, ob einem vor oder nach dem Test mitgeteilt wird, womit das Bier gepanscht wurde. Studenten, die kurz nach dem Test von dem Balsamico in ihrem Bier erfuhren, sollten es ebenso wenig genießbar finden wie die Studenten, die vorab informiert worden waren. Wenn aber das Wissen unseren Geschmackssinn verändern könnte, müsste man davon ausgehen, dass der Zeitpunkt, da man erfährt, dass jemand ein bisschen Balsamico in ein Bier hineingegeben hat, sehr wohl von Belang ist. In diesem Fall würden die Probanden es ablehnen, wenn sie zuvor bereits von der Panscherei gehört hätten, und wohlschmeckend finden, wenn sie erst hinterher davon erführen. Und genau dies schien sich zu bewahrheiten. Den Studenten, die erst nach dem Test von dem zugefügten Balsamico hörten, schmeckte das Balsamico-Bier ebenso gut wie denjenigen, die über den Zusatz im Unklaren gelassen worden waren. Wissen beeinflusst also nicht nur unsere Urteile, sondern auch die Wahrnehmung an sich.

Wir glauben gerne, dass unsere Sinnesorgane perfekt und objektiv die Wirklichkeit widerspiegeln – in etwa so wie eine Videokamera, die exakt registriert, was sich vor der Linse befindet. So funktioniert es allerdings nicht. Die Wahrnehmung unserer Umwelt wird von unseren Erwartungen und Assoziationen gefärbt. So etwas wie Wahrnehmung an sich gibt es nicht. Wenn wir etwas wahrnehmen, spielen dabei auch alle anderen Informationen, über die wir verfügen, eine Rolle. In unserem Gehirn kommt das Ganze als unentwirrbarer Knoten an, und daher ist es unmöglich, zwischen der Sinneswahrnehmung an sich und dem Wissen und den Erfahrungen zu unterscheiden, die zu diesem Zeitpunkt durch unser Gehirn spuken. Schokoladenkuchen schmeckt tatsächlich besser, wenn man ihn als belgischen *»Black Forest Double Chocolate Cake«* deklariert – obwohl der Schwarzwald natürlich nicht in Belgien liegt. Auch Gericht Nummer 116 vom chinesischen Lieferservice schmeckt deutlich besser, wenn es nicht im Styroporbehälter, sondern auf Tellern serviert wird.

Das gilt übrigens nicht nur für unseren Geschmackssinn. Unsere Erwartungen spielen bei all unseren Wahrnehmungen eine deutlich wichtigere Rolle, als wir meinen. Ende der Sechzigerjahre ließ sich David Rosenhan von seiner Frau am Haupteingang einer psychiatrischen Einrichtung absetzen. An der Rezeption erzählte er, er höre Stimmen. Sie seien nicht allzu klar verständlich, doch er sei sich ziemlich sicher, die Wörter »leer«, »dumpf« und »hohl« gehört zu haben. Der diensthabende Psychiater untersuchte ihn, kam zu dem Schluss, dass David schizophren sei, und ließ ihn aufnehmen. Was der Psychiater nicht wusste, war, dass David die Symptome sorgfältig ausgesucht hatte, weil sie zu keinem Krankheitsbild in der psychologischen Literatur passten. David Rosenhan war Professor für Psychologie an der Stanford University und wollte mit diesem Experiment herausfinden, wie lange es dauerte, bis den Mitarbeitern der psychiatrischen Anstalt klar wurde, dass sein Geisteszustand völlig in Ordnung war. Sobald er aufgenommen worden war, hörte David auf, Symptome zu simulieren, und verhielt sich wieder völlig normal. Trotzdem dauerte es mehrere Wochen, bis das Personal der Einrichtung seinen Zustand als ausreichend wiederhergestellt erachtete, um ihn auf die Gesellschaft loslassen zu können. Nicht etwa, dass er bei seiner Entlassung als geistig gesund erklärt worden wäre – der vermeintlich Schizophrene galt nach Ansicht der Psychiater lediglich als symptomfrei.

David Rosenhan war nicht der einzige Pseudopatient. Zwischen 1968 und 1972 bat er sieben weitere völlig normale Personen – einen Psychologiestudenten, einen Kinderarzt, eine Hausfrau und ein paar seiner Kollegen –, bei einer psychiatrischen Anstalt vorstellig zu werden. Sie simulierten die gleichen Symptome und wurden samt und sonders aufgenommen. Bei den meisten wurde, wie bei David, Schizophrenie festgestellt; manche Pseudopatienten wurden aber auch als manisch-depressiv eingestuft. Nach ihrer Aufnahme verhielten sie sich so normal wie nur möglich. Trotzdem dauerte es bis zu ihrer Entlassung im Schnitt drei Wochen. Ein Pseudopatient musste sogar 52 Tage in der Anstalt verbringen. Alle zusammen bekamen ungefähr 2100 Tabletten (die sie nicht schluckten). Kein Einziger der Pseudopatienten wurde jemals entlarvt. Keiner der Pfleger oder behandelnden Ärzte kam je auf die Idee, ihre Patienten könnten ebenso wenig geistesgestört sein wie sie selbst. Und nicht einer der Pseudopatienten wurde bei seiner Entlassung für geheilt erklärt.

Ebenso wie das Etikett des Château Mouton Rothschild den Geschmack eines Weines verbessert, beeinflusst das Etikett »geistesgestört« die Art, in der wir das Verhalten eines Menschen wahrnehmen. Sobald man mit einem Etikett versehen ist, wird es verdammt schwer, dieses wieder abzuschütteln.

Was sehen Sie auf folgender Abbildung?

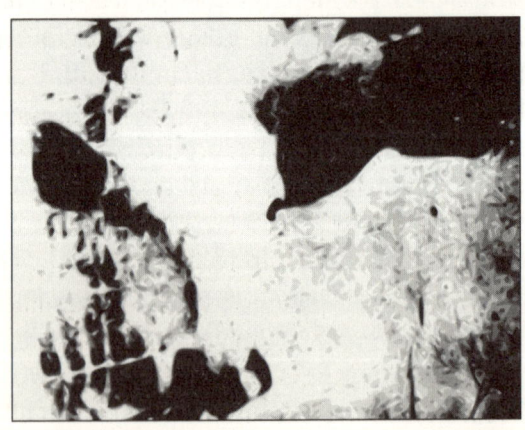

Die meisten Menschen erkennen gar nichts. Wenn ich Ihnen jetzt erzähle, dass es das Bild einer Kuh ist, sehen Sie es wahrscheinlich auch. Sobald Sie die Kuh entdeckt haben, wird es Ihnen kaum mehr möglich sein, dieses Bild als Ansammlung willkürlich angeordneter Flecken zu betrachten. Das Etikett »Schizophrenie« wirkt auf ähnliche Weise: Sobald Sie hören, jemand sei schizophren, ist es nicht mehr möglich, den Patienten unabhängig von dieser Information wahrzunehmen.

David Rosenhan hatte die anderen Pseudopatienten darum gebeten, Tagebuch zu führen. Ich schreibe ebenfalls, wenn ich im Café oder im Zug sitze, ab und zu etwas in mein Notizbuch, und soweit ich weiß, findet das niemand merkwürdig. Bei den Pseudopatienten wurde diese Tätigkeit als pathologisches Verhalten gewertet – eine Bestätigung der Schizophrenie. Ein Pseudopatient erzählte dem Psychiater von seiner Ehe. Obwohl er eine gute Ehe führte, kam es – wie bei allen anderen Paaren auch – manchmal zu Spannungen. Im Bericht des Psychiaters wurde dies jedoch zu »einer deutlichen Abwesenheit affektiver Stabilität«. Und als der vermeintlich Schizophrene von seinem stabilen Freundeskreis erzählte, notierte der Psychiater: »Obwohl er davon spricht, viele gute Freunde zu haben, ist auch in diesen Beziehungen eine deutliche Ambivalenz zu spüren.«

Wenn jemand erst einmal als nicht normal abgestempelt ist, wird unsere Sichtweise auf sein Verhalten und seine Eigenschaften von diesem Stempel gefärbt. Dieses Phänomen ist eng mit dem Halo-Effekt verwandt, dem wir an früherer Stelle bereits begegnet sind. Wenn wir einmal glauben, jemand sei schizophren, interpretieren wir auch alle seine

Handlungen dergestalt, dass sie mit dem Etikett nicht im Widerspruch stehen.

Im Januar 1973 veröffentlichte Rosenhan den Artikel »*On being sane in insane places*« (auf Deutsch in etwa: »Über das Normalsein an verrückten Orten«) in der Fachzeitschrift *Science*. Die psychiatrische Gemeinschaft war darüber alles andere als entzückt. Zahlreiche Psychiater behaupteten, dass so etwas in ihrer Einrichtung niemals hätte passieren können. Gut möglich, dass andere den Unterschied zwischen einem schizophrenen und einem normalen Menschen nicht bemerken, doch ihnen würde ein solcher Fehler nicht unterlaufen. Rosenhan nahm die Herausforderung an und kündigte einer dieser Einrichtungen an, dass er ihnen in den kommenden drei Monaten eine Handvoll Pseudopatienten schicken werde. Auf diese Weise würden sie in die Lage versetzt zu beweisen, dass sie sehr wohl imstande seien, Hochstapler als solche zu erkennen. Nach drei Monaten verkündete die Einrichtung stolz, sie hätten es geschafft, 19 Pseudopatienten zu entlarven. Ups – kleiner Fehler. Rosenhan hatte ihnen nämlich keinen einzigen Pseudopatienten vorbeigeschickt.

Geht es Ihnen auch so, dass Sie am liebsten den ganzen Kühlschrank leer essen würden, wenn Sie nach einem auswärts verbrachten Abend mitten in der Nacht nach Hause kommen? Wenn ja, benötigen Sie dringend Antidepressiva, denn dann leiden Sie unter dem *Night-Eating*-Syndrom. Haben Sie als Frau manchmal einfach keine Lust auf Sex? Dann leiden Sie an *Hypoactive Sexual Desire Disorder* oder, zu Deutsch: an sexueller Appetenzstörung. Fühlen Sie sich in der Gesellschaft von Ihnen unbekannten Menschen manchmal unwohl? Dies wäre dann eine *Social Anxiety Disorder* oder Soziale Phobie. Und wenn Sie ab und zu unter Wutanfällen leiden, haben Sie *Intermittent Explosive Disorder.* Für alle, die an einer dieser Störungen leiden, existieren – Sie haben es bestimmt bereits erraten – Medikamente. In just diesem Augenblick – es ist Montagmorgen – leide ich selbst am *Post Weekend Motivational Syndrome,* einer Erkrankung, gegen die es zu meinem Leidwesen noch keine Therapie gibt, von literweisem Kaffeegenuss einmal abgesehen.

Letztere habe ich mir ausgedacht, alle anderen Malaisen gibt es tatsächlich. Die Pharmaindustrie steckt in der Krise. Sämtliche leicht zu entwickelnden Therapiemöglichkeiten, im Fachjargon als *»low hanging fruit«* – »niedrig hängende Früchte« – bezeichnet, wurden bereits ausgeschöpft, und es wird immer schwieriger, etwas Neues auf den Markt zu bringen. Daher kopieren die Pharmafirmen bereits vorhandene Medikamente, wobei sie ein klein wenig an der molekularen Struktur herumbasteln, damit für dieses sogenannte *Me-too*-Präparat ein neues Patent angemeldet werden kann. Oder sie versuchen, Menschen Arzneimittel zu verkaufen, die diese eigentlich gar nicht bräuchten. Weil sie für die existierenden Krankheiten keine Medikamente finden, suchen sie nach neuen Krankheitsbildern für existierende Medikamente.

Die Herangehensweise ist simpel. Sie beginnen mit der Information der Öffentlichkeit. Vor ein paar Jahren wurde eine Studie publiziert, die auf weltweites Medieninteresse stieß. Aus dieser Studie ging hervor, dass ganze 43 Prozent der amerikanischen Frauen an HSDD, der *Hypoactive Sexu-*

al Desire Disorder litten. Wenn man die Studie jedoch genauer betrachtet, verliert diese Zahl unmittelbar an Imposanz. Gab es in den letzten Jahren einen Zeitraum, in dem Sie wenig Lust auf Sex hatten? Ja? Dann haben Sie HSDD. Kommen Sie nicht immer zum Höhepunkt? Ebenfalls HSDD. Kommen Sie zu schnell zum Orgasmus? Wieder HSDD. Finden Sie Sex nicht immer gleich gut? HSDD ... Ich befürchte, auch Sara leidet an HSDD, wenn ich mir diesen Fragenkatalog so ansehe, und das, obwohl wir uns in Anbetracht der Tatsache, dass wir frischgebackene Eltern sind, wirklich nicht über unser Sexualleben beklagen können. Der Pharmakonzern Boehringer Ingelheim, der zum damaligen Zeitpunkt ein Medikament gegen HSDD entwickelte, lancierte die Kampagne *Sex Brain Body* mit dem Explaymate Lisa Rinna als Galionsfigur. Auf www.sexbrainbody.com können Sie das *Sex Brain Body Educational Toolkit* bestellen. Zusammen mit einer *Sexual Satisfaction Checklist* und einem »Bitte nicht stören«-Türschild, falls die Lust Sie doch einmal überkommt. Auf der Webseite finden Sie obendrein die Antworten auf sämtliche Fragen zu Ihrer mangelnden Lust. Kurze Zusammenfassung: HSDD ist ein Riesenproblem, das von einer Störung des chemischen Gleichgewichts in Ihrem Gehirn verursacht wird. Boehringer sponserte zudem einen Dokumentarfilm zu diesem Thema, der auf *Discovery Channel* ausgestrahlt wurde (*»Understanding Female Sexual Desire: The Brain-Body Connection«*). Die Firma verfasste Artikel darüber, organisierte Fortbildungen für Ärzte und so weiter und so fort.

Vor einem Jahr haben meine Freundin und ich uns ein neues Auto gekauft, einen dunkelgrauen Ford Focus, also nicht gerade einen sehr hippen Wagen. Doch sobald wir ihn erstanden hatten, schien es uns, als würde halb Belgien in dunkelgrauen Focus-Modellen spazieren fahren. Mit einer »Krankheit« wie HSDD verhält es sich ganz ähnlich. Weiß man einmal, dass es sie gibt, sieht man sie plötzlich überall. Zudem sind die Symptome so wunderbar vage, dass sich fast jeder in ihnen wiedererkennen kann. Und so erscheint Ihnen Ihr Verhalten, das Sie bisher immer als normal empfunden haben, plötzlich als Symptom eines tieferliegenden Problems. Sie sind krank. Sie haben HSDD. Hat dieser Gedanke erst einmal in Ihrem Gehirn Fuß gefasst, ist es extrem schwierig, ihn wieder abzuschütteln. Ein solches Etikett kann wirklich verdammt klebrig sein. Gehen Sie zum Arzt und verlangen nach einem Medikament gegen diese Krankheit, klingeln bei Boehringer Ingelheim die Kassen.

Letztendlich hat die Firma an der ganzen Kampagne nichts verdient. Flibanserin – wer denkt sich eigentlich solche Namen aus? –, die Pille gegen HSDD, wurde von der FDA nämlich aus dem Verkehr gezogen, weil das Zeug kaum half und außerdem ein paar Nebenwirkungen zu viel hatte, unter anderem extreme Müdigkeit. Man stelle sich vor, endlich einmal hätte Ihre Freundin wieder Lust – und fällt, noch ehe es zum Akt kommt, vor Müdigkeit um. Auch nicht besonders förderlich für das Sexualleben.

HSDD und andere genannte Störungen werden im DSM-4, der vierten Auflage des *Diagnostischen und Statistischen Manuals Psychischer Störungen* aufgelistet – der Bibel der Psychiatrie. Während der Arbeit an diesem Text waren Fachleute gerade mit der Zusammenstellung der fünften Auflage beschäftigt. Die Pharmaindustrie tut alles, damit ihre neuen

Krankheitsbilder darin aufgenommen werden, und scheinbar mit Erfolg. In der ersten Ausgabe dieser Psychiatriebibel, die 1952 erschien, wurden gerade einmal 60 Möglichkeiten beschrieben, wie man jemanden für verrückt erklären konnte. In der zweiten Auflage waren es schon 182, in der dritten 265, während die vierte Auflage bereits 297 psychische Störungen auflistete. Die fünfte Ausgabe enthält schätzungsweise um die 400 psychische Krankheitsbilder. Aus einer Untersuchung ging hervor, dass die meisten Fachleute, die diese neue Bibel zusammenstellen, mit der pharmazeutischen Industrie verbandelt sind. Daher werden nicht nur ständig mehr »Krankheiten« aufgenommen, es wird auch kräftig Lobbyarbeit betrieben, um die Kriterien bereits bestehender Krankheitsbilder zu verwässern. Denn: vagere Kriterien = mehr Diagnosen = höherer Gewinn. Dem DSM-4 zufolge leidet Ihr Kind bereits an ADHS, wenn es mindestens sechs Symptome mangelnder Aufmerksamkeit zeigt. Ein paar dieser Symptome: »hat oft Schwierigkeiten, sich auf ein Spiel oder eine Aufgabe bis zum Schluss zu konzentrieren«, »scheint oft nicht zuzuhören, wenn er/sie direkt angesprochen wird« und »lässt sich leicht durch äußere Reize ablenken«. Genau wie Ada! Sara und ich machen uns da allerdings wenig Sorgen. Wenn Sie jedoch mal einen Blick ins Internet werfen, finden Sie dort unzählige beunruhigte Eltern, die sich fragen, ob ihr zweijähriges Kind vielleicht doch unter ADHS leidet: »Er will einfach nicht still sitzen bleiben, wenn ich ihm ein Buch vorlese.«

Etiketten wie ADHS oder HSDD führen nicht nur dazu, dass uns diese Störungen in unserer Umgebung plötzlich ständig ins Auge fallen. Ein kräftiger Cocktail aus Schubladendenken und kausalem Simplizismus lässt uns überdies unmittelbar unterstellen, dass einer derartigen »Krankheit« diverse Ursachen zugrunde liegen müssen. Das *Diagnostische und Statistische Manual Psychischer Störungen* listet zahlreiche Symptome auf, und auf eine dieser Symptomgruppen, die häufiger zusammen auftreten, kleben die Wissenschaftler dann ein Etikett. Die zugrunde liegende Ursache ist oft nicht mehr als ein großes Mysterium.

Nehmen Sie irgendein Gehirn. Sie dürfen dieses nun unter einen Scanner legen, in Scheibchen schneiden, es auf jede erdenkliche Art und Weise analysieren. Es wird Ihnen nicht gelingen herauszufinden, ob der Eigentümer dieses Gehirns ADHS hatte oder nicht. Die biologische Basis von ADHS ist immer noch größtenteils ungeklärt. ADHS besteht rein aus einer Auflistung von Verhaltensweisen. Aber so denkt unser Idiot natürlich nicht. Jedes Etikett muss seine Ursache haben, und daher muss es im Gehirn von ADHS-Patienten auch irgendetwas geben, das diese Symptome auslöst – eine Denkweise, die die Pharmaindustrie dankbar aufgreift, um ihre Medikamente an den Mann und an die Frau zu bringen.

Sehen, was man sehen will, gibt es jedoch nicht nur in den eher diffusen Fachgebieten wie der Psychologie, sondern auch in der härtesten aller Wissenschaften: der Physik. Um 1900 machte der Physiker René Blondlot, der an der naturwissenschaftlichen Fakultät der Universität Nancy unterrichtete, eine unglaubliche Entdeckung. Während er versuchte, X-Strahlen, die ein paar Jahre zuvor von Wilhelm Röntgen entdeckt worden waren, zu polarisieren, stieß er auf eine neue Form der Strahlung. Er taufte sie

N-Strahlen. Weitergehende Untersuchungen wiesen darauf hin, dass von fast jedem Material mit Ausnahme von grünem Holz N-Strahlen ausgingen. Mehr als 120 Wissenschaftler veröffentlichten insgesamt rund 300 Artikel zu diesem Phänomen. Wenn Sie im Physikunterricht trotzdem noch nie etwas von N-Strahlen gehört haben sollten, ist das allerdings nicht weiter verwunderlich, denn ein paar Jahre nach Blondlots Entdeckung kam heraus, dass diese Strahlen einzig in den Köpfen Blondlots und seiner Kollegen existiert hatten. Zu dieser Enthüllung kam es, als Robert Wood, ebenfalls Physiker, von der Zeitschrift *Nature* darum gebeten wurde, Blondlots Experimente einer kritischen Überprüfung zu unterziehen. Zahlreiche Wissenschaftler hatten Blondlots Experimente bereits wiederholt. Dabei hatte es immer auch einige gegeben, denen es nicht gelungen war, die N-Strahlen sichtbar zu machen. Und so begab sich Robert Wood in Blondlots Labor, um das eine oder andere näher zu untersuchen. Während Blondlot stolz seine Messinstrumente vorführte, entfernte Robert Wood heimlich ein Prisma aus Blondlots Maschinerie. Somit war diese nunmehr nutzlos. Trotzdem behauptete Blondlot immer noch, er sähe die Strahlen. In den Jahren nach Robert Woods Besuch wurde jedoch immer deutlicher, dass N-Strahlen nur von denjenigen gesehen werden konnten, die auch erwarteten, sie zu sehen. Es handelte sich mitnichten um Betrug, und Blondlot und all die anderen Wissenschaftler waren auch keine Pfuscher. Sie hatten sich lediglich von ihren Erwartungen in die Irre leiten lassen. Blondlot hielt übrigens – trotz aller Fakten, die das Gegenteil bewiesen – bis ans Ende seiner Tage am Glauben an die Existenz seiner Strahlen fest. Er hatte sie schließlich mit eigenen Augen gesehen.

Es funktioniert aber auch umgekehrt. So wie wir oft sehen, was wir erwarten, sind wir auch blind für das, was wir nicht erwarten. Tippen Sie mal *»The Monkey Business Illusion«* in das Suchfenster von Youtube ein und folgen Sie den Anweisungen des Films.

Haben Sie ihn sich angesehen? Für diejenigen, die gerade zu faul waren, ihren Computer einzuschalten: *»The Monkey Business Illusion«* ist ein Filmchen, in dem man zwei Basketballmannschaften gegeneinander spielen sieht. Ihre Aufgabe dabei ist simpel: Sie sollen die Anzahl der Pässe zählen. Zu einem bestimmten Zeitpunkt läuft fast bildfüllend ein Mensch im Gorillakostüm zwischen den Spielern hindurch. Er blickt kurz in die Linse, klopft sich auf die Brust und verschwindet dann wieder. Wenn Sie wissen, was Sie erwartet, ist es unmöglich, ihn zu übersehen. Wenn Sie aber damit beschäftigt sind, die Pässe der Basketballer zu zählen, kann es sein, dass Sie ihn tatsächlich verpassen. Von den Testpersonen, denen die Psychologen Daniel Simons und Christopher Chabris das Filmchen zeigten, bemerkte etwa die Hälfte den Gorilla nicht. Als sie den Film erneut ansahen und den Gorilla in all seiner Pracht entdeckten, konnten die meisten kaum glauben, dass sie ihn beim ersten Mal übersehen hatten. Wenn wir sehen, erkennen wir nicht immer alles, was sich in unserem Blickfeld befindet. Wir können etwas ansehen, ohne es wirklich wahrzunehmen, eben weil wir es nicht erwarten.

Es gibt zum Glück eine einfache Methode, wie wir den Einfluss unserer Erwartungen auf die Wahrnehmung ausschalten können: die Verblindung. Wenn Sie Wein probieren, ohne zu wissen, was sich in Ihrem Glas befindet, ohne das Etikett oder auch nur die Farbe des Weins vor sich zu sehen, können Sie auch nicht von Ihren Erwartungen in die Irre geleitet werden. Blindverkostungen bei Wein fördern daher oft Überraschungen zutage. Weine, die von jedermann als billige Plörre bezeichnet werden, erreichen hohe Punktzahlen, während berühmte Châteaus mitunter eher schlecht wegkommen. Auch wissenschaftliche Studien kann man verblinden, indem man dafür sorgt, dass kein Studienteilnehmer weiß, welche Probanden zur Experimental- und welche zur Kontrollgruppe gehören. Angenommen, Sie arbeiteten als Forscher für ein Pharmaunternehmen. Ihre Firma führt eine Studie über ein neues Antidepressivum durch, und es ist Ihre Aufgabe, die Patienten zu befragen, wie depressiv sie sich fühlen. Sie sind natürlich überzeugt davon, dass das Medikament wirkt. Sie haben bereits vielversprechende Resultate gesehen, und Ihr Chef verkündet jedem, den er trifft, sie hätten endlich das ultimative Mittel gegen Depressionen gefunden. Angenommen, Sie wüssten, wer mit dem neuen Arzneimittel behandelt wurde und wer nicht. Sind Sie sich wirklich sicher, dass die Erwartungen keine Rolle in Ihrer Beurteilung spielen?

Die meisten Forscher behaupten, in ihrem Fall treffe dies zu. Sie stehen zwar mit der Pharmaindustrie in Kontakt, bleiben aber trotzdem objektiv und lassen sich nicht beeinflussen – sie arbeiten schließlich professionell. Gut möglich, dass sie das selber glauben. Wir sind uns häufig nicht über den Einfluss unserer Erwartungen auf unsere eigene Wahrnehmung bewusst. Zahlreiche Studien belegen jedoch, dass ihr Einfluss immer der gleiche bleibt, so professionell und objektiv die Forscher sich selbst auch einschätzen. Während einer Studie zu einem neuen Medikament gegen Multiple Sklerose ließ man sämtliche Patienten von zwei verschiedenen Ärztegruppen untersuchen. Diese sollten regelmäßig beobachten, ob bei den Patienten bereits eine Besserung eingetreten war, und diese mit einer Punktezahl bewerten. Die eine Hälfte der Ärzte war verblindet. Sie wussten also nicht, welchen Patienten das Medikament verabreicht wurde und welche ein Placebo erhielten. Die anderen Ärzte indes wussten Bescheid. Nach der Analyse der Punktezahl der nicht verblindeten Ärzte schien das Mittel wirksam zu sein. Die Experimental- und die Kontrollgruppe unterschieden sich in ihren Werten deutlich voneinander. Dieser Unterschied war jedoch nicht erkennbar, als man sich die Scores der verblindeten Ärzte ansah. Das Arzneimittel war ihnen zufolge wirkungslos. Die einzige Erklärung für die augenscheinliche Wirkung des Medikaments war die Erwartungshaltung der nicht verblindeten Forscher.

Tot ist tot, da gibt es keinen Interpretationsspielraum (außer natürlich in Monty Pythons genialem *»Dead Parrot«*-Sketch, doch dies nur als kleine Randbemerkung). Fast alle anderen Parameter, die während einer Studie gemessen werden, sind mehr oder weniger anfällig für den Einfluss unserer Erwartungen. Das gilt auch für Parameter, die auf den ersten Blick objektiv erscheinen. Angenommen, Sie wären Arzt und erforschten fiebersenkende Medikamente. Um herauszufinden, ob ein Mittel wirkt, müssen Sie bei Ihren Probanden regelmäßig Fieber messen. Irgendwann stellen

Sie bei einem Ihrer Patienten eine Temperatur von 39,3 °C fest. Da Sie wissen, dass dieser Patient gerade ein fiebersenkendes Medikament eingenommen hat, erscheint Ihnen ein solches Messergebnis grenzwertig. Daher wiederholen Sie die Prozedur. Beim zweiten Mal zeigt das Thermometer nur noch 38,8 °C an. Sieht doch gleich besser aus. Und so notieren Sie diesen Wert unter der Annahme, der erste Wert habe auf einem Messfehler beruht. Ob Sie nun Fieber, Blutdruck oder die Anzahl roter Blutkörperchen messen beziehungsweise zählen – eine jede Messung beinhaltet eine gewisse Messtoleranz. Wenn Sie zehnmal bei jemandem Fieber messen, werden Sie zehn leicht voneinander abweichende Werte erhalten. Aus diesen Werten dürfen Sie sich jedoch nicht einfach den herauspicken, der am ehesten Ihren Erwartungen entspricht. Solche kleinen Fehler würden das Endergebnis Ihrer Studie verfälschen.

Eine randomisierte Interventionsstudie mit einer hinreichend großen und repräsentativen Stichprobe – das ist schon ein schönes Stück Arbeit. Und das ist immer noch nicht alles. Um den Einfluss unserer Erwartungen auszuschalten, müssen wir die Studie darüber hinaus auch noch verblinden.

Ein kurzer Seitenblick:
Die Gesetze des Ruben Mersch

Ich bin, wie ich finde, ein überdurchschnittlich guter Autofahrer. Mit dieser Überzeugung stehe ich sicher nicht alleine da. Ungefähr 80 Prozent von uns glauben, besser Auto zu fahren als der Rest der Menschheit. Statistisch gesehen ist dies natürlich unmöglich. (Nun ja, es ist doch möglich. Für die Erbsenzähler unter uns: Statistisch ist es lediglich unmöglich, dass die Mehrheit besser ist als der Mittelwert. Ich gestatte mir ausnahmsweise, auf den feinen Unterschied zwischen Mittel und Durchschnitt zu pfeifen.) Diese Selbstüberschätzung beschränkt sich nicht nur auf unser Fahrverhalten. Sie wurde ebenfalls bei CEOs, Präsidenten, Coaches, Börsenanalysten, Stand-up-Comedians, Studenten, Eltern und so weiter beobachtet. Alle glaubten, sie seien besser als der Rest. So wie jeder Raucher davon überzeugt ist, ein geringeres Lungenkrebsrisiko zu haben als andere Nikotinsüchtige, finden fast alle Eltern, dass ihr Kind intelligenter, schöner und besser erzogen sei als die Kinder anderer Eltern. Anscheinend werden wir mit einer rosaroten Brille auf der Nase geboren, was zuweilen haarsträubende Folgen haben kann. Davon zeugen die Darbietungen bei *Deutschland sucht den Superstar* und ähnlichen Shows, die oft so grottenschlecht sind, dass man sie fast schon wieder als großartig bezeichnen könnte.

Momentan sorgt diese Art von Selbstüberschätzung in meinem Freundeskreis für schlaflose Nächte und leer geräumte Bankkonten, denn alle renovieren. Mein gesamter

Freundeskreis ist dabei, Gipskartonplatten zu verfugen, Fliesen zu verlegen und Mauern hochzuziehen. Sie haben dabei alle eines gemeinsam: Ihr Umbau wird erst Monate nach dem geplanten Datum fertig, und kaum jemand schafft es, dabei innerhalb des Kostenrahmens zu bleiben. Sie sind nicht die Einzigen, denen es so geht. Das frappanteste Beispiel einer allzu optimistischen Planung war der Bau des Opernhauses in Sydney. Als man 1957 mit dem Bau begann, veranschlagte man ein Budget von sieben Millionen Dollar und eine Bauzeit von sechs Jahren. Letztendlich kostete das Ding 102 Millionen Dollar und wurde erst 1973 vollendet. Zehn Jahre zu spät und vierzigmal teurer als geplant.

Wenn wir etwas planen, gehen wir meist zu optimistisch an die Sache heran. Als ich selbst vor ein paar Jahren mein Haus renovierte, habe ich im Zuge dessen die zwei Gesetze des Ruben Mersch aufgestellt. Derzeit können sich nur noch einige wenige an sie erinnern, doch insgeheim hoffe ich, dass sie, ebenso wie Murphys Gesetz, irgendwann ihren weltweiten Durchbruch erleben.

Das erste Gesetz von Ruben Mersch lautet: Ein Umbau dauert immer deutlich länger, als man glaubt. Und das zweite Gesetz: Ein Umbau dauert immer deutlich länger, als man glaubt, selbst wenn man das erste Gesetz bereits mit einkalkuliert hat.

Diese Gesetze gelten, wie ich zu meiner Schande gestehen muss, nicht nur für Renovierungsarbeiten, sondern auch für das Verfassen eines Buches. Ich höre mich selbst noch beim ersten Treffen mit meinem Verleger sagen: »Wenn alles gut läuft, denke ich, dass ich bis Jahresende mit dem Manuskript fertig sein werde.«

Auch in diesem Fall interpretieren wir die Wirklichkeit so, dass sie mit unseren Wünschen und Erwartungen übereinstimmt. Wir möchten gerne glauben, dass unser Umbau noch vor dem Sommer fertig und im Rahmen des Budgets bleiben wird. Daher negieren wir jede Information, die im Widerspruch zu dieser Überzeugung steht. Wir wissen eigentlich sehr wohl, dass alles Mögliche schiefgehen kann, aber daran denken wir lieber nicht. Auch hier sehen wir nur das, was wir sehen wollen. Als ich meinem Verleger gegenüber behauptete, das Manuskript könne bis Ende des Jahres fertig werden, habe ich nicht an all die Nächte gedacht, die frischgebackene Eltern nun einmal durchwachen müssen. Ich habe es versäumt, all die inspirationslosen Tage zu berücksichtigen, an denen ich den Bildschirm meines Laptops anstarre wie ein Kaninchen die Schlange, und ich habe nicht mit einkalkuliert, dass ich immer mal wieder das unbezwingbare Bedürfnis habe, ganze Textpassagen zu löschen und neu zu schreiben. Alles, was schiefgehen konnte, wurde für mich zu einem einzigen unsichtbaren Gorilla. Ich wollte es nicht sehen, und daher sah ich es auch nicht. Ich bin, wie die meisten anderen auch, ein hoffnungsloser Optimist.

In diesem Fall hilft Verblindung auch nicht weiter. Trotzdem ist es auch hier möglich, den Einfluss der Erwartungen zu minimieren und dafür zu sorgen, dass die Planung nicht allzu rosarot ausfällt. Und zwar mittels einer speziellen Stichprobe, dem sogenannten *Reference Class Forecasting*. Die Idee ist ganz einfach: Anstatt blind auf das eigene Projekt zu starren, sehen Sie sich an, wie vergleichbare Projekte realisiert worden sind. Wenn Sie nun Ihr Haus renovieren wollen, suchen Sie im Freundeskreis nach Menschen, die einen vergleichbaren Umbau vorgenommen haben. Sie finden heraus, wie hoch im Durchschnitt die Kosten waren und wie lange die Arbeiten dauerten. Auf Basis dieser Einschätzung erstellen Sie einen Plan für Ihr eigenes Projekt. Diese Vorgehensweise könnte Ihnen schlaflose Nächte und ein leer geräumtes Bankkonto ersparen.

Die unheimliche Kraft unseres Gehirns

Im Jahr 1945, der Zweite Weltkrieg ging langsam seinem Ende entgegen, wurde das Morphium an der Front knapp. Eines Tages hatte der US-amerikanische Anästhesist Henry Beecher einen schwerverwundeten Soldaten vor sich auf dem OP-Tisch. Der arme Kerl hatte wirklich Pech – Beecher hatte erst wenige Tage zuvor das letzte Morphium verbraucht. Manchmal muss man mit den Mitteln auskommen, die einem zur Verfügung stehen, und so bat Henry Beecher eine Krankenschwester, dem Patienten Salzwasser zu injizieren. Zu seiner großen Verwunderung beruhigte sich der Patient, und die notwendige Operation konnte ohne Probleme vonstattengehen. Anscheinend war Salzwasser ein ebenso effektives Schmerzmittel wie Morphium. In den darauffolgenden Monaten wiederholte Beecher seinen Trick immer, wenn ihm das Morphium ausgegangen war. Er funktionierte beinahe jedes Mal. Als er sicher und wohlbehalten in die USA zurückgekehrt war, schrieb er einen Artikel über seine Erfahrungen. Dieser wurde im *Journal of the American Medical Association* veröffentlicht und gilt heute als Klassiker: *»The Powerful Placebo«.*

Bei Beechers Geschichten handelt es sich natürlich lediglich um Anekdoten, und der Mehrwert von Anekdoten besteht nun mal nicht in Datensicherheit. Trotzdem lässt sich aus ihnen eine interessante Hypothese ableiten: Allein die Erwartung, geringere Schmerzen zu haben, kann ausreichen, um tatsächlich geringere Schmerzen zu verspüren. Hierbei handelt es sich um den sogenannten Placeboeffekt: eine der faszinierendsten Manifestationen der Wirksamkeit von Erwartungen. Diese beeinflussen nicht nur unsere Einschätzung und unsere Wahrnehmung, sondern sogar unsere Gesundheit. Inzwischen wurde dieser Effekt gründlich erforscht – mit überraschenden Ergebnissen: Das ideale Placebo, so haben Studien ergeben, ist teuer, hat eine Farbe, die zur Krankheit passt, steckt in einer schönen Verpackung und wird von einem Arzt verschrieben, der von der Wirksamkeit des Präparats überzeugt ist und sich notfalls – sofern er keinen blassen Schimmer hat, was dem Patienten fehlt – eine plausibel klingende Diagnose ausdenkt. Das verdient eine gründlichere Erklärung. Willkommen in der wunderbaren Welt unseres Gehirns.

Teurer Wein schmeckt besser als billiger. Das haben wir bereits erfahren. Aber haben teure Medikamente auch eine bessere Wirkung als billigere? Veladone-Rx, so hieß das Schmerzmittel. Über 100 Studenten des Massachusetts Institute of Technology beteiligten sich an einer Studie zu seiner Wirksamkeit. Die Studenten wurden in ein kleines Büro geführt, wo sie sich eine Broschüre über das neue Arzneimittel durchlesen konnten. »Veladone-Rx ist ein faszinierendes neues Schmerzmittel. Klinische Untersuchungen haben ergeben, dass 92 Prozent der Patienten innerhalb von zehn Minuten einen signifikanten Schmerzrückgang erlebten.« Auch der Kaufpreis des Medikaments wurde in der Broschüre erwähnt: 2,50 Dollar pro Dosis. Nach der Lektüre wurden die Studenten in ein Behandlungszimmer geführt, und ihre Handgelenke wurden mit Elektroden versehen. Anschließend verpassten die Forscher ihnen Elektroschocks. Nach jedem Stromstoß sollten die Studenten ihr Schmerzniveau auf einer Skala benennen. Im Anschluss an diese Folter bekamen sie eine Veladone-Rx-Tablette. Nachdem sie eine Viertelstunde gewartet hatten (»damit das Medikament seine volle Wirkung entfalten kann«), mussten sie erneut Elektroschocks über sich ergehen lassen. Wieder notierten die Studenten die Schmerzintensität. Diesmal wurde der Schmerz als deutlich erträglicher empfunden. Veladone-Rx schien tatsächlich zu wirken. Merkwürdig, denn Veladone-Rx bestand ausschließlich aus Vitamin C, und das ist wenig bekannt für seine schmerzlindernden Eigenschaften.

Die Ergebnisse des zweiten Experiments fielen noch seltsamer aus. Wieder wurden mehr als 100 Studenten zusammengetrommelt. Sie mussten exakt die gleiche Prozedur über sich ergehen lassen – mit nur einem Unterschied: Diesmal war in der Broschüre zu lesen, dass eine Veladone-Rx-Tablette gerade mal zehn US-Cent koste. Der Unterschied war beachtlich. Während des ersten Experiments zeigte das Arzneimittel bei sämtlichen Patienten Wirkung. Im zweiten Experiment erlebte lediglich die Hälfte der Studenten eine schmerzlindernde Wirkung. Teure Tabletten wirken also besser als billige.

Die Tabletten müssen an sich nicht teuer sein. Es reicht, wenn sie teuer aussehen. 1981 wurde 835 Frauen mit Kopfschmerzen ein Schmerzmittel verabreicht. Bei der Hälfte der Frauen steckten die Tabletten in einem neutralen weißen Döschen, bei der anderen Hälfte in einer glänzenden, aufwendigen Verpackung mit einem bekannten Markennamen darauf. Beide Verpackungen enthielten genau die gleichen Tabletten: Placebos. Trotzdem zeigten die Placebos der teureren Verpackung eine signifikant höhere Wirkung.

Ich kaufe in der Apotheke nie Nurofen (Ibuprofen) oder Dafalgan (Paracetamol), sondern immer die günstigeren Generika. Die generischen Produkte enthalten genau denselben Wirkstoff wie das Markenmedikament. Wenn sich jeder für ein Generikum entscheiden würde, könnten unsere Krankenversicherungen eine Menge Geld sparen. Doch dabei gibt es ein Problem: Generika zeigen eine geringere Wirkung, eben weil sie billiger sind. Das ist nur eines der zahlreichen Paradoxe, die der Placeboeffekt nach sich zieht.

Nicht nur der Preis ist von Bedeutung. Rosafarbene Zuckerpillen sind besser geeignet, die Konzentrationsfähigkeit zu erhöhen, als blaue. Zur Beruhigung wiederum wirken blaue Placebos besser als rosafarbene. Zwei Tabletten wirken besser als nur eine einzige, während Injektionen zu einem stärkeren Placeboeffekt führen als Tabletten oder Kapseln. Das Muster ist stets deutlich zu erkennen: Je stärker wir davon ausgehen, dass etwas wirken wird, umso besser wirkt es auch. Ob sich die Erwartungen nun aus dem

Preis, der Farbe oder aus der Verabreichungsart ergeben, ist unerheblich.

Etwas Verrückteres als Ohrkerzen kann man sich eigentlich gar nicht vorstellen, trotzdem gibt es Menschen, die überzeugt davon sind, dass es sich dabei um das einzig wahre Mittel gegen alle möglichen und unmöglichen Leiden handelt. Die Ohrkerzentherapie (bei der einem eine brennende Kerze ins Ohr gesteckt wird, um das Ausleiten der Giftstoffe zu stimulieren), die *»Detox Body Brush«* (bei der die Giftstoffe über die Haut entsorgt werden), das Einführen von (hoffentlich abgekühltem) Kaffee durch den Anus (was die Leber stimulieren, den Darm durchspülen und Krebs heilen soll), die Armbänder von Power Balance – die Anhänger der jeweiligen Anwendung sind fest von deren Wirkung überzeugt, und ich glaube gerne, dass sie sich nach einer Kerze oder Kaffeespülung wirklich besser fühlen. Es mag sich um reinen Zufall handeln, um Regression zum Mittelwert – oder aber um den Placeboeffekt. Alles wirkt, wenn man nur daran glaubt. Sogar Trepanation: das Bohren von Löchern in einen Schädel, um den Pulsschlag des Gehirns zu optimieren. Soll angeblich gegen das chronische Müdigkeitssyndrom und Depressionen helfen. Ein gewisser Joey Mellen kam eines Tages auf die glorreiche Idee, dies bei sich selbst auszuprobieren. Seine ersten beiden Versuche endeten im Krankenhaus. Sein dritter Versuch gelang.

Der Placeboeffekt beschränkt sich nicht nur auf allerlei versponnene alternative Heilmethoden, er spielt auch in der klassischen westlichen Medizin eine große Rolle. Aus einer Metaanalyse ging hervor, dass 75 Prozent der Wirkung von Antidepressiva dem Placeboeffekt zuzuschreiben sind. Sie wirken also vor allem deswegen, weil wir an ihre Wirkung glauben. Aber wir begegnen diesem Effekt auch an Orten, wo wir ihn nie vermutet hätten: Hatten Sie in den Neunzigerjahren Beschwerden aufgrund einer Arthritis im Kniegelenk, war die Wahrscheinlichkeit groß, dass Ihr Arzt Ihnen eine Operation vorschlug. Ihr Knie wurde aufgeschnitten, Knorpelgewebe entfernt, und dann wurde das Knie mit mehr als zehn Litern Salzwasser ausgespült. Bei den meisten Patienten funktionierte es. Nach der Operation hatten sie weniger Schmerzen, konnten länger spazieren gehen und kamen wieder Treppen hinauf. Zufriedenheit allenthalben. Bis der orthopädische Chirurg J. B. Moseley 180 Freiwillige mit Arthritis rekrutierte und diese auf zwei Gruppen verteilte. Die eine Gruppe wurde der Standard-OP unterzogen. Bei den anderen wurde zwar das Knie aufgeschnitten, aber kein Knorpelgewebe entnommen, und das Knie wurde auch nicht gespült. Nach dem Öffnen des Knies nähte der Chirurg die Wunde sofort wieder zu. Eine Placebooperation also. Nach der Analyse der Resultate ergab sich nicht der geringste Unterschied zwischen den beiden Gruppen.

Man braucht nicht erst einen Patienten aufzuschneiden, um einen Placeboeffekt zu erzielen. Wenn Ihr Arzt begeistert ein Placebo anpreist, das er verschreibt – »ein gerade erst neu entwickeltes Medikament, das erwiesenermaßen sehr effektiv ist« –, wirkt das Mittel tatsächlich besser, als wenn er weniger überzeugt klingt. Sie brauchen nicht einmal ein Rezept. Die Diagnose ist völlig ausreichend. 1987 wurden 200 sozusagen hoffnungslose Fälle in zwei Gruppen aufgeteilt: Sie litten an unterschiedlichsten Beschwerden; niemand wusste genau, was mit ihnen los war. Der einen Hälfte erzählte der Arzt wahrheitsgetreu, dass er keine Ahnung habe, was ihnen fehlte. Die anderen erhielten eine Placebodiagnose. Der Arzt dachte sich irgendeine Krankheit aus und erzählte dem Patienten, er könne schon innerhalb weniger Wochen wieder auf dem Damm sein. 39 Prozent der Patienten aus der ersten Gruppe ging es nach ein paar Wochen wieder besser, während es in der zweiten Gruppe 64 Prozent waren.

Es gibt einige Beschwerden, mit denen die Schulmedizin nicht viel anfangen kann: Rückenschmerzen, Müdigkeit, Stress. Ein Arztbesuch fällt für Patienten mit solcherlei Beschwerden oft eher enttäuschend aus. Sie haben gerade noch die Zeit, dem Arzt Ihre Beschwerden mitzuteilen. Daraufhin murmelt der Arzt irgendwas Unverständliches, um Sie kurz darauf mit einem unleserlichen Rezept in der Hand aus der Praxis zu entlassen. Konsultieren Sie dagegen einen Homöopathen oder Vertreter einer anderen alternativen Heilmethode, nimmt sich dieser wirklich Zeit für Sie. Sie fühlen sich ernst genommen und nicht mehr nur wie eine bloße Ansammlung von Organen behandelt. Und auch wenn die Diagnose nichts als blanker Unsinn wäre, fühlten Sie sich verstanden. Endlich ist da jemand, der weiß, was mit Ihnen los ist! Sofort geht es Ihnen ein wenig besser. Dagegen ist an sich nichts einzuwenden. Aber falls Sie HIV-positiv sind, Krebs oder ein gebrochenes Bein haben, würde ich Ihnen davon abraten, sich einem Homöopathen anzuvertrauen. Wenn Sie eher unspezifische Beschwerden haben und sich von Ihrem Arzt nicht verstanden fühlen, können Sie sich gerne an einen Homöopathen wenden oder sich einer Bachblütentherapie unterziehen. Die Wirkung ist gleich null oder – besser gesagt: Es wirkt einzig der Placeboeffekt. Aber wenn es Ihnen danach besser geht, kann Ihnen die Ursache dafür tatsächlich egal sein.

Ich persönlich entscheide mich meist für die evidenzbasierte Medizin. Ich erwarte von einem Arzneimittel eine Wirkung, die über den Placeboeffekt hinausgeht. Und um herausfinden zu können, ob etwas tatsächlich effektiv ist, müssen wir die verblindete, randomisierte, kontrollierte Studie noch um einen weiteren Faktor ergänzen. Sie muss doppelt verblindet durchgeführt werden. Nicht nur die Ärzte müssen verblindet werden – auch die Patienten. Erst wenn auch der Patient ahnungslos ist, ob er nun ein Placebo oder den echten Wirkstoff erhält, wird der Einfluss des Placeboeffekts zur Gänze messbar.

Am Glauben festhalten

Sonntagmorgen. Ich sitze gemütlich beim Frühstück, als es an der Tür klingelt. Zwei Männer mittleren Alters, beide in nicht allzu modischen Anzügen und mit einer Tasche in der Hand. Ich weiß sofort, was Sache ist: die Zeugen Jehovas. Und tatsächlich: Als ich die Tür öffne, stellt sich heraus, dass sie mir die Erleuchtung bringen wollen. Ich weiß, es ist sinnlos, aber als überzeugter Atheist konnte ich es einfach nicht lassen.

»Woher wissen Sie, dass Gott existiert?«

»Weil es in der Bibel steht.«

»Und woher wissen Sie, dass das, was in der Bibel steht, wahr ist?«

»Weil sie das Wort Gottes ist.«

»Und woher wollen Sie das wissen?«

»Es steht in der Bibel.«

Sie darauf hinzuweisen, dass sich ihre Argumentation im Kreis zu drehen droht, hat natürlich keinen Zweck (ebenso wenig wie der Trick des niederländischen Kabarettisten Hans Teeuwen: »Jedes Mal, wenn einer von diesen Typen mit mir zu diskutieren beginnt, präsentiere ich ihm mein Notizheft, in dem geschrieben steht: »Es gibt keinen Gott.«). Mit den Zeugen Jehovas zu diskutieren hat ungefähr ebenso viel Sinn, wie einem Hund die grundlegenden Prinzipien der Quantenmechanik erklären zu wollen. Was Sie auch sagen oder tun, die Zeugen Jehovas werden niemals ihre Meinung ändern – auch dann nicht, wenn die Fakten das Gegenteil beweisen. Als die Zeugen Jehovas zum ersten Mal das Ende der Welt vorhersagten, war das Jahr 1914 im Gespräch. In jenem Jahr sollte die »Zeit der Heiden« enden, alle weltlichen Herrscher sollten ihre Macht verlieren, und Jesus sollte die Herrschaft über die Erde übernehmen. Das Jahr 1914 kam und ging, und nichts war geschehen. Charles Russell, der damalige Anführer der Zeugen Jehovas, kannte den Grund: Jesus war zwar zurückgekehrt, hatte allerdings sein Königreich im Himmel errichtet statt auf Erden. Dort oben im Himmel musste er erst noch den Teufel besiegen, ehe er wieder auf die Erde hinabsteigen konnte. Letzteres sollte 1915 geschehen. Als es jedoch 1915 nicht geschah, wurde das Ereignis auf 1918 verschoben. Dann auf 1925, 1941, 1975, 1994 und so weiter. Natürlich brachte keine dieser fehlerhaften Vorhersagen ihren Glauben je ins Wanken. Sie schafften es jedes

Mal wieder, sich eine plausible Entschuldigung dafür auszudenken, warum Jesus wieder mal nicht zum vereinbar-
ten Zeitpunkt erschienen war.

Dieses Buch ist im November 2012 erstmals erschienen.
Also einen Monat vor dem Ende der Welt, wie es der Kalender der Mayas vorhergesagt haben soll. Dem Kalender
zufolge hätte sich am 21. Dezember 2012 das Magnetfeld
der Erde umkehren und es hätte zu einem Zusammenprall
mit einem anderen Planeten kommen sollen – der Anbruch
einer neuen Zeitrechnung. Die Schwingungsfrequenz der
Erde hätte sich erhöhen sollen, ebenso wie die Frequenz
unserer persönlichen Schwingungen. Ich habe zwar keine Ahnung, was das bedeutet, aber sagen Sie nicht, Sie
wären nicht gewarnt gewesen. Erinnern Sie sich daran,
wie sich all die Anhänger jener Theorie am Morgen des
22. Dezembers fühlten, als sich das neue Zeitalter dem
vorangegangenen als verdächtig ähnlich entpuppte. Aber
hat auch nur einer von ihnen zugegeben, dass sie sich geirrt hatten?

Niemand gibt gerne zu, dass er falsch gelegen hat. Wir
alle klammern uns an unsere Überzeugungen wie ein Er-
trinkender an ein Stück Treibholz. Ist Ihnen jemals ein
überzeugter Liberaler begegnet, der nach reiflicher Überle-
gung doch noch für die Sozis gestimmt hätte? Oder ein ent-
schiedener Gegner der Legalisierung weicher Drogen, der –
nachdem er sich die Vor- und Nachteile vor Augen geführt
hat – zu dem Schluss gekommen wäre, so ein kleiner Joint
ab und zu könne doch nicht schaden? Denken Sie an die
Diskussion, die Sie zuletzt mit irgendjemandem über Ab-
treibung, Euthanasie oder die Erhöhung des Rentenalters

geführt haben. Haben Sie mit Ihrem Diskussionspartner die jeweiligen Argumente ruhig gegeneinander abgewägt? Haben Sie zugegeben, dass der andere in manchen Punkten gar nicht so falsch lag? Haben sich Ihre Standpunkte auch nur einen Millimeter angenähert? Wahrscheinlich nicht. Meist bleibt man bei seiner Überzeugung und versucht, den Kontrahenten mit allen zur Verfügung stehenden Mitteln in die Enge zu treiben. Gelingt dies nicht, gerät man irgendwann in Rage, und das Ganze endet womöglich mit gegenseitigen Vorhaltungen, Geschrei und Türenschlagen. Die meisten Menschen lassen sich lieber einen Arm oder ein Bein abhacken, ehe sie sich von ihrer Überzeugung verabschieden.

Präsident Bush hatte sich geirrt, als er behauptete, Saddam Hussein besitze Massenvernichtungswaffen. Er hatte sich geirrt, als er behauptete, es gebe eine Verbindung zwischen Al-Qaida und dem irakischen Regime. Und er hatte sich geirrt, als er sechs Wochen nach dem Einmarsch im Irak behauptete, der Krieg sei beendet. Doch er hat an seinem Glauben festgehalten, das Richtige getan zu haben, und nie aufgehört, seine Entscheidungen zu verteidigen.

Wir glauben gerne, dass wir uns, bevor wir uns zu einem bestimmten Thema eine Meinung bilden, erst alle relevanten Fakten vor Augen geführt haben, um dann so objektiv wie möglich unsere Schlüsse zu ziehen, ohne uns dabei von unseren früheren Ansichten beeinflussen zu lassen. Vergessen Sie's. Meist funktioniert es andersherum. Wir haben, aus welchen Gründen auch immer, eine bestimmte Überzeugung, und diese versuchen wir mit Händen und

Füßen zu verteidigen. Selten setzen wir unseren rationalen Denker bei der Wahrheitssuche ein. Viel eher setzen wir ihn zur Verteidigung dessen ein, woran wir aus irgendwelchen irrationalen Gründen glauben. Haben Sie schon mal gehört, wie ein Vater oder eine Mutter die Untaten des eigenen Kindes rechtfertigte? (»Ja, er hat sie ein elendes, hinterfotziges Flittchen genannt, aber das hat er doch nicht so gemeint.« – »Er ist vielleicht manchmal ein bisschen aggressiv, aber tief in seinem Innern kann er keiner Fliege was zuleide tun.«) So verhalten wir uns alle, wenn es um unsere Überzeugungen geht.

Für ein Experiment, das inzwischen zu einem Klassiker geworden ist, verfassten Forscher zwei Artikel über die Auswirkungen der Todesstrafe. In dem einen Artikel vertraten sie die Ansicht, die Strafe habe eine abschreckende Wirkung. Die Forscher behaupteten, dass in Staaten, in denen die Todesstrafe verhängt werde, die Mordrate niedriger sei als in Staaten ohne Todesstrafe. Im zweiten Artikel konstatierten sie, die Einführung der Todesstrafe habe keinerlei Auswirkung auf die Mordrate. Anschließend rekrutierten sie Testpersonen, die entweder erklärte Befürworter oder Gegner der Todesstrafe waren. Personen, die zu dem Thema keine feste Meinung hatten, durften sich nicht beteiligen. Sowohl den Befürwortern als auch den Gegnern wurden beide Artikel vorgelegt. Alle Probanden fanden den Artikel, der die jeweils eigene Meinung repräsentierte, überzeugender. Die Studie, die der eigenen Meinung widersprach, war ihrer Ansicht nach schlampig durchgeführt und steckte voller Fehler. Ebendiese Fehler waren ihnen in der anderen Studie nicht einmal aufgefallen. Und natürlich änderte keine einzige Testperson nach dem Lesen der Artikel ihre Ansichten.

Ebenso wie die Liebe macht auch eine Überzeugung blind. Informationen, die zu unseren Überzeugungen passen, nehmen wir an, ohne groß darüber nachzudenken. Erhalten wir dagegen Informationen, die unseren Überzeugungen widersprechen, begeben wir uns mit der Lupe auf Fehlersuche. Allein weil das Ergebnis nicht unseren Erwartungen entspricht, kann damit irgendetwas nicht stimmen. Auch in diesem Fall sehen wir nur das, was wir sehen wollen.

Ehrlich gesagt muss ich zugeben, dass auch ich manchmal in diese Falle tappe. Wenn Sie mir einen Artikel zeigten, in dem behauptet wird, dass Homöopathie wirksam sei, würde ich anfangen, nach allen möglichen methodischen Fehlern zu suchen. Inkorrekte Randomisierung, mangelhafte Verblindung, das Fehlen einer Kontrollgruppe und so weiter. Wenn mir jedoch eine Studie vor die Nase gehalten würde, die zu dem Schluss kommt, Homöopathie zeige keine effektivere Wirkung als die eines Placebos, würde ich mir die Mühe sparen. Ich ginge davon aus, dass die Untersuchung korrekt durchgeführt wurde.

Es gibt noch einen weiteren Weg, mit Informationen umzugehen, die einem nicht in den Kram passen: Zweifel säen. Nachdem Cochrane jene Studie veröffentlichte, die darlegte, dass sich Antioxidantien nicht positiv auf die Lebenserwartung auswirken, gaben sich die Produzenten der Nahrungsergänzungsmittelindustrie nicht einfach so geschlagen. Sie setzten die Marketingmaschinerie in Gang. Die Alliance for Natural Health, eine Lobbyorganisation für Produzenten der Nahrungsergänzungsmittelindustrie, schreckte in Presseberichten nicht vor Anschuldigungen zurück: »einseitig«, »Desinformation«, »Schmutzkampagne«. Selbstverständlich waren sie der Ansicht, die Studie sei mangelhaft durchgeführt worden. Demnach hätten die Forscher der Alliance zufolge dringend zwischen alpha-Tocopherol und gamma-Tocopherol unterscheiden müssen. Es folgte eine umfangreiche Erklärung über oxidierende Reagenzien und die Regulatoren von Redoxreagenzien, von der auch ich nicht allzu viel verstanden habe. Was mit Sicherheit wohl so beabsichtigt war. Solcherlei Strategien begegnet man immer wieder: Beweist jemand, dass ein Produkt ungesund ist, zur Erderwärmung beiträgt oder aus welchen Gründen auch immer nicht ideal ist, so wird eine völlig irrelevante technische Diskussion angeleiert, die kein Mensch nachvollziehen kann. Öffentlichkeit verunsichert – Ziel erreicht. Die Tabak-, Asbest- und Erdölindustrien machen von dieser Methode eifrig Gebrauch. Ein Tabakproduzent war irgendwann so ungeschickt, diese Strategie zu Papier zu bringen. »Zweifel ist unser Produkt. Es ist die beste Methode, um gegen die Tatsachen anzugehen.«

Auf der Suche nach Bestätigung

Auf einem Tisch liegen vier Karten. Auf jeder Karte sind auf der einen Seite ein Buchstabe und auf der Rückseite eine Zahl abgebildet. Sie sollen nun herausfinden, ob folgende Regel richtig ist: »Wenn auf der einen Seite der Karte ein Vokal steht, dann steht auf der Rückseite eine gerade Zahl.«

Welche beiden Karten drehen Sie am besten um?

Der Test aus den Sechzigerjahren, den der kognitive Psychologe Peter Wason sich ausgedacht hat, gehört unter Psychologen mittlerweile zur wahrscheinlich beliebtesten Denksportaufgabe überhaupt. Peter Wasons Karten-Wahl-Aufgabe, unter Wissenschaftlern *Wason Selection Task* genannt, wurde bereits Hunderte Male wiederholt. Das Ergebnis fiel jedes Mal gleich aus: Ungefähr 90 Prozent der Probanden gaben die falsche Antwort.

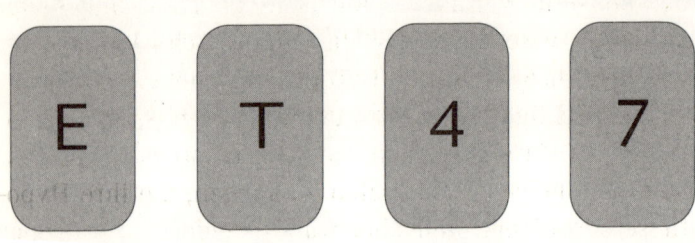

Wahrscheinlich dachten Sie gerade, man müsse die Karten E und 4 umdrehen, um die Regel zu testen. So jedenfalls antworten die meisten Testpersonen. Doch das ist falsch. Die richtige Antwort? E und 7.

Die Karte E umzudrehen ist tatsächlich zweckdienlich. Wenn die Rückseite eine gerade Zahl zeigte, würde dies die Regel bestätigen. Wenn auf der anderen Seite eine ungerade Zahl stünde, könnte man mit Sicherheit sagen, dass die Regel nicht stimmt. Die 4 umzudrehen ist hingegen völlig sinnlos. Fände sich auf ihrer Rückseite ein Vokal, würde dies zwar die Regel bestätigen, entdeckten Sie jedoch einen

Konsonanten, wären Sie kein bisschen klüger als zuvor. Die Regel besagt nämlich: Wenn auf einer Seite der Karte ein Vokal steht, muss die Rückseite eine gerade Zahl zeigen, und nicht: Wenn auf einer Seite eine gerade Zahl steht, ist auf der Rückseite ein Vokal abgebildet. (Verwirrend? Erinnern Sie sich noch an den Unterschied zwischen »Jeder Moslem ist ein Terrorist« und »Jeder Terrorist ist Moslem«?) Die 4 kann also die Regel weder bestätigen noch widerlegen. Die 7 hingegen kann dies sehr wohl, und das ist auch der Grund, warum es sinnvoll ist, genau diese Karte aufzudecken. Wenn wir auf der Rückseite nämlich einen Vokal vorfinden, wissen wir, dass die Regel falsch ist. Ein weiteres Umdrehen der Karten ist nicht mehr nötig.

Das Wichtigste, was wir aus dieser Denksportaufgabe lernen, ist, dass Menschen, die eine Hypothese testen sollen, dazu neigen, nach Daten zu suchen, die ihre Hypothese bestätigen. Sinnvoller wäre es jedoch, wie Popper uns gelehrt hat, nach Fakten zu suchen, die die Hypothese widerlegen. Angenommen, Sie sollten herausfinden, ob alle Schwäne weiß sind. Sie könnten sich nun auf die Suche nach einer Bestätigung dieser Regel begeben und das ganze Land nach weißen Schwänen durchkämmen. Doch selbst wenn Sie tausend weiße Schwäne gefunden hätten, könnten Sie immer noch nicht mit Sicherheit behaupten, dass wirklich alle Schwäne weiß seien. Besser wäre es da, Sie würden nach schwarzen, roten oder gelben Schwänen suchen. Wenn Sie auch nur einen einzigen Schwan finden, der nicht weiß ist, reicht dieser aus, um zu beweisen, dass die Regel falsch ist. Ein Gegenbeweis ist oft mehr wert als tausend Bestätigungen. Gleiches gilt für das Kartenproblem. Anstatt die 4 umzudrehen, die die Regel nur bestätigen könnte, wäre es besser, die 7 auszuwählen, die die Regel zu widerlegen vermag.

Unser Bedürfnis nach Bestätigung spielt uns ebenfalls einen Streich, wenn wir nach Zusammenhängen suchen. Wenn Sie einen Fußballspieler fragten, ob es einen Zusammenhang zwischen Sex vor dem Spiel und einer Niederlage gebe, würde er in seinem Gedächtnis kramen und versuchen, sich daran zu erinnern, wie oft er verloren hat, wenn er kurz zuvor mit jemandem im Bett war. Er würde nicht der Frage nachgehen, wie oft er bereits ein Spiel gewonnen hat, wenn er kurz vor dem Anpfiff Sex hatte, oder wie oft er verloren hat, obwohl er zuvor enthaltsam gewesen war.

Wir sehen oft Zusammenhänge, die es gar nicht gibt. Während eines Experiments wurde eine Gruppe von Krankenpflegern darum gebeten, sich 100 Karten anzusehen. Jede Karte enthielt eine Personenbeschreibung. Angegeben wurde, ob die Person an einer Krankheit litt und ob sie ein bestimmtes Symptom aufwies. Auf dieser Grundlage sollten die Pfleger herausfinden, ob es einen Zusammenhang zwischen der Krankheit und dem Symptom gab. Es gab vier verschiedene Kartentypen: Karten, wonach der Patient sowohl das Symptom aufwies als auch an der Krankheit litt, Karten, wonach der Patient zwar das Symptom aufwies, nicht aber die Krankheit, Karten, wonach der Patient nicht das Symptom, wohl aber die Krankheit, und Karten, denen zufolge der Patient weder das Symptom noch die Krankheit hatte. Diese kleine Tabelle fasst zusammen, wie viele Karten es von jeder Sorte gab:

	PERSON HAT KRANKHEIT?		PERSONEN MIT DIESER KRANKHEIT (%)
	JA	NEIN	
PERSON WEIST SYMPTOM AUF? JA	37	33	53
NEIN	17	13	57

Wenn Sie die Tabelle kurz auf sich wirken lassen, erkennen Sie: Es gibt keinen Zusammenhang zwischen dem Symptom und der Krankheit. Von jenen Patienten, die das Symptom aufwiesen, litten 37 der 70 Personen, also 53 Prozent, an der Krankheit, von den 30 symptomfreien Patienten litten 17, also insgesamt 57 Prozent, an der Krankheit. Wenn Sie also ein Symptom haben, gibt es noch lange keinen Grund, sich Sorgen zu machen. Die Wahrscheinlichkeit, mit der Sie krank sind, ist sogar ein wenig geringer, als wenn Sie das Symptom nicht hätten.

Die Pfleger sahen das anders. 85 Prozent von ihnen glaubte nach Durchsicht der Karten an einen Zusammenhang. Ihre Einschätzung basierte auf den positiven Fällen, also auf den Karten, nach denen die Patienten sowohl die Krankheit als auch das Symptom aufwiesen. Davon gab es einige – um genau zu sein: 37 –, und hieraus schlossen sie, dass das Symptom mit der Krankheit in Verbindung stehen musste.

Wenn wir nach Zusammenhängen Ausschau halten, berücksichtigen wir meist ausschließlich die Fakten, die den Zusammenhang bestätigen.

Glauben Sie auch, dass Kinder von zu viel Zucker hyperaktiv werden? Stimmt aber nicht. Aus Untersuchungen geht hervor, dass es keinerlei Verbindungen zwischen Zuckerkonsum und Hyperaktivität gibt. Trotzdem glauben Sie es, denn das eine Mal, nachdem Ihre kleine Tochter auf einem Kindergeburtstag sechs Schokoladeneier vertilgt hatte, war sie kaum mehr zu bändigen.

Menschen haben ein unglaubliches Talent dafür, in einem Haufen Daten Zusammenhänge zu entdecken, und das hat auch seinen Sinn. Als Single ist es beispielsweise von großem Nutzen, den Zusammenhang zu begreifen zwischen elementarer Mundhygiene und der Wahrscheinlichkeit, einen Partner zu finden. Fernzusehen gestaltet sich schwierig, wenn Sie den Zusammenhang zwischen den Knöpfen der Fernbedienung und dem Programm, das Sie sich ansehen möchten, nicht verstehen. Wenn Sie operiert werden müssen, können Sie froh darüber sein, dass Dr. Ignaz Semmelweis 1840 den Zusammenhang zwischen Händewaschen und der Entstehung einer Infektion während einer Operation entdeckte. Dieses Talent hat allerdings auch Nachteile. Wir sind so gut darin, Zusammenhänge zu entdecken, dass wir sie auch da noch sehen, wo überhaupt keine sind.

Wer suchet, der findet

Ob nun die Regel »Steht auf der einen Seite ein Vokal, ist auf der Rückseite eine gerade Zahl« richtig ist oder nicht, lässt Sie wahrscheinlich ziemlich kalt. Trotzdem haben Sie versucht, diese Regel zu bestätigen. Wenn uns eine Theorie am Herzen liegt und wir, aus welchen Gründen auch immer, von ihrem Wahrheitsgehalt überzeugt sind, ist unsere Neigung, nach bestätigenden Fakten zu suchen, noch sehr viel größer. Pech gehabt, Herr Popper. Es versucht einfach niemand, die eigenen Überzeugungen zu widerlegen. Stattdessen begibt sich jeder auf die Suche nach der Bestätigung seiner eigenen Wahrheit.

Vor einiger Zeit begegnete ich im Café einem alten Studienfreund. Zu meiner Verwunderung las er gerade *Spoilt Rotten: The Toxic Cult of Sentimentality* von Theodore Dalrymple – nicht gerade die Art von Lektüre, die man von einem progressiven Intellektuellen erwarten würde. Mein Erstaunen ließ tief blicken. Wir gehen nun mal davon aus, dass linke Jungs auch linksgerichtete Bücher lesen. Was sie – bis auf wenige Ausnahmen – auch tun. Während der amerikanischen Präsidentschaftswahlen im Jahr 2008 analysierte Valdis Krebs die Verkaufszahlen auf amazon.com. Menschen, die für Obama stimmen wollten, kauften fast ausschließlich Bücher, die pro Obama waren. Bush-Anhänger kauften fast ausschließlich Bücher, in denen ihr Favorit als Retter des Vaterlands dargestellt wurde. Von den vielen tausend Amazon-Kunden, die Krebs in seiner Analyse mit einbezog, gab es lediglich eine Handvoll, die sich Bücher beider Ausrichtungen anschaffte. Wir kaufen keine

Bücher zum Zweck der Information, sondern zum Zweck der Konfirmation. Es stehen mindestens 30 Bücher über Evolutionstheorie in meinem Bücherregal. Über den Kreationismus besitze ich nur eines, und das habe ich geschenkt bekommen.

Man merkt dies auch an der Art, wie wir Hypothesen überprüfen. Francis Bacon konstatierte bereits 1620 in seinem Werk *Novum Organum,* dass der menschliche Verstand, sobald er eine Überzeugung angenommen hat, Beispiele sammele, die diese Überzeugung bestätigen, und dabei die Gegenbeispiele negiere, selbst wenn sie zahlreicher sind, damit die eigene Überzeugung nicht ins Wanken gerate. Das Problem dabei ist, dass sich bestätigende Beispiele immer finden werden. Egal, um welche noch so abgehobene Theorie es sich auch handelt – Sie werden Daten finden, die Ihre Theorie zu untermauern scheinen. Dank Google sind dafür nur mehr ein paar Mausklicks nötig. Glauben Sie, dass es nicht die Ägypter, sondern Marsmännchen waren, die die Pyramiden erbaut haben? Nach einer kurzen Suche wird Ihnen eine lange Liste von Beweisen angezeigt. So liegt beispielsweise die Position der drei Pyramiden von Gizeh genau auf einer Linie mit dem Sternbild Orion. Vor 5000 Jahren verfügten die Ägypter selbstredend noch nicht über fortschrittliches Messwerkzeug, und so gibt es nur eine plausible Schlussfolgerung. Und ist es reiner Zufall, dass der Umfang der Pyramiden geteilt durch ihre halbe Höhe exakt, na ja, beinahe exakt, die Zahl Π ergibt? Eine Zahl, die im alten Ägypten noch unbekannt war?

Wenn Sie diese »Beweise« irgendwie überzeugend finden,

erinnern Sie sich bitte daran, wie viele Sternbilder es gibt. Ich bin mir sicher, dass sich, wenn man nur lange genug sucht, auch ein Sternbild findet, das genau mit sämtlichen flämischen Aldi-Filialen auf Linie liegt. Wurden diese Aldi-Filialen also auch von Aliens erbaut?

Obama ist eigentlich Moslem, die Mondlandung wurde von der NASA inszeniert und der 11. September von der US-amerikanischen Regierung. Jede dieser Theorien hat Anhänger, die von deren Richtigkeit überzeugt sind und sogar davon, dass ihre Theorie von zahlreichen Beweisen untermauert ist. Doch das liegt nur daran, dass sie lediglich nach Fakten suchen, die ihre Theorie bestätigen, und alles Widersprüchliche negieren. 2011 war es im Schnitt etwas kälter als 2009 und 2010. Das steht zu lesen auf jeder Webseite, die zu beweisen sucht, dass die Erderwärmung nichts mit der menschlichen Aktivität zu tun hat. Stoßen Sie ruhig noch mehr CO_2 aus – die Erde kühlt ab! Es stimmt tatsächlich, dass es 2011 ein wenig kühler war als in den vorangegangenen Jahren, aber 2011 war sehr wohl wärmer als fast jedes Jahr des vorangegangenen Jahrhunderts. Letzteres wird auf diesen Webseiten natürlich nicht erwähnt. Wenn man sich die Daten nur selbst auswählen darf, lässt sich alles beweisen. Schätzungen zufolge wurden zu diesem Phänomen bis zum heutigen Tag weltweit rund 50 Millionen wissenschaftliche Artikel publiziert. Wenn Sie ungefähr eine Stunde benötigten, um einen solchen Artikel zu lesen, bräuchten Sie fast 14 000 Jahre, um diesen Stapel abzuarbeiten – vorausgesetzt, Sie läsen zehn Stunden am Tag. Es sind fantastische Experimente darunter, aber auch Studien, die auf äußerst fragwürdigen Methoden basieren.

Welcher absurden Überzeugung man auch immer anhängt, irgendwo in diesem gewaltigen Stapel wird sich ein Artikel finden, der Ihre Meinung unterstützt.

Angenommen, Sie glaubten an Homöopathie. In diesem Fall googeln Sie beispielsweise »Homöopathie – wissenschaftlicher Beweis«, und Sie werden zahlreiche Artikel finden, aus denen hervorgeht, dass Wasser sehr wohl eine heilende Wirkung entfalten kann. Sehr zu Ihrer Zufriedenheit, denn nun haben Sie wieder ein paar Argumente mehr bei der Hand, wenn Ihre Freunde Sie auslachen, weil Sie an das Gedächtnis des Wassers glauben. Selbstverständlich geben Sie nicht »Homöopathie – wissenschaftlicher Gegenbeweis« ein, denn das, was Sie dabei fänden, könnte Ihre Überzeugung womöglich ins Wanken bringen. Sollten Sie dennoch auf einen Artikel stoßen, in dem es heißt, Homöopathie sei wirkungslos, negierten Sie diesen natürlich. Oder aber Sie zerlegten ihn sogleich, um nach möglichen Fehlern zu suchen.

Metaanalysen sind noch aus einem weiteren Grund wichtig. Die zugrunde liegenden Artikel werden nicht einfach willkürlich im Internet zusammengesucht, sie werden mittels einer eindeutigen Suchstrategie ausgewählt, die von den Forschern auch dokumentiert wird. Auf diese Weise kann jeder selbst überprüfen, ob eine angemessene Selektion vorgenommen wurde. Anschließend wird die methodologische Qualität der Studie blind bewertet. Das Gleiche gilt für die Randomisierung, das Vorhandensein einer Kontrollgruppe und so weiter. »Blind« bedeutet hier, dass die Bewertung vorgenommen wird, ohne die Ergebnisse der Studien zu kennen. Auf diese Weise hat die Frage, inwieweit die jeweilige Studie die eigene Überzeugung repräsentiert, keinen Einfluss auf das Urteil.

Unsere Neigung, lediglich diejenigen Informationen zurate zu ziehen, die unserer Überzeugung entsprechen, und alles andere zu vernachlässigen beziehungsweise zu verreißen, ist die gefährlichste Form des sogenannten Scheuklappendenkens. Es führt nämlich dazu, dass jeder von uns in seiner eigenen Welt lebt. Mit den eigenen Fakten, der eigenen Wahrheit. Israelis und Palästinenser haben Zugang zu denselben Informationen. Sie können dieselben Bücher lesen, und auch das Internet ist für jeden dasselbe. Trotzdem ist es schwierig, auch nur einen einzigen historischen Tatbestand zu finden, über den sich die beiden Parteien einig wären. In diesem Fall helfen Metaanalysen nicht weiter. Doch selbst hier könnte das Verblinden vielleicht ein kleines Stück zur Lösung des Konflikts beitragen.

Die israelische Psychologin Ifat Maoz beschaffte sich für ein Experiment die Texte der Friedensverhandlungen, die Israelis und Palästinenser 1993 in Washington geführt hatten. Sie ließ die Texte jeweils einer Gruppe israelischer und einer Gruppe palästinensischer Studenten vorlesen. Beide Gruppen fanden die jeweils eigenen Vorschläge deutlich besser und gerechter als die der Gegenpartei. Was sie jedoch nicht wussten, war, dass Ifat Maoz die Verfasser ausgetauscht hatte: Den israelischen Vorschlag hatte sie den Palästinensern zugeschrieben und umgekehrt. Anscheinend war der Inhalt der Vorschläge weniger von Bedeutung als deren Urheber. Nun ist es vermutlich kaum möglich, in einem solchen Konflikt vollkommen unparteiisch zu sein, aber vielleicht hilft es ein wenig weiter, wenn sich beide Parteien ihrer Scheuklappen bewusst werden.

Fischen in einem Meer von Daten

Selbst randomisierte Interventionsstudien vermögen uns nicht vollends die Scheuklappen zu nehmen. Sogar mit augenscheinlich perfekt durchgeführten Studien – randomisiert, verblindet, mit allem Drum und Dran – lässt sich so lange herumtricksen, bis man die eigenen Überzeugungen bestätigt findet. Ein Beispiel: Zahlreiche religiöse Forscher versuchten nachzuweisen, dass dem Beten eine heilende Kraft innewohnt. Meist handelt es sich dabei um fürchterlich schlechte Studien, die nicht als Beweis taugen. Im Juli 1996 beschloss Elisabeth Targ, es besser zu machen. Sie hatte an der Stanford University studiert und zum damaligen Zeitpunkt eine Assistenzprofessur an der Universität von San Francisco inne. Sie suchte nach 40 AIDS-Patienten im Endstadium, die an ihrer Untersuchung teilnehmen wollten. Sie sollten einen Fragebogen ausfüllen und wurden anschließend nach dem Zufallsprinzip in zwei Gruppen eingeteilt: Für die eine Hälfte sollte täglich eine Stunde gebetet werden, für die andere Hälfte nicht. Die Probanden wussten selbst nicht, welcher Gruppe sie angehörten. Kontrollgruppe, Randomisierung, Verblindung ... Alle Anforderungen schienen erfüllt. Nach einem halben Jahr Gebetstherapie sah man sich die Ergebnisse an, die überraschend ausfielen: Während der Dauer der Studie verbrachten jene Testpersonen, für die nicht gebetet wurde, 68 Tage im Krankenhaus. Bei den Probanden, für die Gottes Beistand erbeten worden war, waren es gerade mal zehn Tage. Das Resultat war statistisch signifikant. Es handelte sich um die bis dato methodologisch stringenteste Studie zu diesem Thema, und die Resultate waren eindeutig: Beten hilft.

Das Ergebnis wurde im *Western Journal of Medicine* publiziert, und Elisabeth Targ wurde über Nacht berühmt. Sie trat auf bei *Good Morning America* und *Larry King Live*, zahllose Zeitungen berichteten über sie. Das gläubige Amerika hatte eine neue Heldin. Endlich hatte jemand wissenschaftlich nachgewiesen, was alle zuvor bereits gewusst hatten – bis sich eines Tages der Journalist Po Bronson mit Dan Moore unterhielt, dem Statistiker aus Elisabeths Forschungsteam. Das Ziel der Studie war nicht – wie alle angenommen hatten – gewesen herauszufinden, wie viel Zeit die AIDS-Patienten im Krankenhaus zubrachten. Elisabeth hatte ursprünglich beweisen wollen, dass AIDS-Patienten, die durch Gebete unterstützt wurden, länger lebten als diejenigen, die sich nur auf die westliche Schulmedizin verlassen konnten. Doch die westliche Schulmedizin hatte ihr Sand ins Getriebe geworfen: Zeitgleich mit Elisabeths Untersuchung kamen die ersten AIDS-Blocker auf den Markt – mit der Folge, dass die Forscher, als sie zum ersten Mal die Daten ihrer Untersuchung betrachteten, rein gar nichts entdecken konnten. Nur einer der AIDS-Patienten war während der Untersuchung gestorben – zu wenig, um daraus Schlüsse zu ziehen. Elisabeth aber wollte nicht aufgeben und forderte Moore auf weiterzusuchen. Vielleicht zeigten die Patienten, für die gebetet worden war, weniger mit AIDS korrelierende Symptome als die anderen Probanden? Elisabeth hatte Pech: Zwischen diesen beiden Gruppen gab es ebenso wenige Unterschiede. Vielleicht die Lebensqualität? Auch nicht. Um die Gemütsverfassung der Patienten stand es noch schlimmer: Um die Patienten mit religiösem Beistand war es diesbezüglich schlechter bestellt als um die Patienten der Kontrollgruppe. Für die Anzahl der CD4-Zellen – ein Maßstab dafür, wie weit sich das HI-Virus ausgebreitet hat – galt das Gleiche: Auch hier schien sich das Beten eher negativ ausgewirkt zu haben. Schließlich, nach langer Suche, wurden sie doch noch fündig: eine Abweichung in der Anzahl der im Krankenhaus verbrachten Tage. Und im Gegensatz zum Gemütszustand und der Anzahl der CD4-Zellen deutete diese Abweichung auf einen Vorteil für diejenigen hin, für die gebetet worden war. Bingo. Wer suchet, der findet.

Schlussendlich brachte ihre eigene These Elisabeth zu Fall. Ein paar Jahre später wurde bei ihr ein Tumor entdeckt. Dieser war mitten im Gehirn festgewachsen. Sie wurde operiert und bestrahlt, leider mit wenig Erfolg. Jeden Mittwochabend trafen sich ihre Freunde und Anhänger, um gemeinsam für Elisabeth zu beten – und sie waren nicht die Einzigen. Doch aller nachgewiesenen Heilwirkung zum Trotz nutzte das Beten nichts. Einige Wochen später starb Elisabeth.

Ein Resultat ist dann statistisch signifikant, wenn die Wahrscheinlichkeit, dass es sich um einen Zufall handelt, bei höchstens fünf Prozent liegt. Wenn man nur genug Messungen vornimmt, wird man dabei – rein zufällig –

immer auf irgendetwas Signifikantes stoßen. Und wenn man dann nur lange genug an den Daten herumschraubt, werden sie am Ende auch irgendetwas bedeuten. Auch in diesem Fall muss man also die Anzahl der Affen bestimmen. Ein Affe, der *Hamlet* geschrieben hat, beweist überhaupt nichts, wenn man nicht weiß, wie viele andere Affen es ebenfalls versucht haben. Die Neigung, so lange in den Daten herumzufischen, bis irgendetwas anbeißt, liefert eine weitere Erklärung für all den Bockmist, der in der Zeitung steht. »BHs verursachen Brustkrebs«, titelten die Zeitungen vor ein paar Jahren. Wenn Sie aber wissen, was alles abgefragt wurde, gibt es keinen Grund, den BH fortan im Schrank zu lassen: Die Forscher befragten nämlich eine Gruppe von Frauen mit Brustkrebs und eine Gruppe von Frauen ohne, und zwar nicht nur danach, ob sie regelmäßig BHs trugen, sondern auch, in welchem Maße sie Röntgenstrahlungen, aromatischen Aminen und elektromagnetischen Feldern ausgesetzt gewesen waren. Sie befragten sie überdies zu ihrem Fleischkonsum, ihrer Körbchengröße, ihrem Alkoholkonsum, zu einer etwaigen Hormoneinnahme, zum Auftreten von Brustkrebs innerhalb der Familie, zu ihren Fernsehgewohnheiten und so weiter. Das einzig signifikante Resultat war die Anzahl der Familienmitglieder, die ebenfalls an Brustkrebs erkrankt waren. Und die BHs.

Ein letztes Beispiel (zum Abgewöhnen): Forscher verglichen die Essgewohnheiten von Leukämiepatienten und gesunden Menschen. Orangen, Apfelsaft, Cola, Salami, Speck, Grillfleisch, Hamburger, Hotdogs, Milch, Kaffee ... Beinahe jedes denkbare Nahrungsmittel wurde unter die Lupe genommen. Nur bei den Hotdogs ergab sich ein Unterschied, sofern man mehr als zwölf im Monat aß. Und so titelten die Zeitungen wenige Tage später: »Hotdogs können Leukämie verursachen.«

In einem Meer aus Daten zu fischen ist nicht immer komplett nutzlos. Angenommen, Sie hätten keine Ahnung, was Brustkrebs verursache. Selbstverständlich wäre es in diesem Fall sinnvoll, sich erst einmal im Detail anzusehen, wodurch sich Menschen, die an Brustkrebs erkranken, von anderen unterscheiden. Aber wenn Sie schließlich auf einen Unterschied stoßen, sollten Sie besser nicht sogleich behaupten, die Ursache gefunden zu haben. Nein, denn was Sie gefunden haben, ist lediglich eine mögliche Hypothese. Und diese können Sie jetzt testen. Es ergibt wenig Sinn, dafür die ursprüngliche Stichprobe zu verwenden. Sie wissen ja bereits, dass die Hypothese in Ihrer Stichprobe stimmt, dort haben Sie sie schließlich gefunden. Daher müssen Sie nach einer neuen Gruppe von Testpersonen suchen, damit Sie überprüfen können, ob das, was Sie herausgefunden haben, mehr war als bloßer Zufall.

Es gibt noch eine Variante zu dieser Datenfischerei: die Subgruppenanalyse. 1980 untersuchten Kerry Lee und seine Kollegen eine Gruppe von 1073 Personen mit Herzbeschwerden. Diese wurden willkürlich aufgeteilt in zwei Gruppen. Der einen Gruppe wurden Placebos verabreicht. Der anderen Gruppe – ebenfalls. Und dann konnte die Spurensuche losgehen: Gab es Patienten, bei denen »Nichts Nummer eins« besser wirkte als »Nichts Nummer zwei«? Die Forscher teilten die Patienten anhand ihrer Symptome auf. In jeder Gruppe mit einem bestimmten Symptom oder einer Kombination von Symptomen gingen sie der Frage nach, ob die eine vorgetäuschte Behandlung besser wirkte oder die andere. Schließlich hatten sie Erfolg: Bei Patienten, die sowohl an koronarer Dreigefäßerkrankung als auch an abnormalen ventrikulären Kontraktionen litten, wirkte »Nichts eins« deutlich besser als »Nichts zwei«. Angenommen, Sie hätten für die Erforschung eines neuen Medikaments viel Geld aufgewendet. Leider scheint es nicht zu wirken. Pech gehabt. Aber man darf die Hoffnung niemals aufgeben. Vielleicht wirkt es eher bei Frauen? Oder vielleicht bei Männern über fünfzig? Oder bei Patientinnen in der Menopause? Oder bei schnurrbärtigen, schwulen Chinesen? Wenn Sie die Suche nicht aufgeben, werden Sie irgendwo eine Gruppe finden, in der Ihr Medikament wirksam ist.

2008 wurde eine Studie über den Einfluss von Omega-3-Ergänzungsmitteln auf ADHS veröffentlicht. Wenn Sie sich die Studie durchlesen, können Sie nur zu einem Ergebnis kommen: Omega-3 ist wirkungslos. Glücklicherweise waren die Forscher clever genug, eine Subgruppenanalyse durchzuführen. Und tatsächlich – stolz formulierten sie das Ergebnis ihrer Studie: »Ein Teil der Kinder und Heranwachsenden, die sich durch Unaufmerksamkeit und neurale Entwicklungsstörungen auszeichneten, reagierte auf die Einnahme von Omega-3-Fettsäuren mit einer deutlichen Verminderung ihrer ADHS-Symptome.« Die Studie wurde von Equazen finanziert, einem Hersteller von Omega-3-Ergänzungsmitteln.

Es gibt eine höchst einfache Methode, um eine derartige Datenfischerei zu verhindern. Bevor Sie überhaupt mit der

Durchführung einer Studie beginnen, veröffentlichen Sie die Versuchsanordnung an einer für jedermann zugänglichen Stelle. In einer solchen Anordnung beschreibt man, was man zu untersuchen gedenkt, auf welche Weise und so weiter. Weichen Sie im Nachhinein davon ab, ist jedem klar, dass Ihren Ergebnissen ein Geschmäckle anhaftet – dass Sie, wenn auch unbewusst, versucht haben, die Wirklichkeit zu verbiegen, damit sich diese Ihren Wünschen anpasst.

Eine solche Versuchsanordnungsdatenbank gibt es bereits. In der Pharmaindustrie muss der FDA – also den Fachleuten, die schlussendlich darüber entscheiden, ob ein Medikament auf den Markt gebracht werden darf oder nicht – vor jeder Studie ein entsprechendes Protokoll vorgelegt werden. Leider nicht öffentlich, daher hat nicht jeder kritische Wissenschaftler die Möglichkeit zu überprüfen, ob in der Studie auch alles mit rechten Dingen zugegangen ist. Das ist zwar nicht perfekt, immerhin aber ein Anfang. Auch für wissenschaftliche Publikationen gibt es eine derartige Möglichkeit, die allerdings nicht verpflichtend ist. Verschiedene medizinische Fachzeitschriften veröffentlichen Studien nur dann, wenn Sie vorderhand Ihre genauen Pläne öffentlich gemacht haben. Leider funktioniert dieses System nicht besonders gut. 2008 überprüfte Sylvain Matthieu mit seinen Kollegen die Daten von 323 Studien. Bei einem Drittel fanden sie deutliche Abweichungen zwischen den Ergebnissen, die man anfangs zu messen beabsichtigt hatte, und jenen, die schließlich in den Artikeln veröffentlicht worden waren. Das mag eher marginal erscheinen, ist es aber nicht. Auch Ihr Arzt liest diese Zeitschriften.

Und wenn er eine Studie findet, die besagt, sagen wir mal, dass Clonazepam eine fantastische Wirkung bei Bluthochdruck zeigt, wird er Ihnen unter Umständen Clonazepam verschreiben – Tabletten, die ebenso wirksam sind wie ein Gutenachtgebet.

Epilog
(Eine Ode an den Zweifel)

»Zweifel zu haben ist ein unangenehmer, sich in Sicherheit zu wiegen indes ein lächerlicher Zustand.«

Voltaire

Zu Beginn des 20. Jahrhunderts schien die Welt der Physiker in Rosenduft und Mondschein getaucht und die Arbeit erledigt zu sein. Newtons Bewegungsgesetze, der Energieerhaltungssatz, die Thermodynamik und die Maxwell-Gleichungen zum Elektromagnetismus – Physiker konnten samt und sonders in Rente gehen, endlich eine Weltreise unternehmen oder beschaulich das Gemüsebeet beackern. Sie wussten mittlerweile alles. Im Jahr 1900 hielt Lord Kelvin, einer der namhaftesten Physiker der damaligen Zeit, eine Lesung vor der British Association for the Advancement of Science. »In der Physik kann man nichts Neues mehr entdecken«, so behauptete er, »alles läuft immer mehr nur auf immer präzisere Messungen hinaus.«

Einige Monate nach dieser Rede fand Max Planck heraus, dass sich elektromagnetische Energie mithilfe der Quantenterminologie beschreiben ließ – eine Idee, aus der Jahre später die Quantenmechanik entstehen sollte, eine Theorie, die unter anderem besagte, dass sich alle Teilchen wie Wellen verhalten können, und dass selbst in der Physik nichts mit absoluter Sicherheit vorhergesagt werden könne. Die alten Sicherheiten waren dahin, die Physik stand Kopf. Fünf Jahre nach Kelvins Rede publizierte Albert Einstein seine spezielle Relativitätstheorie. Vorbei war es mit absolutem Raum und absoluter Zeit, und Masse war nichts anderes mehr als eine Form von Energie. Nun war das Chaos perfekt. Die Physiker begriffen, dass sie noch einmal ganz von vorne anfangen mussten. Es war klar, dass Lord Kelvin wohl ein ordentliches Stück zu viel Optimismus gezeigt hatte. Auch Lord Kelvin hatte wohl Probleme mit seinem inneren Idioten.

Die wohl bezeichnendste Eigenschaft dieses unseres Idioten ist: Er zweifelt nicht. Alles ist entweder schwarz oder weiß, wahr oder falsch, jedoch nie irgendwo dazwischen. Es ist entweder alles oder nichts. Aber in unserer chaotischen und komplexen Welt ist absolute Sicherheit ein überaus seltenes Gut. So schön Ihre Theorie auch sein mag, so oft sich Ihre Annahmen bewahrheiten, so sicher Sie sich auch sein mögen, dass Ihre Theorie richtig ist – es kann jederzeit ein Konkurrent auftauchen, der die Wirklichkeit noch besser erklärt, und dann haben Sie mit Ihrer Theorie das Nachsehen.

Es ist nicht einmal wirklich sicher, dass morgen früh die Sonne aufgeht. Philosophen können sich mit dieser Art von Fragen stundenlang beschäftigen. Im Prinzip ist es möglich, dass sich im Lauf der kommenden Nacht alle Naturgesetze auf einmal verkehren und die Erde eine neue Umlaufbahn wählt. Im Prinzip ist es möglich, dass alle Fossilien

Fälschungen sind, dass alle Datierungsmethoden Bestandteil eines gigantischen außerirdischen Komplotts sind und wir, wie Bertrand Russell einst bemerkte, alle gerade mal vor fünf Minuten entstanden sein könnten, versehen mit glasklaren Erinnerungen, Löchern in den Socken und Haaren, die dringend geschnitten werden müssen. Im Prinzip ist das alles möglich; aber sehr wahrscheinlich ist es nicht.

Absolute Sicherheit bleibt unerreichbar, was bedeutet, dass wir nichts wissen. Es stellt sich deshalb nicht die Frage, ob etwas absolut sicher ist, sondern *wie* sicher etwas ist. Wir müssen das Schwarz-Weiß-Denken unseres Idioten durch die Grautöne unserer Ratio ersetzen.

Wenn Ihr Ergebnis von verschiedenen, gut ausgeführten Interventionsstudien mit allem Pipapo (ausreichend großer Stichprobe, korrekter Randomisierung und so weiter) bestätigt wird, dürfen Sie sich Ihrer Arbeit verhältnismäßig sicher sein. Wenn Sie dagegen lediglich ein paar Korrelationen und einen plausiblen Mechanismus vorweisen können, gibt es schon deutlich mehr Gründe zu zweifeln. Verfügen Sie nur über eine Handvoll Anekdoten, die Ihre Meinung bestätigen, ist die Wahrscheinlichkeit hoch, dass Sie eventuell alles andere als richtig liegen. Bei einigen Theorien wäre ich bereit, meine Schuhe und nötigenfalls selbst die meiner Frau Sara (und das sind viele) zu fressen, sollten sich diese je als falsch erweisen. Auf die Wahrheit anderer Theorien würde ich nicht einmal einen Cent setzen. Ich kann nicht mit absoluter Sicherheit ausschließen, dass es eines Tages doch jemandem gelingen wird zu beweisen, dass Impfen Autismus verursacht, auch wenn es in Anbetracht des Wissensstands, über den wir in diesem Moment verfügen, höchst unwahrscheinlich ist. Wenn Sie mich aber fragen, ob Wein krebserregend ist, muss ich, so fürchte ich, die Antwort schuldig bleiben. Das einzig Sinnvolle, was sich dazu sagen lässt, ist, dass es keinen einzigen vernünftigen Grund für diese Annahme gibt. Es ist nicht ausgeschlossen, aber es gibt eben auch kaum Beweise dafür.

Aber so denkt unser Idiot nun mal nicht. Er interessiert sich nicht für die Qualität eines Beweises. Ein schemenhafter Schatten, der entfernt an einen Beweis erinnert, genügt ihm, um sich sicher zu sein. Die Welt ist jedoch viel zu kompliziert für einfache Wahrheiten. Uns bleibt nichts anderes übrig, als mit den uns zur Verfügung stehenden Daten so gut oder so schlecht wie möglich die plausibelste Erklärung für ein Problem zu finden. Absolute Sicherheit ist uns Menschen nicht beschieden.

Die beste Verteidigung gegen die Überzeugungen unseres Idioten ist der Zweifel. Dies ist die zweite Lehre, die wir aus Lord Kelvins Anekdote ziehen können. Hätten sich Albert Einstein und Max Planck nach Kelvins Rede zur Ruhe gesetzt und hätten sie für den Rest ihres Lebens Tomaten und Gurken gezüchtet, anstatt bestehendes Wissen in Zweifel zu ziehen – wir hätten womöglich bis heute nicht von Quantenmechanik oder von der Relativitätstheorie gehört. Mehr noch als Statistik, Randomisierung oder Verblindung ist der Zweifel die eigentliche Antriebsfeder der Wissenschaft. Wir können nur neues Wissen erlangen, indem wir alles zur Diskussion stellen. Indem wir nie aufhören zu zweifeln.

Wissenschaftler sind auch nur Menschen und neigen genau wie alle anderen ebenfalls dazu, sich die Wirklichkeit zurechtzubiegen, bis sie ihren eigenen Standpunkten entspricht. Auch Wissenschaftler tragen einen Idioten in sich. Auch Wissenschaftler tragen Scheuklappen, und selbst perfekt durchgeführte Untersuchungen bieten keinen vollständigen Schutz dagegen. Dass hinter einigen Wissenschaftlern ein Geldgeber steht, der ein bestimmtes Ergebnis von einer Studie erwartet, trägt zur Lösung dieses Problems herzlich wenig bei.

Eine Untersuchung der Zeitschrift *Nature* über Tausende von Wissenschaftlern hat ergeben, dass regelrechter Betrug zum Glück nur selten vorkommt. Gerade mal 0,3 Prozent der befragten Wissenschaftler gaben zu, schon einmal mutwillig Ergebnisse verfälscht zu haben. Andere Zahlen waren allerdings weniger beruhigend: So bekannten 15 Prozent, schon einmal Fakten vernachlässigt zu haben, weil ihnen ihr Bauchgefühl gesagt hatte, dass diese nicht stimmen. Weitere 15 Prozent der Wissenschaftler hatten bereits auf Druck des Geldgebers das Konzept ihrer Studie verändert. Dieses Problem betrifft nicht nur diejenigen, die von der Industrie finanziert werden. Jeder Wissenschaftler steht unter enormem Publikationsdruck. *Publish or perish* – veröffentlichen oder untergehen: Die Anzahl der Veröffentlichungen bestimmt die Höhe der Fördergelder sowie die weitere Karriere. Und keine Zeitschrift ist bereit, einen Artikel zu drucken, in dem geschrieben steht, man habe leider nichts entdeckt. Daher ist es, selbst wenn Sie eine Studie über das Sexualleben des purpurfarbenen Herzseeigels durchführen, ganz gewiss verlockend, die Daten so zu frisieren, dass tatsächlich irgendetwas Signifikantes dabei herauskommt. Sie wären sich dabei vermutlich noch nicht einmal einer Schuld bewusst, denn natürlich können Sie sich jederzeit eine passende Entschuldigung für Ihr Verhalten zurechtlegen. Jeder sieht den Splitter im Auge seines Gegenübers, doch niemand bemerkt das Brett vor dem eigenen Kopf. Es gibt für dieses Problem eine einfache Lösung: Lassen Sie sich von anderen in die Augen schauen. Sich selbst der eigenen Scheuklappen zu entledigen ist nämlich äußerst schwierig, während andere dies für uns mit Leichtigkeit schaffen.

Laut einer Pressemitteilung der Cardiff University ist Lebertran ein Allheilmittel. Ein gewisser Professor Árpád Pusztai hat festgestellt, dass genetisch modifizierte Organismen auf Ratten toxisch wirken. Ein weiterer Pressebericht konstatiert, Untersuchungen haben ergeben, dass Granatapfelsaft vor Alterung schützt. Alles gut möglich – trotzdem bin ich mir ziemlich sicher, dass bei all diesen Forschungsergebnissen so einiges im Argen liegt. Warum? Keines von ihnen wurde je in einer wissenschaftlichen Zeitschrift publiziert. Und so kann niemand in Erfahrung bringen, was genau gemessen wurde, ob es eine Kontrollgruppe gegeben hat, ob die Testpersonen randomisiert wurden – niemand kann überprüfen, ob der sogenannte »Beweis« auch wirklich etwas taugt.

Transparenz ist eine tragende Säule der Wissenschaft. Indem Sie Ihre Resultate und Schlussfolgerungen publik machen, geben Sie anderen die Chance, nach dem Brett vor Ihrem Kopf zu suchen. Sie können überprüfen, ob Ihre Argumentation stimmig ist, ob sich Ihr Fazit tatsächlich aus der Studie ableiten lässt. Es bietet anderen Wissenschaftlern außerdem die Möglichkeit, Ihre Studie zu wiederholen. Angenommen, Sie hätten als Forscher nach jahrelanger Kleinstarbeit endlich den Beweis dafür gefunden, dass Menschen tatsächlich über telepathische Fähigkeiten verfügen. Gratuliere. Allerdings kann es sich dabei auch um einen Zufallstreffer handeln, oder Sie haben – bewusst oder unbewusst – doch ein klein wenig geschummelt, bis Sie auf irgendetwas Signifikantes gestoßen sind. Es gibt nur eine Möglichkeit, sich dagegen zu schützen: die Wiederholung der Studie. Was Sie besser nicht selbst erledigen sollten – Esel stoßen sich durchaus am selben Stein zum zweiten Mal den Kopf. Überlassen Sie das lieber jemandem, der nicht dieselben Scheuklappen trägt wie Sie. Wiederholung – im Fachjargon »Replikation« – bedeutet die Hoffnung, dass ein anderer Esel nicht mit dem Kopf gegen Ihren Stein rennt. Je mehr Attacken eine Theorie erfolgreich widersteht, umso sicherer kann man sich sein, was ihren Wahrheitsgehalt angeht. *What doesn't kill a theory, makes it stronger* – das ist es, was Popper uns zu erklären versuchte.

Doch nicht nur Wissenschaftler tragen Scheuklappen. Auch Manager, Ärzte, Investoren und Politiker sind von dem Phänomen betroffen. Jeder trägt einen Idioten in sich, auch Sie und ich. Und wie in der Wissenschaft ist Zweifel stets die beste Medizin. Die einzige Möglichkeit, seinen Idioten zu überlisten, ist, immer wieder zu hinterfragen, warum man an etwas glaubt. Worauf basiert Ihre Überzeugung? Lässt sich Ihr Fazit aus den Fakten ableiten? Und – was mindestens genauso wichtig ist – geben Sie anderen stets die Möglichkeit, Ihre Überzeugungen zur Diskussion zu stellen, anstatt sofort mit Händen und Füßen Ihre eigene Wahrheit zu verteidigen? Es grenzt an Unmöglichkeit, die Wirklichkeit ohne Scheuklappen zu betrachten. Doch wenn jeder versuchte, den anderen von seinen Scheuklappen zu befreien, käme die Wahrheit vielleicht eines Tages ans Licht.

Danksagung

Schreiben ist oft eine einsame Angelegenheit. Zum Glück wurde ich damit nicht alleine gelassen. Ich möchte mich daher bei allen bedanken, die die Entstehung dieses Buches ermöglicht haben.

In Lieven Scheires Garten nahmen die ersten Ideen für dieses Buch Gestalt an. Später stellte er den Kontakt zu meinem Verlag, *De Bezige Bij* Antwerpen, her. Darüber hinaus nahm sich Lieven Scheire auch noch die Zeit, ein Vorwort zu schreiben. Tom Viane und Olivier De Clerck lasen meine ersten Schreibversuche und gaben mir das nötige Selbstvertrauen, um bis zum Ende durchzuhalten. Mit Wouter Deprez führte ich zahlreiche intensive ebenso wie erhellende Diskussionen über das Finden einer persönlichen Stimme beim Schreiben. Paul de Winden und Henk Swinkels – übrigens lebende Beweise dafür, dass nicht alle Statistiker Langweiler sind – durchkämmten das Manuskript nach statistischen Fehlern. Wannes Goetschalckx war uns beim Cover behilflich. Zudem verlieh mir sein Enthusiasmus über das Manuskript die Motivation, endlich mit dem Endspurt für das Buch zu beginnen. Ohne *De Bezige Bij* Antwerpen wäre dieses Buch wahrscheinlich nie publiziert worden. Ich kann nur hoffen, dass es andere Debütanten in ein ähnlich warmes Nest verschlägt. Das Vertrauen des Verlags und die zahllosen Diskussionen mit meiner Lektorin Eva Berghmans waren schier unentbehrlich. Ich möchte mich auch bei Johnson & Johnson bedanken. Vielleicht ist man dort nicht sehr glücklich über das Ergebnis, aber ihre Abfindung verschaffte mir die finanzielle Freiheit, dieses Buch zu schreiben.

Meine wunderbare Tochter Ada wuchs zusammen mit diesem Buch. Sie hat oft von ihrer Wippe aus zugesehen, wie ihr Papa hinter seinem Laptop saß, und ihr das Fläschchen zu geben und die Windeln zu wechseln sorgte immer für die nötige Abwechslung beim Schreiben. Und schließlich möchte mich auch bei Sara Claes bedanken, der Frau meines Lebens: weil sie immer bereit war, meinen Ideen zuzuhören, weil sie die beste Leserin ist, die sich ein Autor nur vorstellen kann, weil sie es immer wieder fertigbrachte, mich zu motivieren, wenn ich wieder mal kurz davor war hinzuschmeißen. Aber vor allem: weil sie die beste Frau der Welt ist. Übrigens, Liebling, willst du mich heiraten?

Weiterführende Literatur

Wenn Sie mehr erfahren wollen über die merkwürdigen Schnurren Ihres inneren Idioten, ist *Schnelles Denken, langsames Denken* Pflichtlektüre. Vier Jahrzehnte Forschung, zusammengeballt auf 500 äußerst lesenswerten Seiten, geschrieben von Daniel Kahneman, dem Entdecker des inneren Idioten höchstpersönlich. Mehr über die uns innewohnende Irrationalität finden Sie in *Irrationality* (Stuart Sutherland) und *How We Know What Isn't So* (Thomas Gilovich). Ich kann Ihnen versichern: Ihre Sichtweise darüber, wie Menschen denken – Ihre Person mit eingeschlossen –, wird nach der Lektüre dieser Bücher nicht mehr dieselbe sein.

Wenn Gott würfelt oder Wie der Zufall unser Leben bestimmt von Leonard Mlodinow ist ein Schnellkurs in Wahrscheinlichkeitsrechnung und Statistik und beinahe frei von jedem Fachjargon. Es erklärt nicht nur, was für ein Tierchen der Zufall ist, sondern zeigt zudem, welche Rolle er in allen Bereichen unseres Lebens spielt.

Der Zufall sowie unser Unvermögen, mit ihm umzugehen, stehen auch im Mittelpunkt von *Narren des Zufalls* und *Der schwarze Schwan* von Nassim Taleb. Mittels Truthähnen, den Liebhabern von Katharina der Großen und dem Federkleid der Schwäne stellt Taleb, ein Exbörsenmakler, die finanziellen und gesellschaftlichen Implikationen unseres blinden Flecks für den Zufall dar.

In *Die Wissenschaftslüge* erklärt Ben Goldacre mit einer gehörigen Portion Humor, wie wissenschaftliche Studien ablaufen sollten. Vor allem aber behandelt der Text die Kluft zwischen der idealen Studie und dem, was Homöopathen, selbst ernannte Ernährungsspezialisten und die Pharmaindustrie als solche darzustellen versuchen.

Wenn Sie wissen wollen, ob Omega-3-Fettsäuren Ihre beginnende Demenz bekämpfen können oder wie sinnvoll es ist, bei Sinusitis Antibiotika zu schlucken, sind Sie auf der Homepage des Cochrane-Instituts goldrichtig (www.cochrane.org). Sollten Sie dort keine Antwort finden, oder haben Sie Fragen, die nichts mit der Heilkunde zu tun haben, können Sie es auf Scholar Google versuchen (scholar.google.com). Es handelt sich hierbei um eine Suchmaschine, mit der sich fast jeder wissenschaftliche Artikel, der jemals veröffentlicht wurde, aufstöbern lässt. Eine kurze Zusammenfassung der Studie steht fast immer kostenlos zur Verfügung, für einen kompletten Artikel muss man mitunter etwas bezahlen. Leider lässt die Verständlichkeit in den meisten wissenschaftlichen Artikeln zu wünschen übrig, doch in den allermeisten Fällen lohnt sich das Durchbeißen.

Bibliografie

Einleitung

S. 15: *Zen und die Kunst, ein Motorrad zu warten:* Robert Pirsig, Fischer 1976, ins Deutsche übertragen von Rudolf Hermstein (Rechtschreibung angepasst)

S. 23: »Noch ein kleiner Test«: zur sogenannten Müller-Lyer-Illusion vgl. u. a. www.rit.edu/cla/gssp400/muller/muller.html

1. Kapitel: Nichts gegen Unsinn

S. 27: »Der Kernpunkt ist, dass diese Invariantengruppe ›transitiv agiert‹ ...«: Sokal, Alan D., *Transgressing the Boundaries: Towards a Transformative Hermeneutics of Quantum Gravity,* Social Text 46/47 (1996), S. 217–252, ins Deutsche übertragen von Hans-Joachim Niemann und nachzulesen unter http://sicetnon.org/index.php/sic/article/view/68/99

S. 29: »Der Soziologe Robb Willer wiederholte Sokals Experiment ...«: Willer, Robb, *The Effects of Author's Status on the Evaluation of Unintelligible Texts,* vgl. http://citation.allacademic.com/meta/p_mla_apa_research_citation/1/1/0/7/6/p110763_index.html (nicht mehr verfügbar)

S. 37: »Der Physiker Richard Feynman hat sich für dieses Phänomen einen Namen ausgedacht ...«: Feynman, R., *Surely You're Joking, Mr. Feynman! Adventures of a Curious Character,* W. W. Norton & Company 1997; ins Deutsche übertragen von Hans-

Joachim Metzger und erschienen unter dem Titel *Sie belieben wohl zu scherzen, Mr. Feynman,* Piper 2008

S. 40: »Ben Goldacre, der Autor des viel gepriesenen Buches *Die Wissenschaftslüge ...«. Die Wissenschaftslüge,* Fischer 2010, S. 261–262

S. 45: »Eines von Poppers Lieblingsbeispielen ...«: Popper, Karl R., »Science as falsification«, in *Conjectures and Refutations,* Routledge and Keagan Paul 1963; auf Deutsch erschienen unter dem Titel *Vermutungen und Widerlegungen,* Mohr Siebeck 2000

S. 47: »Im Jahr 1631 beschrieb der Priester Friedrich Spee von Langenfeld ...«: Spee von Langenfeld, F., *Cautio Criminalis. Oder Rechtliches Bedenken wegen der Hexenprozesse,* ins Deutsche übertragen von Joachim-Friedrich Ritter, Deutscher Taschenbuch Verlag 1982, S. 280–283

S. 52: »Das Problem mit dem Argument der Unvollkommenheit ...«: Behe, M. J., *Darwins Black Box: Biochemische Einwände gegen die Evolutionstheorie,* ins Deutsche übertragen von Joachim Köhler, Resch-Verlag 2007, S. 347

S. 63: »Sie möchten gerne von anderen bewundert werden ...«: Forer, B. R., »The fallacy of personal validation: A classroom demonstration of gullibility«, *Journal of Abnormal and Social Psychology,* 44 (1949), S. 118–123

S. 67: »Der amerikanische Physiker und Wissenschaftspopularisator Shawn Carlson ...«: Carlson, Shawn, »A Double-blind Test of Astrology«, *Nature,* 318 (1985), S. 419–425

S. 69: Johnson-&-Johnson-Credo vgl. http://www.jnjgermany.de/fileadmin/user_upload/pdf-Dateien/credo.pdf

2. Kapitel: *Size does matter*

S. 85: »Im Mittelpunkt eines der Experimente von Kahneman und Tversky ...«: Tversky, A. & Kahneman, D., »Extension versus intuitive reasoning: The conjunction fallacy in probability judgment«, *Psychological Review* 90 (1983), S. 293–315

S. 93: »Der amerikanische Skeptiker Michael Shermer ...«: Shermer, M., »Patternicity: Finding Meaningful Patterns in Meaningless Noise«, *Scientific American* 2008

S. 99: zu Sherry Lansing vgl. Mlodinow, L., *The Drunkard's Walk: How Randomness Rules Our Lives*, Penguin 2008, S. 14–15; ins Deutsche übertragen von Monika Niehaus und erschienen unter dem Titel *Wenn Gott würfelt oder Wie der Zufall unser Leben bestimmt*, Rowohlt 2009

S. 107: »das Resultat dieser Berechnung ist überraschend ...«: vgl. Mlodinow, a. a. O., S. 70–71

S. 108: »Man kann die Anzahl der notwendigen Spiele überdies begrenzen ...«: Skinner, G. K. & Freeman, G. H., »Soccer matches as experiments: how often does the ›best‹ team win?«, *Journal of Applied Statistics* 36 (2009), S. 1087–1095

S. 110: »Untersuchung der Qualität von Sekundarschulen«: Wainer, H., »The most dangerous equation«, *American Scientist* 2007, S. 249–256

S. 114: »Der argentinische Dichter und Schriftsteller Jorge Luis Borges ...«: Jorge Luis Borges, »Die analytische Sprache John Wilkins'«, in ders.: *Das Eine und die Vielen. Essays zur Literatur,* München 1966, S. 212

3. Kapitel: Von der Notwendigkeit, Affen zu zählen

S. 126: »Der Physiker und Nobelpreisträger Luis Alvarez«: Alvarez, L. W., »A pseudo experience in parapsychology«, *Science* 148 (1965), S. 1541

S. 127: »Die Wissenschaftler Persi Diaconis und Frederick Mosteller«: Diaconis, P. & Mosteller, F., »Methods of Studying
Coincidences«, *Journal of the American Statistical Association*
84 (1989), S. 853–861

S. 132: »Ökonomen des Harvard Institute of Economic Research ...«: Metrick, A., »Performance evaluation with transac-
tion data: The stock selection of investment newsletters«, *Journal of finance* 54 (1999), S. 1743–1775

S. 132: »Jean-Philippe Bouchaud, ein Physiker ...«: Taleb, N. N.,
The Black Swan, Penguin 2007, S. 150; ins Deutsche übertragen von Ingrid Proß-Gill und erschienen unter dem Titel *Der
schwarze Schwan: Die Macht höchst unwahrscheinlicher Ereignisse,* Deutscher Taschenbuch Verlag 2010

S. 138: »Die Royal Statistical Society war eine der wenigen ...«:
*Royal Statistical Society concerned by issues raised in Sally
Clark case,* Royal Statistical Society, 2001

S. 140: »Die Wahrscheinlichkeit, dass Bill Miller in fünfzehn aufeinanderfolgenden Jahren ...«: Mlodinow, L., *The Drunkard's
Walk: How Randomness Rules Our Lifes,* Penguin 2008, S. 178;
ins Deutsche übertragen von Monika Niehaus und erschienen
unter dem Titel *Wenn Gott würfelt: oder Wie der Zufall unser
Leben bestimmt,* Rowohlt 2009

S. 143: »Für eine Studie wurden Lebenspartner getrennt danach befragt ...«: Ross, M. & Sicoly, F., »Egocentric biases in
availability and attribution«, *Journal of personality and social
psychology* 37 (1979), S. 322–336

S. 144: »obwohl jedes Jahr im Schnitt nur 70 Menschen ...«: basierend auf Daten des ISAF 2010 Worldwide Shark Attack Sum-
mary, www.flmnh.ufl.edu/fish/sharks/isaf/2010summary.html

S. 144: »Im Jahr 2000 kamen allein in den Vereinigten Staaten
341 Menschen ums Leben ...«: basierend auf Daten des US-
amerikanischen National Safety Council, www.nsc.org

S. 146: »fünf positive Eigenschaften ...«: Stepper, S. & Strack, F., »Proprioceptive determinants of emotional and nonemotional feelings«, *Journal of personality and social psychology* 64 (1993), S. 211–220

S. 147: »Die Präsenz dieser Bilder zog eine unerwartete Konsequenz nach sich«: Gigerenzer, G., »Dread Risk, September 11, and Fatal Traffic Accidents«, *Psychological Science* 15 (2004), S. 286 f.

S. 148: »Verunreinigung von Viehfutter durch Transformatorenöl ...«: Bernard, A., et al., »The Belgian PCB/dioxin incident: analysis of the food chain contamination and health risk evaluation«, *Environmental Research* 88 (2002), S. 1–18

S. 154: »Untersucht wurden insgesamt 74 Studien ...«: Mathew, S. J. & Charney, D. S., »Publication Bias and the Efficacy of Antidepressants«, *American Journal of Psychiatry* 166, S. 140–145

S. 155: »Am 10. Oktober 1990 sprach die damals 15-jährige Nayirah ...«, Stauber, John & Rampton, Sheldon, *Toxic Sludge Is Good For You: Lies, Damn Lies And The Public Relations Industry,* Common Courage Press 2002

S. 157: »Nachdem Kardinal Joseph Ratzinger 2005 zum Papst gewählt worden war ...«, Davies, Nick, *Flat Earth News,* Vintage Books 2009, S. 182

S. 160: »Aus einer Studie mit 1400 Speiseröhrenkrebspatienten ...«: vgl. TA 212 Colorectal cancer (metastatic) – bevacizumab: guidance, www.nice.org.uk.

S. 162: »In einer Studie der Psychologen Hamill, Wilson und Nisbett ...«: Hamill, R., Wilson, T. & Nisbett, R., »Insensitivity to sample bias: Generalizing from atypical cases«, *Journal of Personality and Social Psychology* 39 (1980), S. 578–589

S. 167: »Als man an der Harvard Medical School ...«: Casscells, W., Schoenberger, A. & Grayboys, T., »Interpretation by physicians of clinical laboratory results«, *New England Journal of Medicine* 299 (1978), S. 999–1000

4. Kapitel: Geschichten, Geschichten, Geschichten

S. 174: »Zeigen Sie dem linken Auge nun ein Foto ...«:
Gazzaniga M., »The Split Brain Revisited«, *Scientific American* (1998)

S. 176: »Capilano Canyon, Vancouver, Kanada ...«: Dutton, D. G. & Aron, A. P., »Some evidence for heightened sexual attraction under conditions of high anxiety«, *Journal of personality and social psychology* 30 (1974), S. 510–517

S. 178: »In einem anderen Experiment wurde durch Hypnose erreicht ...«, Wheatley, T. & Haidt, J., »Hypnotically induced disgust makes moral judgments more severe«, *Psychological Science* 16 (2005), S. 780–784

S. 178: »In einem Raum, in dem es nach Windeln stinkt ...«:
Schnall, S., Haidt, J., Clore, G. & Jordan, A., »Disgust as Embodied Moral Judgment«, *Personality and Social Psychology Bulletin* 34 (2008), S. 1096–1109

S. 178: »Und das Lesen der Zehn Gebote bewirkt ...«: Mazar, N., Amir, O. & Ariely, D., »The dishonesty of honest people: A theory of self-concept maintenance«, *Journal of marketing research* (2008)

S. 183: »Der Schriftsteller Nassim Taleb nennt dies ...«: vgl. u. a.:
Taleb, N. N., *The Black Swan*, Penguin 2007; ins Deutsche übertragen von Ingrid Proß-Gill und erschienen unter dem Titel *Der schwarze Schwan: Die Macht höchst unwahrscheinlicher Ereignisse*, Deutscher Taschenbuch Verlag 2010

S. 188: »Der amerikanische Psychologe Frederic Skinner ...«,
Skinner B. F., »Superstition in the pigeon«, *Journal of experimental psychology* 38 (1948), S. 168–172

S. 189: »Koichi Ono von der Universität in Tokio ...«: Ono K., »Superstitious behaviour in humans«, *Journal of the experimental analysis of behaviour* 47 (1987), S. 261–271

S. 200: »Resveratrol enhances the anti-tumor activity of the mTOR inhibitor rapamycin ...«: He, X., Wang, Y. et al., »Resveratrol enhances the anti-tumor activity of the mTOR inhibitor rapamycin in multiple breast cancer cell lines mainly by suppressing rapamycin-induced AKT signalling«, *Cancer Letters* 301 (2011), S. 168–176, vgl. auch http://www.cancerletters.info/article/S0304-3835%2810%2900547-1/abstract

S. 204: »Aus einer groß angelegten Metaanalyse (dazu später mehr) ...«: Bjelakovic, G., Nikolova, D. et al., »Antioxidant supplements for prevention of mortality in healthy participants and patients with various diseases«, *Cochrane Database of Systematic Reviews* 2012, Issue 3

S. 207: »Impfen ist ein Thema, das bei Eltern kleiner Kinder ...«: vgl. u. a.: Goldacre, Ben, *Bad Science*, Fourth Estate 2008, S. 290–331 (a.a.O.) und Chabris, C. & Simons, D., *The invisible gorilla*, HarperCollins 2011, S. 150–184; ins Deutsche übertragen von Dagmar Mallett und erschienen unter dem Titel *Der unsichtbare Gorilla*, Piper 2011

S. 210: »Diese Vermutung wurde im Februar 1998 ...«: Wakefield, A. J., Murch, S. H. et al., »Ileal-lymphoidnodular hyperplasia, non-specific colitis, and pervasive developmental disorder in children«, *The Lancet* 351 (1998), S. 637–641

S. 211: »ein weiterer potenzieller Zusammenhang zwischen Impfen und Autismus ...«: O'Leary, J. J., Wakefield, A. J. et al., »Potential viral pathogenic mechanism for new variant inflammatory bowel disease«, *Molecular Pathology* 55 (2002), S. 84–90

S. 212: »2005 beschloss auch der Virologe M. A. Afzal ...«: Afzal, M. A., Ozoemena, L. C. et al., »Absence of detectable measles virus genome sequence in blood of autistic children who have had their MMR vaccination during the routine childhood immunization schedule of UK«, *Journal of medical virology* 78 (2006), S. 623–630

S. 212: »D'Souza und seine Kollegen ...«: D'Souza, Y., et al., »No evidence of persisting measles virus in peripheral blood mononuclear cells from children with autism spectrum disorder«, *Pediatrics* 118 (2006), S. 1164–1175

S. 213: »Amylacetat, Amylvalerat, Anisyl-Format ...«: Mann, J. D., *How to kill your spouse the natural way,* JDM & associates 2004, S. 92

S. 216: »sämtliche existierenden Untersuchungen über eine Verbindung zwischen Impfung und Autismus ...«: Immunization Safety Review Committee, *Vaccines and Autism* (2004)

S. 216: »Auch das Cochrane-Institut ...«: Demicheli et al., »Vaccines for measles, mumps and rubella in children«, *The Cochrane Database of Systematic Reviews,* Issue 4 (2005)

5. Kapitel: Endlich ein wenig Sicherheit

S. 221: »Man nehme eine Gruppe geimpfter Menschen und eine Kontrollgruppe ...«: Madsen, K. M., Hviid, A., et al., »A population-based study of measles, mumps and rubella vaccination and autism«, *New England Journal of Medicine* 347 (2002), S. 1477–1482

S. 222: »Nicht nur, dass es keinem einzigen Wissenschaftler glückte, das Virus aufzuspüren ...«: Der Fall Wakefield wurde vom Enthüllungsjournalisten Brian Deer öffentlich gemacht, vgl. www.briandeer.com

S. 223: »Am 2. Februar 2010 zog *The Lancet* Wakefields Artikel zurück«: vgl. http://download.thelancet.com/flatcontentassets/pdfs/S0140670140673610.pdf (nicht mehr abrufbar)

S. 231: »Energy Drinks, Race and Problem Behaviors Among

College Students«: Miller, K. E., »Energy Drinks, Race, and Problem Behaviors Among College Students«, *Journal of Adolescent Health* 43 (2008), S. 490–497

S. 233: »dass Hormontherapien das Herzinfarktrisiko leicht erhöhten ...«: Writing Group for the Women's Health Initiative Investigators, »Risks and Benefits of Estrogen Plus Progestin in Healthy Postmenopausal Women: Principal Results From the Women's Health Initiative Randomized Controlled Trial«, *Journal of the American Medical Association* 288 (2002), S. 321–333

S. 233: »Lasst uns aus den Krankenhäusern zweihundert oder dreihundert arme Menschen nehmen ...«: zit. n. Leigh, A., »Randomised policy trials«, *Agenda: A Journal of Policy Analysis and Reform* 10 (2003), S. 341–354

S. 236: »Derlei Untersuchungen zur Visualisierung ...«: Gollwitzer, P. M. & Sheeran, P., »Implementation Intentions and Goal Achievement: A Meta-analysis of Effects and Processes«, *Advances in Experimental Social Psychology* 38 (2006), S. 69–119

S. 236: »Probanden, die sich vorstellten ...«: Knauper B., McCollam A. et al., »Fruitful plans: Adding targeted mental imagery to implementation intentions increases fruit consumption«, *Psychology & Health* 26 (2011), S. 601–617

S. 236: »Golfspieler, die sich vorstellten ...«: Short, S. E., Bruggeman, J. M., Engel, S. G., et al., »The effect of imagery function and imagery direction on self-efficacy and performance on a golf putting task«, *The Sport Psychologist* 16 (2002), S. 48–67

S. 236y: »Und wenn sich Posaunenspieler täglich eine halbe Stunde lang vorstellten ...«: Ross, S. L., »The Effectiveness of Mental Practice in Improving the Performance of College Trombonists«, *Journal of Research in Music Education* 33 (1985), S. 4221–4230

S. 237: »Meetings im Stehen«: Bluedorn, A. C., Turban, D., et al., »The effects of stand-up and sit-down meeting formats on meeting outcomes«, *Journal of Applied Psychology* 84 (1999), S. 277–285

S. 237: »Kann man schwererziehbare Quälgeister in anständige Jugendliche verwandeln ...«: Farrington, D. P. & Welsh, B. C., »Randomized experiments in criminology: What have we learned in the last two decades?«, *Journal of Experimental Criminology* 1 (2005), S. 9–38

S. 238: »Die Resultate waren desaströs«: zu genehmigten und abgewiesenen Claims vgl. www.efsa.europa.eu/en/topics/topic/nutrition.htm

S. 238: »Die Industrie fand das wenig lustig«: vgl. www.anh-europe.org/news/neutering-our-freedom-of-speech-efsa-health-claims-opinions

S. 240: »Homöopathie wirkt nicht«: Shang, A., Huwiler-Muntener, K., et al., »Are the clinical effects of homeopathy placebo effects? Comparative study of placebo-controlled trials of homeopathy and allopathy«, *The Lancet* 366 (2005), S. 726–732

S. 240: »Verhilft Ihnen die Einnahme von Antioxidantien ...«: Bjelakovic, G., Nikolova, D., et al., »Antioxidant supplements for prevention of mortality in healthy participants and patients with various diseases«, *Cochrane Database of Systematic Reviews 2012*, Issue 3 (2012)

S. 241: »Verringert grüner Tee das Krebsrisiko?«: Boehm, K., Borrelli, F., et al., »Green tea (Camellia sinensis) for the prevention of cancer«, *Cochrane Database of Systematic Reviews 2009*, Issue 3 (2009)

S. 241: »Sind Antidepressiva ein geeignetes Mittel bei Autismus?«: Williams, K., Wheeler, D. M., et al., »Selective serotonin reuptake inhibitors (SSRIs) for autism spectrum disorders (ASD)«, *Cochrane Database of Systematic Reviews* 2010, Issue 8 (2010)

S. 241: »bei depressiven Verstimmungen Johanniskraut …«: Linde, K., Berner, M. M., et al., »St John's wort for major depression«, *Cochrane Database of Systematic Reviews* 2008, Issue 4 (2008)

S. 241: »Auf der Cochrane-Webseite fand ich einen Überblick …«: Gülmezoglu, A. M., Crowther, C. A., et al., »Induction of labour for improving birth outcomes for women at or beyond term«, *Cochrane Database of Systematic Reviews* 2012, Issue 6 (2012)

S. 242: »Tod Tausender Babys verursacht …«: Evans, I., Thornton, H. & Chalmers, I., *Testing treatments: Better research for better healthcare* (2011), S. 24. Kostenlos erhältlich unter www.testingtreatments.org

S. 244: »eine der umfangreichsten Studien der Welt«: Multiple Risk Factor Intervention Trial Research Group, »Multiple risk factor intervention trial. Risk factor changes and mortality results«, *Journal of the American Medical Association* 248 (1982), S. 1465–1477

S. 246: »Aus den Untersuchungen von Ben Santer und seinen Kollegen …«: Santer, B. D., Wehner, M. F., et al., »Contributions of Anthropogenic and Natural Forcing to Recent Tropopause Height Changes«, *Science* 301 (2003), S. 479–483

S. 246: »… erstellte eine Liste dieser Annahmen«: Bradford Hill, A., »The Environment and Disease: Association or Causation?«, *Proceedings of the Royal Society of Medicine* 58 (1965), S. 295–300

S. 247: »Bereits 1906 vermutete man, dass Magnesiumsulfat der Schlüssel zu diesem Problem sein könnte«: Evans, I., Thornton, H. & Chalmers, I., *Testing treatments: Better research for*

better healthcare (2011), S. 93. Kostenlos erhältlich unter
www.testingtreatments.org

S. 248: »In den Neunzigerjahren beschloss die WHO daher ...«:
Duley, L., »Magnesium sulphate regimens for women with eclampsia: messages from the Collaborative Eclampsia Trial«,
BJOG: An International Journal of Obstetrics & Gynaecology 103
(1996), S. 103–105

S. 248: »Chagas-Krankheit«: zu vernachlässigten Krankheiten
vgl. www.who.int/neglected_diseases/en

S. 248: »Das Global Forum for Health Research errechnete ...«:
vgl. www.globalforumhealth.org/about/1090-gap

S. 248: »2007 erschien im *British Medical Journal* ...«: Hutchings,
J., Bywater, T., et al., »Parenting intervention in Sure Start
services for children at risk of developing conduct disorder:
pragmatic randomised controlled trial«, *British Medical Journal* 334 (2007), S. 678

6. Kapitel: Sehen, was man sehen will

S. 252: »In einer Studie der Psychologen Thomas Mussweiler
und Fritz Strack ...«: Mussweiler, T. & Strack, S., »The Use of
Category and Exemplar Knowledge in the Solution of Ancho-
ring Tasks«, *Journal of Personality and Social Psychology* 78
(2000), S. 1038–1052

S. 253: »Tversky und Kahneman ließen Testpersonen an einem
Rad drehen ...«: Kahneman, D., *Thinking, fast and slow*, Far-
rar, Straus and Giroux (2011), S. 119; ins Deutsche übertragen
von Thorsten Schmidt und erschienen unter dem Titel *Schnelles Denken, langsames Denken*, Siedler Verlag 2012

S. 254: »Während eines Experiments bat man einige staatlich
anerkannte Gutachter ...«: Northcraft, G. B. & Neale, M. A.,
»Experts, amateurs and real estate: An anchoring-and-ad-
justment perspective on property pricing decisions« *Orga-*

nizational behaviour and human decision processes 39 (1987), S. 84–97

S. 258: »Ein Drittel aller Belgier leidet wegen Regentropfen ...«: vgl. www.belga.be/corporate-services/online-enquete

S. 259: »Wir haben die Resultate bekommen, die wir uns erhofft hatten ...«: vgl. http://www.dewereldmorgen.be/artikels/2010/12/21/persagentschap-belga-smokkelt-pr-de-kranten

S. 260: »Einer Gruppe von Ärzten von der Harvard Medical School ...«: McNeil, B., Pauker, S. G., et al., »On the elicitation of preferences for alternative therapies«, *New England journal of medicine* 306 (1982), S. 1259–1262

S. 261: »Während eines seiner Experimente ließ er zwei Weine, einen roten und einen weißen ...«: Morrota, G., Brochet, F. & Dubourdieu, D., »The Color of Odors«, *Brain and Language* 79 (2001), S. 2309–2320

S. 262: »Für sein zweites Experiment besorgte Brochet ein paar Flaschen mittelmäßigen Bordeaux«: Brochet, F. & Morrot, G., »Influence of the context on the perception of wine cognitive and methodological implications«, *International Journal of Vine and Wine Sciences* 33 (1999), S. 187–192

S. 263: »Experiment des amerikanischen Psychologen Solomon Asch ...«, Asch, S. E., »Effects of group pressure upon the modification and distortion of judgment«, in: Guetzkow, H. (Hg.), *Groups, leadership and men*, Carnegie Press 1951

S. 264: »Bier schmeckt besser, wenn man einige Tropfen Balsamico hinzufügt«: Lee, L., Shane, F. & Ariely, D., »Try it, You'll like it: The influence of expectation, consumption and revelation on preferences for beer«, *Psychological science* 17 (2006), S. 1054–1058

S. 266: »Schokoladenkuchen«: Wansink, B., *Mindless Eating: Why We Eat More Than We Think*, Bantam 2006, S. 124–125;

ins Deutsche übertragen von Sonja Hauser und erschienen unter dem Titel *Essen ohne Sinn und Verstand: Wie die Lebensmittelindustrie uns manipuliert,* Campus Verlag 2008

S. 266: »Ende der Sechzigerjahre ließ sich David Rosenhan ...«: Rosenhan, D., »On being sane in insane places«, *Science* 179 (1973), S. 250–258

S. 274: »HSDD und andere genannte Störungen ...«: American Psychiatric Association, *Diagnostic and Statistical Manual of Mental Disorders,* 4. Aufl. 2000

S. 276: »Um 1900 machte der Physiker René Blondlot ...«: Ashmore, M., »The Theatre of the Blind: Starring a Promethean Prankster, a Phony Phenomenon, a Prism, a Pocket, and a Piece of Wood«, *Social Studies of Science* 23 (1993), S. 67–106

S. 277: »Von den Testpersonen, denen die Psychologen ...«, Simons, D. J. & Chabris, C. F., »Gorillas in our midst: sustained inattentional blindness for dynamic events«, Perception 28 (1999), S. 1059–1074

S. 279: »Medikament gegen Multiple Sklerose ...«: Noseworthy, J. H., Ebers, G. C., et al., »The impact of blinding on the results of a randomized, placebo-controlled multiple sclerosis clinical trial«, *Neurology* 44 (1994), S. 16–20

S. 281: »Ungefähr 80 Prozent von uns glauben, besser Auto zu fahren ...«: McCormick, A., Walkey, F. H., et al., »Comparative perceptions of driver ability – A confirmation and expansion«, *Accident Analysis & Prevention* 18 (1986), S. 205–208

S. 281: »Sie wurde ebenfalls bei CEOs, Präsidenten, Coaches, Börsenanalysten ...«: Aronson, E., Wilson, T. D. & Akert, R. M., *Social Psychology,* Prentice Hall 2010; auf Deutsch erschienen unter dem Titel *Sozialpsychologie,* Pearson Studium 2008

S. 283: »*Reference Class Forecasting*«: Kahneman, D. & Lovallo, D., »Delusions of Success How Optimism Undermines Executives' Decisions«, *Harvard Business Review* 2003

S. 284: »Als er sicher und wohlbehalten in die USA zurückgekehrt war ...«: Beecher, H. K., »The powerful placebo«, *Journal
of the American Medical Association* 159 (1955), S. 1602–1606

S. 285: »Über 100 Studenten des Massachusetts Institute of
Technology ...«: Ariely, D., *Predictably irrational. The hidden
forces that shape our decisions,* HarperCollins 2009

S. 287: »1981 wurde 835 Frauen mit Kopfschmerzen ein
Schmerzmittel verabreicht«: Branthwaite, A. & Cooper, P.,
»Analgesic effects of branding in treatment of headaches«,
British Medical Journal 332 (1981), S. 1576–1578

S. 287: »Rosafarbene Zuckerpillen sind besser geeignet ...«;
»Zwei Tabletten wirken besser als nur eine einzige ...«: Black-
well, B., Bloomfield, S. S., et al., »Demonstration to medical
students of placebo responses and non-drug factors«, *The Lancet* 299 (1972), S. 1279–1282

S. 287: »... während Injektionen zu einem stärkeren Placeboeffekt führen ...«: Grenfell, R. F., Briggs, A. H., et al., »Double
blind study of the treatment of hypertension«, *Journal of the
American Medical Association* 176 (1961), S. 124–128

S. 288: »75 Prozent der Wirkung von Antidepressiva ...«: Kirsch,
I. & Sapirstein, G., »Listening to Prozac but hearing placebo:
A meta-analysis of antidepressant medication«, *Prevention &
Treatment* 1 (1998)

S. 289: »Bis der orthopädische Chirurg J. B. Moseley 180 Freiwillige mit Arthritis ...«: Moseley, J. B., O'Malley, K., et al., »A
Controlled Trial of Arthroscopic Surgery for Osteoarthritis of
the Knee«, New England *Journal of Medicine* 347 (2002), S.
81–88

S. 289: »Wenn Ihr Arzt begeistert ein Placebo anpreist, das er
verschreibt ...«: Gryll, S. L. & Katahn, M., »Situational factors
contributing to the placebo effect«, *Psychopharmacology* 57
(1978), S. 253–261

S. 289: »1987 wurden 200 sozusagen hoffnungslose Fälle ...«:
Thomas, K. B., »General practice consultations: is there any
point in being positive?«, *British Medical Journal* 294 (1987),
S. 1200–1202

S. 295: »ein Experiment, das inzwischen zu einem Klassiker
geworden ist ...«: Lord, C. G., Ross, L. & Lepper, M. R., »Bia-
sed assimilation and attitude polarisation: The effects of pri-
or theories on subsequently considered evidence«, *Journal of
Personality and Social Psychology* 37 (1979), S. 2098–2109

S. 296: »Sie setzten die Marketingmaschinerie in Gang ...«: vgl.
http://www.anh-usa.org/newsweek-publishes-disgraceful-
article-on-antioxidants-action-alert/

S. 297: »Ein Tabakproduzent war irgendwann so ungeschickt ...«: zu PR-Techniken der Tabakindustrie vgl. Rampton, S. & Stauber, J., *Trust us, we're experts!*, Penguin Put-
nam 2002; ins Deutsche übertragen von Ficelle Pasch und
Rainter Höltschl und erschienen unter dem Titel *Giftmüll
macht schlank: Medienprofis, spin doctors, PR-wizards: die
Wahrheit über die Public-Relations-Industrie,* Orange Press
2006

S. 298: »Der Test aus den Sechzigerjahren, den der kognitive
Psychologe Peter Wason sich ausgedacht hat ...«: Wason, P. C.,
»Reasoning about a rule«, *Quarterly journal of experimental
psychology* 20 (1968), S. 273–281

S. 300: »eine Gruppe von Krankenpflegern ...«: Smedslun, J.,
»The concept of correlation in adults«, *Scandinavian Journal
of Psychology* 4 (1963), S. 165–173

S. 302: »Aus Untersuchungen geht hervor, dass es keinerlei Verbindungen zwischen ...«: Wolraich, M. L., Wilson, D. B., et al.,
»The Effect of Sugar on Behavior or Cognition in Children, A
Meta-analysis«, *Journal of the American Medical Association*
274 (1995), S. 1617–1621

S. 303: »Während der amerikanischen Präsidentschaftswahlen im Jahr 2008 ...«: vgl. www.orgnet.com/divided.html

S. 305: »bis zum heutigen Tag weltweit rund 50 Millionen wissenschaftliche Artikel ...«: Arif, J., »Article 50 million: An estimate of the number of scholarly articles in existence«, *Learned Publishing* 23 (2010), S. 258–263

S. 307: »Die israelische Psychologin Ifat Maoz ...«: Maoz, I., Ward, A., et al., »Reactive devaluation of an ›Israeli‹ vs ›Palestinian‹ peace proposal«, *Journal of conflict resolution* 46 (2002), S. 515–546

S. 308: »Im Juli 1996 beschloss Elisabeth Targ ...«: Targ, E., Sicher, F., et al., »A randomized double-blind study of the effect of distant healing in a population with advanced AIDS. Report of a small scale study«, *The Western Journal of Medicine* 169 (1998), S. 356–363

S. 309: »bis sich eines Tages der Journalist Po Bronson mit Dan Moore unterhielt ...«: vgl. www.pobronson.com/A_Prayer_Before_Dying.htm

S. 311: »Forscher befragten nämlich eine Gruppe von Frauen mit Brustkrebs ...«: Nienhaus, A., et al., »Hormonelle, medizinische und lebenstilbedingte Faktoren und Brustkrebsrisiko«, Geburtshilfe und Frauenheilkunde 62 (2002), S. 242–249

S. 311: »Forscher verglichen die Essgewohnheiten von Leukämiepatienten ...«: Peters, J., et al., »Processed meats and risk of childhood leukemia (California, USA)«, *Cancer Causes & Control* 5 (1994), S. 195–202

S. 312: »1980 untersuchten Kerry Lee und seine Kollegen ...«: Lee, K. L., McNeer, J. F., et al., »Clinical judgment and statistics. Lessons from a simulated randomized trial in coronary artery disease«, *Circulation* 61 (1980), S. 508–515

S. 313: »2008 wurde eine Studie über den Einfluss von Omega-3-Ergänzungsmitteln ...«: Johnson, M., Östlund, S., et al.,

»Omega-3/ Omega-6 Fatty Acids for Attention Deficit Hyper-
activity Disorder: A Randomized Placebo-Controlled Trial
in Children and Adolescents«, *Journal of Attention Disorders*
2008
S. 314: »2008 überprüfte Sylvain Matthieu mit seinen Kollegen ...«: Matthieu, S., Boutron, I., et al., »Comparison of Regi-
stered and Published Primary Outcomes in Randomized Controlled Trials«, *Journal of the American Medical Association*
302 (2009), S. 977–984

Epilog (Eine Ode an den Zweifel)

S. 317: »Im Jahr 1900 hielt Lord Kelvin ...«: vgl. http://amasci.
com/weird/end.html
S. 319: »... wie Bertrand Russell einst bemerkte ...«: Russell, B.,
Religion and Science, Oxford University Press 1997, S. 70.
S. 321: »Eine Untersuchung der Zeitschrift *Nature* ...«: Martin-
son, B. C., Anderson, M. S., et al., »Scientists behaving badly«,
Nature 435 (2005), S. 737–738

Register

347